AGRICULTURE URBAINE

Vers une réconciliation ville-nature

Natureparif est l'Agence régionale pour la nature et la biodiversité en Île-de-France. Association loi 1901 créée à l'initiative de la Région et soutenue par l'État, sa mission est, d'une part, d'animer l'Observatoire régional de la biodiversité avec la communauté naturaliste en produisant indicateurs et analyses et, d'autre part, d'identifier, valoriser et diffuser les bonnes pratiques afin qu'elles soient plus largement mises en œuvre pour la préservation de la biodiversité.

natureparif
Agence régionale pour
la nature et la biodiversité

îledeFrance

Éditions le passager clandestin
1, rue de l'Église
72240 Neuvy-en-Champagne
www.lepassagerclandestin.fr

Couverture : Yanni Panajotopoulos (yanni@pleineouverture.com), d'après une photo d'Antoine Lagneau
Corrections : Anne Kraft
Maquette : Sophie Richard (sophie@surpapierlibre.fr)

Sous la direction de
Antoine Lagneau, Marc Barra et Gilles Lecuir
(Natureparif)

AGRICULTURE URBAINE

Vers une réconciliation ville-nature

Éditions le passager clandestin

Remerciements

Une grande partie de cet ouvrage est issue de *Agriculture urbaine, aménager et nourrir la ville* paru au Québec aux Éditions Vertigo, des présentations et débats des Ateliers d'été de l'agriculture urbaine et de la biodiversité organisés en 2014 à Paris par Natureparif, et du recueil d'actions exemplaires du concours Capitale française de la biodiversité 2014 coorganisé par Natureparif, l'Arpe Provence-Alpes-Côte d'Azur et Plante & Cité.

Les auteurs tiennent tout particulièrement à remercier Éric Duchemin, professeur associé à l'Institut des sciences de l'environnement, Université du Québec à Montréal, dont le travail a largement inspiré l'écriture et la conception de ce livre.

Ils remercient également pour leur aide, leur conseil et leur collaboration tout au long de la rédaction de cet ouvrage :

- l'ensemble de l'équipe de Natureparif et sa direction,
- Killian Debacq, pour son travail sur les Ateliers d'été de l'agriculture urbaine et de la biodiversité 2014,
- Laurent Hutinet, pour son précieux travail de transcription des présentations et débats des mêmes Ateliers,
- le comité scientifique des Ateliers d'été de l'agriculture urbaine et de la biodiversité et ses membres : Christine Aubry, ingénieure de recherche, Inra/AgroParisTech ; Jean-Noël Consales, maître de conférence à l'Institut d'urbanisme et d'aménagement régional à Aix-Marseille et coordinateur du programme Jassur ; Anne-Cécile Daniel, ingénieure de recherche en agriculture urbaine ; François Déalle-Facquez, urbaniste ; Sébastien Goezler, urbaniste, collectifs Vergers urbains et Toits vivants ; Baptiste Grard, doctorant-chercheur en conception de système de culture sur toits à partir de déchets urbains ; Corinne Legenne, Institut d'aménagement et d'urbanisme de la région Île-de-France ; Joe Nasr, professeur d'agriculture urbaine, Ryerson University, Toronto ; Jeanne Pourias, docteur en agronomie et science de l'environnement, spécialiste de l'agriculture urbaine ; Ana-Cristina Torres, Muséum national d'Histoire naturelle, département Écologie et Gestion de la Biodiversité.

Sommaire

Éditorial

L'agriculture urbaine, un nouvel imaginaire pour la nature en ville

Liliane Pays, présidente de Natureparif

Entre préservation et restauration de la biodiversité en ville, l'agriculture urbaine joue un rôle évident. Natureparif, avec cet ouvrage qui accueille de nombreuses et passionnantes contributions d'acteurs de ce mouvement, souhaite encourager son développement tout en évaluant sa contribution à la reconquête de la diversité biologique.

C'est donc à travers le filtre nature/biodiversité que nous avons engagé cette réflexion qui pourrait être résumée en une question : « L'agriculture urbaine peut-elle contribuer à reconquérir la biodiversité et les fonctions écologiques de la ville » ?

Ce questionnement est à mettre en perspective avec l'urbanisation croissante de l'Île-de-France, notamment de Paris et de sa première couronne. Les estimations les plus fortes prédisent que d'ici 2050 trois millions de nouveaux Franciliens viendront s'ajouter aux douze millions actuels. Cette

Page de gauche :
Houblon, jardin partagé du XVIIIe arrondissement, Paris

poursuite de l'extension de la métropole a pour effet l'érosion continuelle de la biodiversité ordinaire comme remarquable (disparition des espèces et perturbation du fonctionnement des écosystèmes). Un phénomène qui ne cesse d'inquiéter alors que les recherches scientifiques comme les expérimentations confirment régulièrement le besoin urgent de renforcer les fonctions écologiques urbaines.

Dans ce contexte, l'agriculture urbaine est aussi un des vecteurs pour ramener une nature souvent réduite à sa portion congrue dans nos cités et réussir ainsi à rendre celles-ci plus robustes à l'avenir.

Pour autant, tout n'est pas simple quand il s'agit de nature en ville. Chaque initiative doit s'insérer dans une cohérence d'ensemble. La végétation ne se maintient pas sans un sol vivant, lui-même tributaire de sa propre biodiversité : vers de terre, bactéries, micro-organismes eux-mêmes fondamentalement dépendants du cycle de l'eau et de celui des nutriments dont ils participent. Remettre de la nature en ville, c'est bien sûr replanter, reverdir, accueillir les espèces mais c'est aussi rétablir des dynamiques à plusieurs échelles.

La même question se pose à propos de l'agriculture urbaine : que va-t-on faire pousser ? Quelles semences seront utilisées ? Sera-t-elle écologique si elle consomme beaucoup d'intrants chimiques, d'eau ou d'énergie ? Va-t-elle utiliser de la terre végétale importée ou sera-t-elle l'occasion de redonner aux sols des propriétés biologiques perdues par l'urbanisation ?

Autant d'interrogations auxquelles les multiples contributeurs réunis dans ce livre tentent de répondre en apportant de précieux témoignages à travers leurs propres expériences et leurs regards dont la diversité constitue la richesse.

SECTION 1

HISTOIRE, CHIFFRES CLÉS, TYPOLOGIE ET ENJEUX DE L'AGRICULTURE URBAINE

Page de gauche :
Pâturage urbain, Ferme du Bonheur, Nanterre

Chapitre 1

L'agriculture urbaine d'hier à aujourd'hui, en Île-de-France, en France et dans le monde

Par Éric Duchemin[1]

Depuis la fin de la seconde guerre mondiale, la ville s'est développée en favorisant le flux des marchandises et des personnes. Elle a imaginé un système routier qui, comme les artères, doit favoriser la circulation pour ainsi assurer sa survie. La ville est devenue un organisme – un parasite pour certains – s'appuyant sur le monde rural pour son alimentation et sur ses alentours pour assimiler ses déchets.

Or le récent concept de ville durable place l'urbanisme dans une autre perspective où la biodiversité et la végétalisation sont de nouveau prises en compte. Ce retour de la nature en ville reste néanmoins timide en raison de l'héritage des décisions passées et surtout de la mainmise de la sphère économique et du prix du foncier.

---

1. Directeur du Laboratoire sur l'agriculture urbaine (AU/LAB), professeur associé, Institut des sciences de l'environnement, Université du Québec à Montréal (Uqam).

Cultiver en ville, nouveau récit pour le XXIe siècle ?

Mais de nouvelles façons de concevoir l'aménagement urbain émergent, contribuant à amoindrir la cassure née au XXe siècle entre l'urbanité et la ruralité.

Banane Pantin, un jardin partagé créé en 2009 qui a connu plusieurs lieux d'implantation différents à Pantin (Seine-Saint-Denis)

Celle-ci est pourtant tellement bien consommée que la seule mention de l'expression « agriculture urbaine » fait sourire les décideurs. Pour eux, les termes « agriculture » et « urbanité » sont incompatibles, car ils ne peuvent concevoir l'agriculture que comme une activité intensive et industrielle. Pourtant, même Edgard Pisani, un acteur de la politique productiviste agricole française d'après-guerre, invite dans son ouvrage *Un vieil homme et la terre*, à réinventer notre façon d'habiter la planète et de nous nourrir. Ainsi, l'agriculture urbaine et périurbaine – une agriculture de proximité – est un des éléments de cet appel à l'innovation sociale. Cette agriculture a pris différentes formes au fil du temps et s'est grandement diversifiée dans les dernières années avec l'apparition de différentes appellations : jardins collectifs, jardins d'insertion, jardins pédagogiques, jardins communautaires, jardins familiaux, etc. (voir chapitre 2).

(Suite en page 16)

L'agriculture urbaine en Amérique du Nord, en Europe et en Chine : spécificités et évolutions locales

Par Anne-Cécile Daniel, ingénieur de recherche en agriculture urbaine[1]

Géographes, sociologues, paysagistes, philosophes, historiens, ethnologues, nutritionnistes, politologues, etc., nombreux sont ceux qui analysent l'agriculture urbaine sous un angle bien spécifique. Malgré quelques divergences sur les définitions, celle-ci apparaît pour tous multifonctionnelle.

L'appropriation du concept « agriculture urbaine » semble également être différente selon les continents. Elle est en perpétuelle évolution, à l'image par exemple de Paris et de l'Île-de-France où, sous l'effet des politiques publiques et d'initiatives économiques privées, nous assistons à une montée en puissance de la professionnalisation de cette activité. À Paris, les jardins partagés se sont développés il y a dix ans avec la charte Main verte, puis des initiatives ont vu le jour grâce à des appels à projets, et aujourd'hui la municipalité prévoit 33 hectares de culture sur les toits d'ici 2020.

En Amérique du Nord, l'expression est communément utilisée par les habitants, les élus et les chercheurs. À Montréal par exemple, c'est une initiative citoyenne qui a permis de récolter 29 000 signatures pour que la mairie organise une grande consultation publique sur l'agriculture urbaine en 2012.

En Europe, l'agriculture urbaine n'est pas encore considérée de la même manière. Le grand public a tendance à vite assimiler l'agriculture urbaine à la production intra-urbaine et plus spécifiquement sur le bâti alors que ces formes ne sont bien souvent qu'à l'état de projet. Les initiatives citoyennes existent cependant notamment avec des mouvements tels que les Incroyables Comestibles, Green Guerilla et Ville en Transition.

En Chine, l'agriculture urbaine et périurbaine développe quant à elle de plus en plus de fermes modernes et multifonctionnelles, afin d'intensifier les cultures (serres, utilisation de la haute technologie pour l'irrigation, etc.), diversifier les cultures (légumes, herbes, fleurs, produits animaux, etc.) et offrir aux urbains des espaces de promenades dans des « parcs agricoles »[2].

En 2007, à Pékin, 1 032 parcs agrotouristiques et 630 villages agrotouristiques ont été créés. Les perspectives de développement de l'agriculture de loisirs à Pékin sont prometteuses puisque le temps pour les loisirs de la population urbaine s'accroît ainsi que leur intérêt pour les activités de plein air et de l'environnement[3].

1. *Aperçu de l'agriculture urbaine en Europe et en Amérique du Nord*, Agroparistech, Chaire Éco-conception, 2013.
2. Huang. Comm.pers, 2013 ; RUAF, 2010.
3. RUAF, 2010.

Agriculture urbaine : Quelle définition ? Une actualisation nécessaire ?

Il existe de multiples définitions du concept « agriculture urbaine ». Les grands éléments incluent la localisation de l'activité (sur un territoire urbain), l'activité elle-même (production alimentaire ou autre), sa raison économique (revenu pour des agriculteurs ou des familles) et son inclusion dans le système alimentaire conventionnel ou dans un système alternatif. Nous pourrions ajouter le type de gouvernance des projets et les objectifs de ces derniers puisqu'ils sont également des éléments caractérisant l'agriculture urbaine. Ou, plus récemment encore, les interrogations sur son rôle dans la fonctionnalité de la trame verte et bleue urbaine et son apport potentiel pour la nature en ville et la biodiversité urbaine en général.

Jardin à Seattle (États-Unis)

Deux définitions permettent de préciser et de mieux caractériser ce mouvement.

L'une est proposée par Paule Moustier (chercheuse au Centre de coopération internationale en recherche agronomique pour le développement de Montpellier) et Alain Mbaye (Institut sénégalais de recherches agricoles) pour qui est « urbaine » l'agriculture « localisée dans la ville ou à sa périphérie, dont les produits sont majoritairement destinés à la ville et pour laquelle il existe une alternative entre usage agricole et non agricole des ressources (sol, main-d'œuvre, eau...), alternatives qui ouvrent sur des concurrences mais aussi des complémentarités [entre agriculture et ville] »[1].

1. Alain Mbaye, Paule Moustier, *L'agriculture urbaine dakaroise*, 1999.

La seconde, de Luc Mougeot (Centre de recherche pour le développement international-Canada), définit l'agriculture urbaine comme « une activité localisée à l'intérieur (agriculture intra-urbaine) ou sur les bords (agriculture périurbaine) d'une ville, cité ou métropole. Elle produit ou élève, transporte ou distribue une diversité de produits (aliments ou non-aliments), et fait un large appel aux ressources humaines et matérielles (parfois les réutilise), produits et services trouvés dans et autour de la ville. À son tour elle offre des ressources humaines et matérielles, des produits et services, principalement à l'espace urbain »[1].

Mais en plus de ses fonctions alimentaires, de production de biens et de services, l'agriculture urbaine est aussi un mouvement social qui s'approprie l'espace urbain. C'est particulièrement vrai dans les villes du Nord où celui-ci prend d'assaut les friches ou les lieux sous-utilisés, tels que les toits. On commence d'ailleurs à définir ces derniers comme la « cinquième façade » de la ville.

Dernier élément et non des moindres : l'agriculture urbaine pourrait constituer un levier de résilience majeur, permettant aux villes de s'adapter ou de mieux résister aux changements climatiques et aux crises économiques ou sociales futures.

Serre à Chicago (États-Unis)

1. Luc J. A. Mougeot, «Urban agriculture: definition, presence, potentials and risks », in N. Bakker *et al.*, *Growing cities, growing food: urban agriculture on the policy agenda*, Feldafing, DSE, 2000.

Un « urbanisme alimentairement résilient »

L'agriculture urbaine est donc foncièrement multifonctionnelle de par ses activités et ses formes. Que ce soit à l'échelle locale ou nationale, elle est aussi culturellement ancrée dans le lieu de son implantation.

Ce sont des enjeux multi-échelles et multi-acteurs pour lesquels nous ne sommes cependant pas préparés, mais qui obligent à réfléchir à de nouveaux outils, de nouvelles approches pour un aménagement du territoire incluant le paramètre « alimentation ».

Les structures institutionnelles en place ne sont pas adaptées à de tels enjeux, que ce soit à l'échelle internationale, nationale ou locale.

Au niveau international, les questions sont traitées séparément par l'Organisation des Nations unies pour l'alimentation et l'agriculture (FAO) et l'Organisation des Nations unies Habitat (ONU Habitat) : la FAO s'occupe des questions agricoles et de la production alimentaire alors que l'ONU Habitat s'occupe du développement des villes et des lieux où les aliments sont consommés. Notons toutefois qu'il existe le réseau Food for cities de la FAO, tentative récente de joindre les deux institutions.

À l'échelle nationale, la question est traitée par différentes instances qui trop souvent ne se coordonnent pas : ministère de l'Agriculture, ministère de l'Écologie, ministère du Logement, ministère de la Santé.

À l'échelon local, la situation n'est pas meilleure, car les différents services concernés par l'agriculture urbaine (agriculture et forêts, espaces verts, environnement, développement social, développement économique, urbanisme, etc.) se retrouvent rarement autour d'une même table et appartiennent à des collectivités aux compétences partagées.

Il y a donc, à la lumière de ces exemples, un véritable défi interdisciplinaire à relever !

Utiliser l'idée d'un « urbanisme alimentairement résilient » semble être une piste riche et féconde en vue d'intégrer l'agriculture urbaine dans une planification de l'aménagement urbain pour répondre aux enjeux de la ville du XXIe siècle.

Un phénomène mondial

Éric Duchemin, Uqam

L'agriculture urbaine serait pratiquée par 800 millions de personnes à l'échelle mondiale : 200 millions d'entre elles feraient de la production marchande et 150 millions seraient employées à plein temps[1].

Jardin sur le toit à Montréal (Québec)

Celles-ci produiraient approximativement 15 % des denrées alimentaires mondiales. L'*homo urbanus agricola* est présent partout, de Mexico à Dakar et Hanoï, mais aussi de New York à Berlin en passant par Chicago, Montréal, Toronto, Vancouver, Paris, Lyon et Marseille. À Berlin, ils sont 80 000 adeptes de l'agriculture urbaine, tandis qu'à New York il y a environ 1 000 jardins communautaires sur des terres publiques, sans compter qu'il est possible d'y élever des poules. À Boston, le Boston Natural Areas Network s'occupe de plus de 150 jardins communautaires regroupant plus de 10 000 personnes. À Montréal, on estime de 12 000 à 15 000 personnes présentes dans le programme des jardins communautaires tandis qu'environ 2 500 s'impliqueraient dans les jardins collectifs[2].

Aux États-Unis, l'Association nationale de jardinage[3] estimait qu'en 2008, 31 % des ménages, soit 36 millions de personnes, pratiquaient l'agriculture urbaine en cultivant des légumes, des petits fruits ou des herbes. Cette même étude révélait que plus de 43 millions de personnes planifiaient de s'y mettre en 2009, soit une augmentation de 19 %. Cette étude précise que 91 % des gens pratiquent l'agriculture à la maison, 5 % au domicile d'un voisin ou d'une connaissance et que 3 % ont recours aux jardins communautaires ou collectifs. La superficie médiane des jardins serait de 9 m^2.

---

1. Jac Smit, Annu Ratta et Joe Nasr, *Urban Agriculture : Food, Jobs and Sustainable Cities*. New York, United Nations Development Program, 1996.
2. Éric Duchemin *et al.*, 2008.
3. National Gardening Association, « The impact of Home and Community Gardening in America », 2009.

Parole d'acteur

Problématique nationale et enjeux de l'agriculture urbaine

Par Christine Aubry, ingénieure de recherche, Inra/AgroParisTech

« Il existe à l'échelle mondiale une agriculture présente en ville ou en zones périurbaines, dont les produits sont destinés majoritairement à la ville. Elle participe à l'usage et à la compétition pour le foncier urbain et à l'emploi.

En France, près de la moitié des exploitations agricoles sont situées à proximité des villes (dans les zones que l'Insee nomme aires urbaines). La plupart ne sont pas très connectées avec la ville : c'est le cas de la plupart des exploitations en cultures céréalières d'Île-de-France, par exemple. Au Nord comme au Sud, les formes sont très multiples. L'agriculture urbaine peut se situer dans les champs, dans les interstices urbains, sur le bâti, et les filières sont variées : jardins familiaux et coopératifs, mais aussi production commerciale. L'élevage est également présent et très courant au Sud. L'apiculture est aussi pratiquée en ville.

Ces pratiques sont très anciennes. Le maraîchage francilien était à la pointe de la technologie au début du XXe siècle. De nouvelles formes émergent cependant : il peut s'agir de systèmes high-tech très productifs, mais aussi d'initiatives du type « incredible edible », potagers ou vergers présents sur la voirie et qui traduisent un effort de reconquête citoyenne.

L'agriculture urbaine est toujours multifonctionnelle et assure des fonctions alimentaires, écologiques, économiques, sociales et pédagogiques. C'est par exemple le cas de nombreuses exploitations intégrées dans les circuits courts, majoritairement situées en zones périurbaines. L'engouement pour cette agriculture – notamment sous la forme des jardins associatifs – est aussi une réponse à la crise, ce qui est très net dans les pays de l'Europe du Sud. L'expérience de Detroit est à cet égard très certainement transférable à d'autres villes.

Cette agriculture participe à la biodiversité cultivée. Le maraîchage périurbain n'est pas suffisant pour répondre à la demande, mais il est en France très diversifié, et l'on compte dans de petites exploitations de moins de 10 hectares entre 50 et 130 espèces cultivées ! C'est notamment le cas en Île-de-France. Cette biodiversité cultivée s'accompagne d'une biodiversité spontanée très présente dans les jardins associatifs et chez les maraîchers. Le retour des variétés cultivées anciennes, souvent plus goûteuses, est très fréquemment observé et est favorisé par les circuits courts, qui n'imposent pas de contraintes fortes de transports et qui favorisent la maturité des produits.

Jardins en bordure de voies ferrées à Viry-Châtillon (Val-de-Marne)

Cette diversité biologique s'accompagne d'une forte diversité humaine et sociale. Les types de porteurs de projets sont très variés, notamment dans les zones urbaines, où les véritables professionnels de l'agriculture sont très rares. Face à cela, aux côtés des formations spécifiques qui ont toujours existé pour les maraîchers périurbains, des modules de formation spécifiques commencent à se développer. AgroParisTech a mis en place une formation spécialisée sur la gestion des espaces végétalisés en ville, qui s'adresse aux ingénieurs, mais il faudra sans aucun doute mettre en place des licences professionnelles et autres formations spécifiques pour produire et commercialiser en ville.

Les bénéficiaires sont très divers. Il s'agit souvent de demandes de niche, mais aussi, de plus en plus, de collectivités territoriales intéressées pour la restauration collective, ce qui amène à s'interroger sur la possibilité de passer à une production à large échelle. Ces pratiques favorisent le retour des relations entre les producteurs agricoles et les citadins, qui ont été très distendues au cours des dernières décennies. Mais beaucoup d'urbains souhaitent à présent savoir ce qu'ils mangent, ce qui a été à l'origine du développement des circuits courts.

L'agriculture en ville participe à l'amélioration des paysages urbains et à la lutte contre les îlots de chaleur. De plus, alors que les ressources pétrolières s'amenuisent et que la pollution augmente, elle permet aussi de limiter l'impact des transports, ce qui motive déjà plusieurs agglomérations nord-américaines à favoriser l'agriculture locale. La tendance est donc inscrite dans la durée.

Les élus devraient donc être amenés à s'interroger sur la place de l'agriculture dans les politiques et projets urbains. Pour cela, ils doivent bien comprendre qu'il n'existe pas une agriculture urbaine, mais bien des agricultures urbaines : les jardins familiaux et associatifs, qui font l'objet d'une forte demande, ne sont pas la seule formule possible. Cependant, toutes exigent des politiques d'aménagement spécifiques qui doivent d'abord porter sur le maintien des terres agricoles existantes, mais qui devront de plus en plus s'orienter vers les formes d'installation de l'agriculture en ville.

Le Jardin nomade dans le XIe arrondissement de Paris a fêté ses dix ans en 2015

L'agriculture urbaine pose enfin des questions multiples à la recherche en termes de techniques de production et de débouchés. Mais la recherche doit aussi se pencher sur les services non alimentaires tels que la relation à la biodiversité, la participation à la baisse des émissions de gaz à effet de serre, la captation des eaux de pluie et la régulation des microclimats urbains. En France, il faudra aussi travailler sur les complémentarités fonctionnelles entre les formes intra et périurbaines, et entre les formes professionnelles et non professionnelles de l'agriculture. Cela concerne la production alimentaire et le recyclage des déchets urbains, mais aussi des aspects tels que la formation, à laquelle pourraient participer les maraîchers périurbains. »

Le passé fruitier, potager et… viticole de l'Île-de-France

Par Jean-Michel Roy, historien, ville de La Courneuve

La vallée de la Loire, la région lyonnaise et d'autres régions se présentent comme les principaux centres d'obtentions horticoles, creusets ou laboratoires d'innovations singulières. L'Île-de-France n'échappe pas à cette tendance avec quelques caractéristiques liées au statut très particulier de Paris, à la fois capitale, ville peuplée, populaire et bourgeoise. Au Moyen Âge, les courtilliers se chargent de produire dans l'enceinte de la ville les fruits et les légumes nécessaires à l'alimentation et utilisent tous les espaces disponibles. À partir du XIIe siècle, des « maragers » sortent des enceintes et donnent naissance à une forme d'activité qui, se spécialisant au fil des siècles, donne le maraîchage, avec une consommation énorme de fumier, d'eau, d'argent et de main-d'œuvre. Cela donne l'agriculture la plus intensive qui soit, produisant 200 tonnes de légumes à l'hectare en plusieurs récoltes successives. Les maraîchers parisiens se livrent à des cultures forcées sous verre, sous cloches (1650) puis sous panneaux de coffre (1780). Il s'agit principalement de légumes très riches en eau comme les salades, les radis, les melons ou les concombres. En France en 1915, 95 % des 5 millions de cloches utilisées l'étaient à Paris et dans le département de la Seine.

Une autre spécificité de la région est aussi la création d'une plaine légumière, qui de 1650 à 1870, a été la plus grande de France, atteignant plus de 2 000 hectares cultivés en gros légumes pour le pot. Il s'agit de la plaine des Vertus que recouvre en partie le territoire de Plaine Commune aujourd'hui, principalement Aubervilliers et La Courneuve. Grâce à un système technique unique, les trois quarts des légumes destinés au peuple parisien étaient produits dans cette plaine très fertile, naturellement humide, continuellement engraissée par les boues et les fumiers de Paris.

D'autres centres secondaires éloignés, Gandelu au Moyen Âge, puis Freneuse, Meaux ou encore Croissy ont aussi approvisionné Paris en navets et en carottes. Car, jusqu'à l'apparition du chemin de fer, au milieu du XIXe siècle, les fruits et les légumes pouvaient parcourir 80 kilomètres en moins d'une journée sur une bonne route mais ne pouvaient pas faire plus de 40 kilomètres sur une mauvaise. Les contraintes de transport et de distance étaient bien plus prégnantes pour les fruits. La structure de production pour ces derniers était très différente de celle des légumes. Les vignerons qui produisaient du vin pour la capitale et que l'on trouvait dans les villages s'étirant dans les vallées, le long des cours d'eau, produisaient quelques fruits, provenant d'arbres éparpillés sur leurs parcelles, cerises, pommes, poire, prunes, etc. Un arbre à l'arpent, rarement plus ! Les fruits étaient collectés par des marchands forains dont les principaux centres se trouvaient le long des routes royales ou des cours d'eau, Saint-Brice, Montlhéry, Longjumeau, Thomery, etc. et qui les apportaient ensuite aux Halles de Paris. Au milieu du XIXe siècle, la demande en fruits explose et celle du vin décline. La production de fruits se rationalise, de nouvelles variétés supplantent les anciennes et la vigne disparaît graduellement. Les formes d'arbres changent, l'organisation, les distances de plantation, les types de taille, etc. et les paysages se transforment. Grâce au chemin de fer, la région Îsle-de-France qui assure 95 % de l'approvisionnement de Paris en 1860, n'assure plus que 5 % en 1935. La France devient le jardin de Paris ; les apports explosent, les prix baissent et la consommation se démocratise. Au cours de cette histoire, des villages se taillent une solide réputation, Montreuil, Thomery et Chambourcy pour les fruits, Les Vertus et Croissy pour les légumes. La région a été particulièrement dynamique dans la création variétale et dans l'invention de techniques innovantes et performantes, les deux devant être conservées et valorisées.

« Un raisin de Thomery, une pêche de Montreuil, sont des objets d'art qu'une civilisation se doit de conserver » (extrait du *Journal de la société d'horticulture de France* en 1925).

PAROLE D'ACTEUR

L'agriculture urbaine en Roumanie, entre tradition et modernité

Roxana Maria Triboi, Université d'architecture et d'urbanisme Ion Mincu, Roumanie

L'agriculture urbaine en Roumanie est actuellement une pratique dévalorisée et marginalisée qui subsiste de manière isolée et spontanée, malgré une tradition importante à grande échelle.

Agriculture urbaine en Roumanie

Cette situation est le résultat du contexte historique, culturel et économique. Pour comprendre la particularité de ce contexte, il faut analyser la situation agricole générale du pays, l'histoire (la politique de période communiste jusqu'en 1989) mais aussi d'autres facteurs importants. Les paysages roumains sont façonnés par deux pratiques très contrastées : celles du système agro-industriel et celles de l'agriculture de subsistance. Durant l'époque communiste, les terres ont été nationalisées à plus de 90 % ; à la fin de la dictature, la décollectivisation a conduit au redécoupage des parcelles et à la mise en place d'une multitude de petits lopins travaillés par des paysans sans moyens. Cette agriculture de subsistance a eu comme effets positifs la préservation des techniques et des savoir-faire traditionnels.

L'urbanisation et l'industrialisation imposées par le régime communiste ont été extrêmement brutales en Roumanie. Elles ont entraîné l'apparition de paysans néo-urbains pour qui le travail de la terre était une manière spontanée de s'approprier un espace vert, neutre et standardisé. Ces personnes ont apporté leurs boutures, leurs arbres, leurs vignes et les ont plantés en bas des immeubles, dans les cours ou dans les parcelles libres autour des usines... La politique productiviste de Ceausescu a également façonné une forme d'agriculture urbaine dans laquelle chaque parcelle était à valoriser. Elle n'a laissé aucune place aux friches ni dans les villes, ni à ses abords. Tout lopin devait être productif. La gestion centralisée de l'agriculture a eu aussi des effets positifs. Elle a permis la création de zones maraîchères, de serres, de pâturages, toutes gérées par des fermes d'État qui profitaient de la proximité des villes. Ainsi, les serres ont été connectées au chauffage urbain, les parcs étaient utilisés pour fournir des fleurs ou des fruits, on y ramassait des marrons...

Mon histoire personnelle s'inscrit dans ce contexte : mon père est issu d'une famille paysanne des Carpates, et la pratique agricole de subsistance a toujours été une partie importante de notre mode de vie et nous a permis d'assurer une grande partie de nos besoins alimentaires pendant des générations, malgré la migration de la campagne à la ville. Comme la plupart des Roumains, mes grands-parents étaient des agriculteurs et produisaient environ 80 % de leur consommation sur une parcelle de deux hectares. En 1947, le régime communiste s'est installé et a nationalisé la plus grande partie des terres agricoles : mon grand-père n'a pu conserver que la moitié d'un hectare et est alors entré dans une période de subsistance.

Mon père déménagera plus tard dans un bâtiment collectif à Bucarest, mais continuera à faire des allers-retours réguliers à la campagne pour aider ses parents à cultiver : 60 % de l'alimentation de ma famille provenait de l'exploitation familiale très traditionnelle. Enfant, je cultivais avec les autres enfants du quartier un jardin urbain situé en bas de notre immeuble. Dans le même temps, le régime obligeait les étudiants à participer aux travaux agricoles au moins deux semaines par an. De très nombreux Roumains n'ont donc jamais rompu les liens avec l'agriculture.

Agriculture urbaine en Roumanie

La Roumanie représente la moitié de la surface de la France, et 90 % de son territoire est rural ; 47 % de la surface est recouverte d'espaces naturels ou semi-naturels. Le pays est le plus agricole d'Europe en part de la population active et le régime communiste a toujours préservé une agriculture de subsistance à la campagne comme en ville. Les citoyens ont récupéré des lopins de terre après la chute du régime, mais beaucoup restent en friche faute de moyens de les exploiter, et les friches sont aussi nombreuses en ville, où elles se sont développées après l'arrêt des grands programmes de développement urbain, dans les années 1990. Le rapport à l'activité agricole a été assez dévalorisé et la chute du communisme a provoqué un repli sur l'espace individuel.

Le délaissement actuel des terres agricoles en ville et aux abords des villes s'est produit de manière naturelle : changement du régime des propriétés, importation des aliments, accès à la propriété privée... À l'intérieur des villes, la pratique agricole se poursuit sur les potagers en bas des immeubles collectifs. Dans les villes de province, ces potagers persistent surtout dans les zones industrialisées en déclin économique.

D'autres initiatives privées dans la périphérie de Bucarest ont bien compris l'intérêt de reconnecter la pratique agricole, l'habitat, le loisir et le tourisme à la proximité de la ville : il en va ainsi du projet d'écoquartier autour d'une ferme biologique à Casa Vlasia, au nord de Bucarest. L'influence des initiatives internationales pour l'agriculture urbaine est par ailleurs perceptible dans les milieux universitaires et associatifs. Aujourd'hui, le pastoralisme urbain et périurbain est aussi très présent en Roumanie : cette pratique spontanée exploite les friches urbaines qui se sont développées du fait d'un développement immobilier irrégulier, surtout en périphérie, et reconstruit des couloirs écologiques.

Malheureusement ces pratiques souffrent du manque d'intérêt des autorités. En ville, les jardins sont surtout situés autour de l'habitat collectif, qui est très développé, mais il n'existe aucune réflexion politique autour de ces espaces qui sont souvent délaissés. À Bucarest, des jardins partagés ont occupé spontanément des espaces vacants et certaines toitures, ce que le régime communiste a toléré, mais la mairie a récemment détruit ces lieux. La vigne est très présente dans certaines villes, tout comme le pâturage.

L'action associative pour l'agriculture urbaine démarre à peine. Quelques associations portent des projets de culture des toits et des actions pédagogiques, mais elles restent rares. Dans la ville de Cluj, un terrain déjà exploité par les habitants a été revalorisé par une équipe de sociologues et de techniciens : l'agriculture y est encouragée et des événements multiples sont organisés sur cet espace. Le projet suscite une participation importante. D'autres associations ont aussi recours à l'art.

En Roumanie, l'agriculture urbaine persiste pour des raisons économiques et culturelles, bien que la politique urbaine reste orientée vers des opérations classiques d'urbanisme, les démarches d'urbanisme durable ne prenant pas encore en compte l'agriculture dans le pays. Le contexte administratif est peu favorable, car il faut obtenir de nombreuses autorisations pour cultiver en bas de chez soi. Il n'existe aucune vision politique des enjeux de l'agriculture urbaine, et il faut espérer que la situation évoluera dans les années à venir. Il faudrait que le cadre législatif roumain s'adapte à l'agriculture urbaine et que des structures se mettent en place pour sensibiliser les acteurs. Tout reste à faire en ce domaine, car la vision politique n'existe pas encore. Néanmoins, il existe en Roumanie de nombreux terrains délaissés ou non entretenus par leurs propriétaires, et le ministère de l'Agriculture encourage à présent leur exploitation afin de les entretenir. Une réflexion devra aussi être menée pour organiser les couloirs de transhumance à travers les villes, car cette pratique reste courante en Roumanie. »

Parole d'acteur

À Séville, comme dans toute l'Espagne, le retour de l'agriculture urbaine

Raúl Puente Asuero, Université Pablo de Olavide, Espagne

« L'agriculture urbaine et périurbaine en Espagne se développe très vite en raison de la grave crise économique et sociale qui frappe le pays. Les jardins familiaux sont très à la mode, mais ils apportent aussi un complément alimentaire non négligeable. Les jardins partagés sont rares, mais les municipalités développent de plus en plus les jardins familiaux et les gouvernements des provinces commencent à s'impliquer dans ce mouvement.

Globalement, on constate en Espagne la disparition d'espaces agricoles et des jardins traditionnels, mais de nouveaux lieux pour l'agriculture émergent dans le même temps notamment dans les villes et autour d'elles, souvent dans le cadre de conceptions assez bucoliques. Mais à cette heure, un certain flou juridique règne sur le statut des jardins et les porteurs de projets ne sont pas encore bien structurés au niveau local, régional et national. Il n'existe toujours pas de stratégies élaborées par le gouvernement régional ou national. Or, la réglementation est indispensable, notamment sur les terrains publics, pour sécuriser la propriété collective et éviter les expropriations. Il faut donc la construire.

Le parc Miraflores à Séville (Espagne)

L'exemple de Séville illustre cette situation et l'émergence de nouveaux espaces en agriculture urbaine dans les villes espagnoles. Celle-ci a connu un développement très rapide à partir des années 1980, notamment au nord. Les friches qui étaient alors nombreuses ont souvent été encombrées de déchets de construction. C'était le cas sur la zone Miraflores, qui était très marginalisée et qui servait de dépotoir.

Dans un contexte social difficile, des rencontres ont été organisées avec les habitants du quartier pour réfléchir aux objectifs et aux modalités de réhabilitation de ce territoire en un parc urbain en partie agricole, ceci afin qu'il échappe à la spéculation immobilière et à la construction.

Par chance, des vestiges archéologiques romains et arabes ont été découverts et montrent le passé agricole du lieu. Les remblais présents ont été remodelés pour créer un parc public assez classique de 90 hectares, mais une partie du terrain n'avait pas cessé d'être cultivée, et un programme d'agriculture urbaine y a été implanté après le départ de la famille qui l'exploitait.

La gestion des 10 hectares cultivés est assurée directement par l´association Comité Pro-Parque Educativo Miraflores. Des parcelles ont été dessinées et des arbres ont été implantés, plusieurs projets complémentaires ont été conçus : jardins familiaux, jardins communautaires et jardins sociaux (180 parcelles en tout), jardins scolaires, serre des jeunes, parcelles pour handicapés. Ces différents espaces ont été entremêlés sur le terrain afin de rapprocher les différents publics.

250 enfants fréquentent le jardin scolaire du parc Miraflores à Séville (Espagne)

Aujourd'hui, 400 personnes sont en attente d'un jardin et seuls 15 jardiniers sont remplacés chaque année, ce qui correspond à peu près à la rotation spontanée. Une loterie est organisée pour attribuer les jardins. Quelque 250 enfants des 12 écoles publiques proches fréquentent le jardin scolaire tout au long de l'année, ce qui permet de réunir les enfants des différents quartiers et de favoriser une appropriation collective du parc. L'accueil des enfants est encadré par une équipe de quatre jardiniers pédagogues professionnels qui travaillent en concertation avec des jardiniers tuteurs. La serre des jeunes est réservée à des anciens élèves des jardins scolaires qui produisent des plants et qui participent à l'encadrement des élèves plus jeunes. Un contrat a été signé avec la Ville pour obtenir une subvention afin de payer les pédagogues.

Nous pratiquons une agriculture biologique non certifiée destinée à l'autoconsommation en appliquant la charte régionale de l'agriculture biologique. Les seuls produits phytosanitaires que nous utilisons sont tolérés par l'agriculture biologique et sont proposés par un magasin associatif géré par les jardiniers. Les livraisons de produits font l'objet d'un enregistrement.

Le parc Miraflores à Séville (Espagne) est géré par une association

Globalement, le parc Miraflores est un espace partagé et solidaire qui fait l'objet d'une gestion associative, notamment en ce qui concerne les bâtiments publics acquis par la collectivité à la suite d'une expropriation qui a permis d'étendre la surface du parc. Des espaces naturels ont aussi été reconquis, notamment autour de la rivière qui jouxte le parc. Le projet a reçu plusieurs récompenses, dont la médaille de la Ville de Séville 2012 ou sa présentation lors de la Conférence Habitat II à Istanbul (1996). Malgré cela, la Mairie envisage de supprimer aujourd'hui les jardins familiaux... »

Retour d'expérience

Collectif de recherche en aménagement paysager et agriculture urbaine durable (Crapaud), Université du Québec à Montréal

Montréal, Québec, Canada

Description

Le Collectif de recherche en aménagement paysager et agriculture urbaine durable (Crapaud) s'intéresse au rôle de l'agriculture urbaine au sein de l'Uqam, que cela soit par la recherche, la sensibilisation, l'éducation et l'action.

Depuis sa création en 2009, le Crapaud a développé de nombreux jardins collectifs, dont deux jardins sur des terrasses, une dizaine de jardins au sol (cour intérieure du Complexe des sciences) et un jardin en bacs. Le Crapaud a également implanté un rucher à l'Uqam, ce qui permet de fabriquer du miel urbain, tout en favorisant la pollinisation des jardins.

En collaboration avec le Laboratoire sur l'agriculture urbaine (AU/LAB), le Crapaud développe des projets de recherche et offre des ateliers et conférences traitant de différents sujets relatifs à l'agriculture urbaine, l'alimentation et l'environnement. L'École d'été en agriculture urbaine permet, notamment, à des centaines de personnes de participer à une formation qui s'articule autour d'un apprentissage théorique et pratique, appuyé par des tables rondes de discussion, des ateliers, des conférences, l'intervention de spécialistes, etc. Terre en ville, qui est le volet tous publics de l'École d'été, offre durant la même période un programme d'activités (souvent participatives) de sensibilisation, réflexion et d'échange. Un camp de jour a également été créé pour initier les jeunes aux différentes facettes de l'agriculture urbaine.

Finalement, AU/LAB et le Crapaud sont des acteurs de la scène politique en faveur d'une meilleure reconnaissance et intégration de l'agriculture urbaine à Montréal.

Caractéristiques générales

Les activités agricoles du Crapaud se déploient sur de nombreux sites sur le campus de l'Université du Québec à Montréal : plusieurs jardins en sol, jardins en bacs sur 2 terrasses, un rucher et une serre pour les semis.

Caractéristiques

- Production : culture maraîchère variée, tomates, fines herbes, poireaux, etc. et miel
- Équipements : composteurs, bacs, sacs, barils de récupération d'eau, palettes de bois, ruches
- Responsable : Collectif de recherche en aménagement paysager et en agriculture urbaine durable
- Jardiniers : Membres du Crapaud (Étudiant(e)s, membres de l'Uqam, citoyens)
- Destinataires : Membres du Crapaud (Étudiant(e)s, membres de l'Uqam, citoyens)
- Objectifs : développer et promouvoir une agriculture urbaine plurielle, accessible, créative et viable par l'expérimentation, la pratique, l'autogestion, la recherche, la diffusion et l'action politique.

Remarques

Le Collectif de recherche en l'aménagement paysager et en agriculture urbaine durable est un sous-comité du Groupe d'intérêt public de l'Uqam. Le Collectif regroupe des étudiant-e-s de l'Uqam, mais aussi des enseignants, des chercheurs et des citoyens montréalais.

Il est possible de voir ce jardin sur la carte du portail Agriculture Montréal : www.agriculturemontreal.com

Retour d'expérience

Ruelle dei giardinieri (la ruelle des traditions)

Ruelle citoyenne bordée de plusieurs jardins individuels d'arrière-cour, située derrière la rue Mozart Ouest, entre les rues Clark et Marconi, Montréal, Canada[1]

Caractéristiques générales

Les expériences de jardins sont souvent des exemples pour les voisins. Cette ruelle montre bien cette synergie entre les projets. Les jardins de cette ruelle sont menés par des personnes âgées entre 70 et 90 ans, en majorité d'origine italienne, immigrées au Québec depuis environ 50 ans. Ils ont toujours habité le quartier ou l'habitent depuis très longtemps. Ils sont toutefois de moins

1. Adaptation d'une fiche réalisée par Vali Fugulin dans le cadre d'un cours de maîtrise en sciences de l'environnement, Uqam.

en moins nombreux puisque plusieurs d'entre eux sont décédés dans les 5 dernières années et la gentrification amène une toute autre population socioéconomique à racheter les maisons. Leurs descendants ont préféré s'installer dans d'autres quartiers plus spacieux, en périphérie et ne continuent pas la tradition dans le quartier. Ils jardinent parce que « c'est ce qu'on faisait au pays ». Ils jardinent parce que c'est impensable pour eux de ne pas le faire, pour le plaisir pur, pour bien manger et, enfin, pour ne jamais manquer de rien. Cela montre bien un côté culturel de l'agriculture urbaine.

Caractéristiques

- Production : légumes et fines herbes, en majorité de tradition italienne dont la tomate (reine de tous les jardins), les piments, les aubergines, les courgettes, la laitue, les oignons doux, la rugola (herbe pour la grappa), le basilic, le persil italien.
- Équipements : outils personnels des jardiniers, bacs de fortune en bois ou en plastique, forte tendance à la récupération de matériaux : tuteurs en bois recyclé, vieilles branches et bouteille de plastique pour éloigner les chats, bâches de plastique récupérées, tige de bambou et cordes rafistolées pour les grimpants. Accès à l'eau individuel, arrosage à la main. Forte proportion de jardins surélevés dans des structures de béton permanentes. Composteur commun dans la ruelle mais difficile de savoir qui l'utilise. Peu de compostage individuel par manque d'espace. Tendance naturelle au biologique, peu d'engrais chimique et de pesticide, car ce n'est pas « dans la tradition ». Les jardiniers démarrent avec une partie de semences personnelles et une partie de plants achetés « à la bonne personne » au marché Jean-Talon.
- Superficie : une douzaine de jardins qui donnent tous sur la ruelle, variant entre 6 m^2 (parcelle surélevée) et 50 m^2 (toute la cour arrière). Moyenne d'environ 10 m^2.
- Responsable : les propriétaires, citoyens jardiniers.
- Jardiniers : personnes âgées, entre 70 et 90 ans, en majorité d'origine italienne, immigrées au Québec depuis environ 50 ans.
- Destinataires : les jardiniers et leur famille immédiate, qui reçoivent les surplus produits. Consommation personnelle doublée d'un savoir culinaire traditionnel complexe et riche. Consommation annuelle grâce à la mise en conserve.

- Objectifs : nourrir sa « passione », premier objectif très clair et affirmé, loisir amical, plaisir de bien manger, poursuite de la tradition (ils ont « toujours jardiné »), autonomie alimentaire (ils ont connu « la misère noire et marcher sans souliers aux pieds et cela ne s'oublie jamais »).

Informations générales

Ruelle nord-est/sud-ouest, oasis tranquille et résidentielle dans un secteur par ailleurs très industriel.

Remarques

La ruelle des Giardinieri rejoint à l'ouest le petit parc Mozart mais celui-ci n'est pas accessible à cause d'une clôture, souvent trouée illégalement par les résidents. Le parc, où se rassemblaient pendant des années les amateurs de bocce (pétanque italienne), est un prolongement naturel de la ruelle déjà très verte grâce à l'apport de ses jardiniers et la présence d'arbres matures qui la bordent. Cette ruelle mériterait d'être reconnue pour ses savoirs ancestraux, ouverte sur le parc et intégrée dans le corridor vert du quartier.

Chapitre 2

Lieux
et pratiques culturales

Par Antoine Lagneau[1] (d'après Éric Duchemin[2])

Il n'existe pas « une » agriculture urbaine mais « des » agricultures urbaines. L'emploi du pluriel s'avère ici incontournable dès lors que l'on tente de caractériser ce mouvement. Car cultiver en ville relève de tant de formes différentes que l'on ne peut isoler l'une d'elles pour restituer ce qu'est l'agriculture urbaine. C'est donc la combinaison des formes qui permettra de s'approcher d'une description un peu plus précise de celle-ci. D'où la volonté des chercheurs de parler de multifonctionnalité à son propos. L'intérêt est ainsi de pouvoir balayer très largement cette diversité qui regroupe : les lieux de productions, les supports de productions, les techniques et pratiques culturales, les systèmes de distribution, les modèles économiques et les acteurs. Ces différentes formes peuvent être reliées à une ou plusieurs fonctions de l'agriculture urbaine : l'aménagement urbain, la biodiversité, l'économie, la sécurité alimentaire, la santé, les loisirs, l'éducation ou bien encore les aspects sociaux.

1. Natureparif.
2. Université du Québec à Montréal.

Ce chapitre s'intéresse aux lieux et pratiques culturales à travers notamment ce qui constitue l'un des espaces d'expression principale de cette activité : le jardin, qu'il soit privé, partagé, collectif, d'insertion voire de crise.

Le jardin Couleurs et Senteurs à Paris dans le XIXe arrondissement

À travers le temps, l'agriculture urbaine a évolué. Si ce mouvement semble récent, il faut savoir qu'au moment de son « apparition », il était intimement lié au lieu de vie. Aujourd'hui, à travers les actions de réappropriation de l'espace, cultiver en ville prend donc des formes de plus en plus variées et se complexifie, suivant en ce sens l'évolution du milieu urbain et les aspirations de ses citoyens.

Un mouvement multiple et une activité multifonctionnelle

De quelques m^2 sur un balcon à la récupération de friches, du jardin partagé aux terrasses ou façades d'immeubles, la ville offre, en pleine terre ou hors sol, un terrain de jeu immense où le moindre interstice peut parfois se révéler propice à l'implantation d'un potager.

Cette mosaïque de lieux contribue à la richesse et à la diversité des pratiques qui se développent sur ces derniers. Par nécessité topographique, par choix cultural, par tradition ou volonté d'innover, l'ensemble est à l'image de l'agriculture urbaine : multiple.

De la culture potagère en pleine terre suivant des savoir-faire anciens jusqu'à la serre hydroponique ou des installations en aquaponie, dans des bacs ou en réintroduisant des arbres fruitiers sur la voie publique, l'imagination prend le pouvoir et semble ne pas connaître de limites.

Lieux et pratiques sont donc intimement liés et participent à l'attractivité de l'agriculture urbaine pour un public toujours plus large. Les collectivités locales l'ont bien compris et s'impliquent chaque jour un peu plus en favorisant, sur leur territoire, l'émergence d'initiatives potagères, fruitières voire d'expériences d'élevage ou de pâturage urbain.

(Suite en page 45)

« Jardin mobile » : chantier participatif et installation de bacs potagers en bois sur le parvis de la Halle Pajol dans le XVIIIe arrondissement de Paris

Typologie et enjeux des projets intra-urbains de l'agriculture urbaine en Île-de-France

Par Anne-Cécile Daniel, ingénieure de recherche en agriculture urbaine

Une simple recherche sur Internet permet de constater qu'il existe une diversité de formes d'agriculture urbaine dans le monde, que les initiatives aient vu le jour ou qu'elles soient encore en phase de démarrage. Hormis la production alimentaire, un des points remarquables de ces espaces est sans aucun doute leur inscription dans leur territoire urbain qui fait intervenir une diversité d'acteurs faisant évoluer les projets au cours du temps.

Pour représenter cette diversité, de nombreuses typologies peuvent être élaborées selon un prisme d'analyse. Ci-dessous un schéma illustre les différentes variables de ce prisme qui conditionnent l'ensemble des projets d'agriculture urbaine.

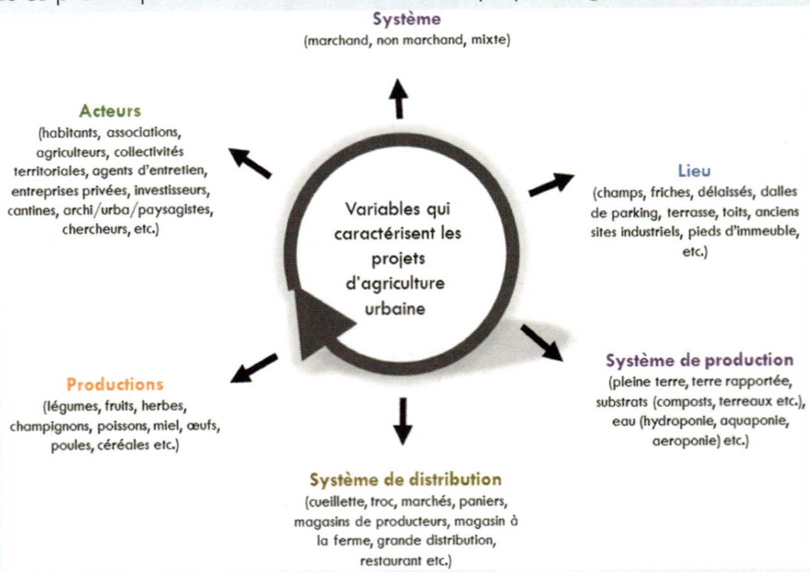

Variables qui caractérisent les projets d'agriculture urbaine, Daniel, 2013

La première variable distingue trois systèmes économiques des projets : marchands, avec une activité de vente de légumes ou encore de prestations (études, services) ; non marchands, pour des formes d'autoproduction tels que les jardins associatifs ; mixtes s'il y a à la fois vente (plants, légumes, restauration, formation etc.) et activités de jardinage ou autre pouvant accueillir des bénévoles.

La localisation est une autre variable, les projets d'agriculture urbaine s'insérant dans les interstices de la ville que ce soit sur d'anciens champs cultivés, des parcs, d'anciennes friches, mais aussi des lieux liés au bâtiment tels les façades, les toits, en pieds d'immeuble, etc.

Pour les productions, on recense majoritairement des légumes, des herbes et du miel, mais on trouve également des fruits, des champignons, des œufs, et parfois du poisson et des céréales (rarement de la viande), qui sont vendus via des systèmes de distribution variés (restaurants, vente directe, sous forme de paniers etc.).

Enfin, les acteurs impliqués dans les projets sont très diversifiés, depuis les aménageurs jusqu'aux collectivités et institutions en passant par les personnes en reconversion travaillant sur ces projets. L'attractivité de tout corps de métier contribue à rendre plus performant chaque projet (technique, administratif, animation, marketing, etc.) que ce soit à titre professionnel ou non professionnel.

Le support de production utilisé est également une variable intéressante. On distingue ainsi les projets en pleine terre, en hors-sol low-tech (demandant peu d'investissements) et en hors-sol utilisant des techniques plus complexes (high-tech). Cette classification permet de grouper les projets nécessitant plus ou moins d'investissements selon leur technicité, leur localisation y étant par ailleurs étroitement liée.

Les projets en pleine terre

La culture en pleine terre se traduit par une production alimentaire sur un sol non imperméabilisé, avec des surfaces parcellaires très variables allant de quelques mètres carrés pour des jardins associatifs, à de grandes surfaces pour une activité professionnelle. Les Associations pour le maintien de l'agriculture paysanne (Amap), dans une certaine mesure, entrent dans cette catégorie, mais sont très peu présentes en milieu intra-urbain.

Sur la quasi-totalité des sites en milieu urbain très dense présentant encore du sol, la qualité de celui-ci est toujours remise en cause. Plusieurs cas de figure illustrent ce phénomène : accumulation d'une pollution atmosphérique à proximité d'axes routiers, abandon d'un espace évoluant en friche et faisant rapidement l'objet d'usages illicites (décharges sauvages, incinérations, etc.), remise en place de terre végétale sur des emprises résultant de démolition de bâti (la ville se construit sur ces déconstructions).

Dans les cas où il n'y a pas de risque, l'enjeu est alors d'enrichir le sol existant via des apports de matières organiques destinés à les revitaliser.

La rareté des surfaces en pleine terre disponibles en milieu urbain (Paris est la septième ville la plus dense au monde) soulève une concurrence très forte avec le bâti et autres activités commerciales. La pression foncière sur les dernières terres est donc un frein majeur pour le développement des projets.

Enfin, une des autres difficultés rencontrées en milieu urbain est l'ombre portée des bâtiments qui limite la croissance des plantes en minimisant l'ensoleillement.

La question de la pérennisation est aussi déterminante pour ces projets puisque de leur durabilité temporelle dépendra leur réussite. Dès lors, le partenariat avec les communes ou propriétaires est indispensable et les outils de planification urbaine doivent évoluer pour mieux les protéger.

Exemple 1 : V'îleFertile, Paris, XIIe arrondissement

- Système : mixte (vente et activité de jardinage).
- Activités : production de légumes, herbes, plants, compost, ateliers créatifs, chantiers participatifs.
- Lieu : parc public.
- Système de distribution : vente directe.
- Acteurs : bénévoles et deux emplois à mi-temps pendant un an.
- Support de production : pleine terre.

V'île Fertile, micro-ferme maraîchère associative située au Jardin d'agronomie tropicale, aux confins du bois de Vincennes dans le XIIe arrondissement

Exemple 2 : jardins familiaux du boulevard de l'Hôpital, Paris, XIIIe arrondissement

- Système : non marchand.
- Activités : autoproduction dans chaque parcelle de légumes, herbes, fleurs et quelques petits fruits.
- Lieu : en pied d'immeuble.
- Système de distribution : autoconsommation.
- Acteurs : jardiniers (habitants du quartier).
- Support de production : pleine terre.

Les jardins familiaux du boulevard de l'Hôpital dans le XIIIe arrondissement

Les projets hors sol low-tech

La culture de végétaux sur des espaces non cultivables est rendu possible grâce au hors-sol, en ayant recours à différents supports (bacs, sacs, gouttières etc.) et à un substrat composé de matières organiques et/ou minérales.

Le substrat peut être directement mis en place sur un sol imperméabilisé (tas en longueur) que l'on appellera « planche en butte ». Les cultures peuvent être protégées par des éléments simples, tels que les voiles tissées ou encore des tunnels plastiques, afin de les isoler du froid. L'avantage premier de ces systèmes de culture est qu'ils s'insèrent facilement dans les interstices de la ville (délaissés, toits, façades, etc.) et sont une réponse rapide et efficace pour des sols contaminés.

Une des contraintes est de bien choisir la composition de son substrat. Dans certains projets, la terre végétale est privilégiée pour le support de culture, avec un apport de matière organique pour améliorer les qualités physicochimiques de la terre (très argileuse en Île-de-France). D'autres utilisent des terreaux industriels, souvent chers et peu durables (notamment lorsqu'ils contiennent de la tourbe). Les « déchets » de ville tels que le compost, le broyat de bois et le marc de café permettent également de reconstituer un substrat mais ces derniers « se consumant rapidement », ils doivent pouvoir être renouvelés régulièrement.

Au-delà de ces aspects techniques, les productions en hors sol doivent aussi composer avec un déficit d'image résultant de leur absence de lien avec la terre « ferme ». Or cette dernière reste pour la majorité de la population un « horizon indépassable », gage d'une agriculture en prise directe avec la nature. Même si le projet ne semble pas demander de la haute technologie, produire sans terre et sans micro-organismes pour les substrats inertes met donc à mal cet imaginaire. Cela est par exemple le cas de la « culture en gouttière » des fraises.

Pour contourner cette difficulté, les porteurs de projets jouent sur l'argument de l'« ultra local » tout en sachant par ailleurs que le label AB (Agriculture Biologique) ne peut être attribué à des produits issus du hors-sol.

Le potager-verger de l'entreprise Topager installé sur l'hôtel Pullman dans le XVe arrondissement

Exemple 1 : potager et verger de l'hôtel Pullman, installation de la société Topager, Paris XVe arrondissement

- Système : marchand.
- Activités : productions alimentaires, accueil de journalistes, image marketing pour l'hôtel.
- Lieu : sur une terrasse/toit (espace de 650 m²).
- Système de distribution : produits directs cuisinés dans la cuisine du restaurant.
- Acteurs : le restaurant et l'entreprise Topager pour la gestion du site.
- Productions : légumes, herbes, fleurs comestibles, fruits, œufs, miel.
- Support de production : bacs contenant du compost et du marc de café myléliumisé.

Exemple 2 : les potagers du collège Mendès France, installation par l'association Veni Verdi, Paris XXe arrondissement

- Système : mixte.
- Activités : productions alimentaires, activités pédagogiques auprès des collégiens, chantiers participatifs.
- Lieu : sur les espaces verts du collège.
- Système de distribution : vente via une épicerie.
- Acteurs : collège, la mairie, le département, l'association Veni Verdi, les collégiens.
- Productions : légumes et petits fruits.
- Support de production : bacs contenant de la terre végétale rapportée et du compost.

Un des potagers installés par l'association Veni Verdi dans le collège Mendès-France à Paris, dans le XXe arrondissement

Les projets hors sol high-tech

Dans cette troisième catégorie, les projets hors sol ciblés sont ceux qui demandent un contrôle très strict sur les paramètres de production au risque de déséquilibrer le système et nuire à la croissance des plantes très rapidement.

Trois techniques sont principalement utilisées : la culture hydroponique sur substrat neutre et inerte, de type sable, pouzzolane, billes d'argile, laine de roche, régulièrement irriguée par un mélange eau et nutriments avec une fertilisation ultra contrôlée ; la culture aquaponique, système à boucle fermée contenant des plantes et des espèces aquatiques vivant en symbiose et enfin la culture aéroponique où les plantes reposent sur un support sans substrat avec de l'eau aspergée en permanence directement sur les racines.

Serre expérimentale avec production de tomates en hydroponie (perlite) sur un toit, Barcelone

Pour cette catégorie de projets, il est quasi incontournable de se doter d'une serre destinée à mieux maîtriser les conditions de température, d'hygrométrie, de CO_2 et de s'affranchir des aléas climatiques. Appréhender le fonctionnement d'une serre demande des connaissances pointues sur le développement végétal. Ce type d'équipement a des coûts importants, par conséquent le retour sur investissement est très long et le modèle économique fragile si les rendements prévus ne sont pas atteints.

En Île-de-France, ces trois techniques – hydroponie, aquaponie et aéroponie – existent à l'état expérimental, mais des projets à plus grande échelle en vue d'une commercialisation importante sont envisagés dans les années qui viennent. L'un des obstacles rencontrés pour leur développement en ville est leur intégration au bâti sans provoquer de nuisances visuelles ou sonores ou les deux à la fois.

Les visites sont difficilement envisageables pour des raisons sanitaires (entrées de micro-organismes non désirables) et des surfaces trop petites pour accueillir le grand public.

Pour contourner ces difficultés, les porteurs de projets mettent en avant le goût des produits puisque les variétés sont sélectionnées pour leurs qualités gustatives et les cueillettes peuvent être faites lorsque le fruit ou le légume est à maturité. Le produit est également bien valorisé comme ultra « local ». La production de masse permet de diversifier les systèmes de commercialisation (paniers, à la ferme, épicerie, vente aux restaurateurs, restauration collective). Mais là encore, la labellisation AB ne peut être accordée.

Conclusion et enjeux

La technique et la conduite culturale sont des éléments clés pour comprendre les projets d'agriculture urbaine, mais d'autres aspects restent à prendre en considération pour imaginer leur développement en Île-de-France. Plusieurs questions se posent en termes aussi bien technique qu'économique voire culturel.

Tout d'abord, consacrer un espace à de l'agriculture marchande en milieu urbain peut en contrepartie, diminuer l'offre de lieux disponibles pour l'autoproduction des habitants. Dès lors, faut-il favoriser un système au détriment d'un autre ?

Les projets à vocation marchande ou mixte demandent des investissements souvent considérables. Actuellement, ce sont de grandes entreprises, fondations et mécènes qui contribuent aux montages financiers nécessaires à leur éclosion. Ces projets d'agriculture urbaine doivent-ils être subventionnés pour devenir viable ? Ne serait-ce que par des contributions financières pour les nombreux services qu'ils rendent à la ville ?

Enfin, la question de l'acceptabilité de l'origine des produits, de leur qualité, de la labellisation et des filières d'approvisionnement constituent également des enjeux importants.

Les aspects réglementaires et administratifs sont aussi des points qui sont amenés à évoluer. Maylis Desrousseaux et Lucile Stahl (2014), dans leur article concernant l'appréhension de l'agriculture urbaine par le droit français, expliquent bien la dichotomie entre ce qui est urbain et ce qui est agricole, et « appelle donc à un renouveau des fondements ruralistes du droit de l'agriculture, sinon à la reconnaissance juridique de l'agriculture urbaine en tant que telle ».

Pour le moment, le statut de l'agriculteur en ville n'est pas défini et les modalités pour la vente de certains projets restent encore floues. Soulignons également que les outils de planification urbaine ne sont pas encore assez solides pour garantir une pérennité des projets d'agriculture urbaine... malgré les volontés politiques.

Ces contraintes et ces paradoxes contribuent à l'innovation, la créativité, et peut-être à l'émergence d'une ville qui favoriserait l'implantation de cette diversité de projets dans le futur.

Petit glossaire des formes d'agriculture urbaine

La typologie présentée ci-dessous se concentre tout particulièrement sur les jardins, de loin l'espace le plus utilisé en agriculture urbaine. C'est donc un essai de classification qui se nourrit des différentes pratiques et formes rencontrées en Amérique du Nord et en Europe.

Bien qu'ils soient maintenant absents du paysage urbain, nous présenterons ici les « jardins de guerre » et les « jardins de la victoire » (Victory gardens). Ces jardins ont beaucoup à nous apprendre sur les possibilités et les défis entourant un large développement de l'agriculture urbaine, lequel fut marquant pour les périodes des deux guerres mondiales. Ces jardins entrent dans ce que nous appellerons ici les jardins « de situation de risques ».

Jardins privés

L'agriculture de proximité, dans les arrière-cours des habitations, a été pratiquée de tout temps. On voit très bien sur les cartes de villes du Moyen Âge que des jardins potagers sont accolés aux habitations. À cette époque, il pouvait être dangereux de s'éloigner de l'agglomération, impossible de transporter des aliments sur de grandes distances ou encore, on devait prévoir l'approvisionnement de nourriture en cas d'état de siège. Cette forme d'agriculture, encore très présente dans les villes, est souvent mal connue, car dispersée. Actuellement, cette forme d'agriculture urbaine regroupe autant de jardins dans les arrière-cours que les jardins en bacs sur des balcons ou sur des toits.

Jardins ouvriers ou familiaux

Les jardins dissociés de l'habitation et cultivés en potager existent également depuis longtemps dans les agglomérations urbaines. Les jardins dits ouvriers ou familiaux sont la première manifestation de cette réalité et du mouvement de l'agriculture urbaine tel qu'on le connaît aujourd'hui. En pleine révolution industrielle, à la fin du XIXe siècle, ces jardins avaient été créés pour réduire la misère d'une nouvelle population ouvrière affluant des campagnes qui se trouvait confrontée à la difficulté de se nourrir. S'appuyant sur le mouvement terrianiste (voir encadré page 84), l'abbé Lemire crée en 1896, la Ligue Française du Coin de Terre et du Foyer qui accompagnera la naissance et le développement des jardins ouvriers. Après un certain déclin au début du XXe siècle, ce type d'agriculture urbaine adopte le nom de « jardins familiaux ». Les jardins ouvriers ou familiaux sont une forme d'agriculture urbaine encore très présente de nos jours en Europe. Il existerait à Berlin 67 961 jardins ouvriers alors qu'aux Pays-

Bas, on en compterait 240 000 gérés par environ 1 000 associations. La France, qui a changé officiellement l'appellation de « jardins ouvriers » en « jardins familiaux » en 1952, en compterait environ 9 000. C'est peu si l'on considère qu'en 1920, on y dénombrait 47 000 jardins ouvriers et qu'à la fin de la seconde guerre mondiale, ce nombre est monté à 250 000.

Les jardins ouvriers sont apparus aux Pays-Bas en 1838. Au XIXe siècle, les municipalités attribuèrent des terrains aux familles d'ouvriers. En 1928, les associations apparurent à l'échelle nationale grâce à la Confédération générale des producteurs populaires des Pays-Bas. Jusqu'aux années 1950, les jardins ont été utilisés principalement pour produire des légumes. Depuis, ils sont plutôt devenus une occupation de loisir.

En Allemagne, les jardins ouvriers se seraient développés grâce au médecin et pédagogue Moritz Schreber qui commença dès la seconde moitié du XIXe siècle à promouvoir l'idée des jardins ouvriers. Cette promotion était le prolongement de ses travaux sur la santé publique, soit l'idée de permettre aux ouvriers de se détendre par la pratique du jardinage et la jouissance d'un environnement sain et reposant. De plus, la culture de fruits et de légumes destinée à la consommation directe visait à améliorer l'alimentation des travailleurs. Ces jardins, entretenus collectivement par les ouvriers, se sont développés rapidement dans tout le pays. Aujourd'hui, les Schrebergarten[1] sont une véritable institution en Allemagne, avec des règles strictes (hauteur des haies, surface des cabanes et des espaces cultivés, règles d'attribution, etc.).

En France, la loi du 26 juillet 1952 retient le terme de « jardins familiaux ». Le cadre légal est défini par le code rural : les jardins familiaux doivent être gérés par des associations à but non lucratif. Les associations de jardins familiaux ont pour but de créer, d'aménager et de gérer des parcelles mises à leur disposition par des collectivités publiques ou semi-publiques, par des organismes logeurs ou par d'autres propriétaires. Moyennant une cotisation annuelle, ces jardins sont confiés à des jardiniers amateurs qui les cultivent uniquement pour les besoins de leur foyer, à l'exclusion de tout usage commercial. Les critères généralement retenus pour obtenir une parcelle sont l'appartenance à la commune, la mixité sociale et la proximité géographique puisque le jardin demande un entretien régulier y compris en semaine. L'usage commercial est exclu. La demande étant largement

1. Association nationale des jardins en Allemagne qui regroupe 1500 associations locales : www.kleingarten-bund.de ; Musée sur les Schrebergarten : www.kleingarten-museum.de

supérieure à l'offre, les délais d'obtention d'un jardin peuvent parfois atteindre plusieurs années. Les parcelles des jardins ouvriers/familiaux sont d'une superficie variable, quoiqu'elles soient toujours de quelques centaines de mètres carrés, sur lesquelles se trouve généralement un cabanon.

Jardins collectifs et d'insertion

À Montréal, une autre forme de jardins urbains est apparue à la fin des années 1990. Issu du mouvement associatif, le jardin collectif est composé d'une parcelle unique, jardinée conjointement par un groupe de membres. Ces membres choisissent ensemble les espèces à cultiver. Ils se partagent le travail horticole et les récoltes. Le plus souvent, un animateur est présent pour assurer formation et soutien liés au travail horticole et à la prise de décision collective. Cette façon conviviale de jardiner permet la rencontre entre résidents d'un même quartier. L'échange entre jardiniers et le soutien de l'animateur horticole favorisent également le développement de compétences horticoles chez les participants. Aussi, plusieurs de ces jardins distribuent une partie de leurs récoltes auprès d'organismes d'aide alimentaire, contribuant ainsi à la vitalité de leur communauté. Par ailleurs, les jardins collectifs s'inspirent généralement des principes de l'agriculture biologique. Ils permettent donc l'accès à des légumes frais et de qualité. On compte actuellement 87 jardins collectifs à Montréal.

Les jardins collectifs correspondent en partie à ce qui est appelé en France, les « jardins d'insertion ». Les objectifs de ces jardins sont l'insertion de personnes en difficultés sociales ou professionnelles. Il existe différentes formes de projets en agriculture urbaine visant l'insertion sociale ou économique. Certains jardins collectifs le font, comme la Croisée de Longueuil[1] (Québec). D'autres sont des projets agricoles en zone périurbaine comme la ferme D-trois Pierres[2]. Les jardins de Cocagne (France) sont également des jardins collectifs à vocation d'insertion sociale. Ils sont gérés sous forme d'associations à but non lucratif. Ces jardins s'adressent à des personnes qui se trouvent en situation précaire (personnes sans revenus, sans domicile, chômeurs de longue durée, n'ayant jamais travaillé, etc.). Dans les jardins de Cocagne, les légumes sont cultivés selon les principes de l'agriculture biologique, puis sont distribués sous forme de paniers hebdomadaires à un réseau d'adhérents-consommateurs.

1. www.lacroiseedelongueuil.qc.ca/AccueilC
2. www.d3pierres.com

Jardins partagés

Au début des années 2000, des collectifs citoyens parisiens investissent des terrains vacants pour y jardiner. En 2002, la Ville de Paris, consciente de l'existence de dynamiques similaires à Lille, Lyon et Nantes, a souhaité accompagner ces initiatives citoyennes pour les faciliter et les rendre légitimes.

Jardin partagé Le Nid du 12, Paris, XIIe arrondissement

Depuis 2003, le programme municipal Main verte de la Ville de Paris encourage la mise en place de jardins collectifs partagés dans tous les quartiers de la capitale. Paris a ainsi été la première collectivité française à développer une véritable politique municipale pour répondre à la demande de plus en plus forte des citadins et encourager l'éclosion de jardins partagés sur tout son territoire. De ce programme est née la charte Main verte, basée sur quatre grands principes : démarche participative, ouverture au public, création de lien social et respect de l'environnement.

Aujourd'hui, un peu plus de 90 jardins collectifs (chiffre de décembre 2013 disponible sur www.paris.fr, site de la Ville de Paris) ont signé la charte. Un nombre en constante progression sachant que, dans le même temps, Paris accueille sur son territoire plusieurs jardins partagés non adhérents à la charte Main verte. À cette dynamique intra-muros (huit à douze jardins partagés sont créés chaque année) s'ajoute celle constatée au niveau régional à travers notamment le travail de Graine de Jardins. Cette association, qui a vu le jour en 2001, anime le réseau régional des jardins partagés d'Île-de-France. Sur son portail (http://jardinons-ensemble.org), elle recense ainsi plus de 155 jardins franciliens, en comptant les initiatives parisiennes.

Dès le départ, l'approche retenue pour que vivent ces espaces urbains d'un nouveau genre fut de faire confiance aux associations citoyennes constituées pour gérer un territoire public. Une petite révolution ! En légitimant ces projets via une convention d'occupation du domaine public et en évitant l'écueil de « trop cadrer » le programme par des règles, des obligations et des interdictions, la Ville a réussi à donner une place réelle à ces projets portés par les résidents d'un quartier, que de nombreux partenaires locaux, tels que les écoles, rejoignent.

Les citadins y donnent un sens à leur environnement, où s'exerce désormais une citoyenneté active, les mains dans la terre, au sens propre comme au sens figuré ! Le jardinage devient une excuse pour s'approprier collectivement un morceau de ville et y mener des activités variées, ancrées dans un quartier. Les valeurs d'ouverture, de partage, d'entraide, mais aussi d'apprentissage, de création, voire de reconstruction de soi avec les jardins solidaires notamment, se vérifient chaque jour.

Ces espaces urbains sont une ouverture à l'autre, au quartier, au monde, mais ils sont aussi, grâce à tous les citoyens et citoyennes qui les font vivre, une autre façon d'habiter et de vivre la ville, pleine de sens et d'espoir.

Jardins de « situation de crises »

Les jardins potagers urbains sont souvent apparus lors des grandes crises, qu'elles soient économiques, sociales, environnementales, ou encore lors de guerres. Les exemples au Honduras[1], à Cuba[2], en République démocratique du Congo[3] ou en Zambie[4], en Arménie[5], en Sierra Leone[6]

---

1. Luc J. A. Mougeot, « Urban agriculture... », *art. cit.*
2. André Viljoen et Katrin Bohn, *Scarcity and abundance : urban agriculture in Cuba and the US*, Architectural Design, 2012.
3. Nyumbaiza Tambwe, Michael Rudolph et Ran Greenstein, « Instead of begging, I farm to feed my children : urban agriculture – an alternative to copper and cobalt in Lubumbashi », *Africa*, vol. 81, n°3, 2011.
4. Godfrey Hampwaye, Etienne Nel et Christian M. Rogerson, « Urban agriculture as local initiative in Lusaka, Zambia », *Environment and planning C-Government and policy*, vol. 25, 2007.
5. *ibid.*
6. Kenneth Lynch, Roy Maconachie, Tony Binns, Paul Tengbe et Kabba Bangura, *Meeting the urban challenge ? Urban agriculture and food security in post-conflict Freetown, Sierra Leone*, 2013.

et au Malawi[1] sont assez instructifs. Les actions qui émergèrent durant les deux guerres mondiales sont des exemples importants de ce type de jardins. Tout comme la mise en œuvre du programme d'agriculture cubain lors de la chute de l'Union soviétique, en 1991 qui vient s'ajouter à l'embargo américain[2]. Plus récemment, l'apparition de nouvelles initiatives en Grèce et en Espagne depuis 2012, est une des conséquences de la crise économique qui sévit actuellement en Europe.

Les jardins « de guerre » ou « de la victoire », directement associés aux deux guerres mondiales, montrent que l'agriculture urbaine peut répondre rapidement aux besoins alimentaires nationaux lorsqu'une situation d'urgence ou de précarité se présente[3]. Lors de telles périodes troubles, la production et le transport d'aliments peuvent être compromis et les habitants doivent subvenir à leurs besoins.

La mise en œuvre d'un réseau de jardins de guerre de la première guerre mondiale a été proposée dès 1914 par des experts américains qui prévoyaient une pénurie alimentaire. À cette époque, la production alimentaire européenne était en baisse et les États-Unis, dépendants des importations. Ces experts ont ainsi proposé d'augmenter la production alimentaire américaine par la mise en place d'un programme éducatif agricole. Cette crise alimentaire amena aussi plusieurs Américains à vouloir une autosuffisance alimentaire. Dans cette optique, on créa la National War Gardening Commission en 1917. Elle fut un acteur clé du programme des jardins de guerre. Ainsi en 1917, il y avait 3,5 millions de jardins, générant une production de 350 millions de dollars. L'année suivante, on comptait 5,3 millions de jardins de guerre et 525 millions de dollars générés par la production d'aliments. Ce programme, il va sans dire, fut un succès. Cet apprentissage fut très utile lors de la crise économique des années 1930.

En 1941, le gouvernement américain mit sur pied un programme similaire

1. L.J.A. Mougeot, *Urban agriculture, art. cit.*
2. Maria Caridad Cruz et Roberto Sánchez Medina, *Agriculture in the city : a Key to Sustainability in Havana, Cuba*, Ian Randle Publishers, CRDI, 2003 / Patrick Henn, *User Benefits of Urban Agriculture In Havana, Cuba : An Application of the Contingent Valuation*, Method, Thesis, McGill University, 2000 / Scott G. Chaplowe, *Havana's popular gardens : sustainable prospects for urban agriculture*, The Environmentalist, 1998 / Miguel A. Altieri, Nelso Companioni, Kristina Cañizares, Catherine Murphy, Peter Rosset, Martin Bourque, Clara I. Nicholls, *The greening of the "barrios" : Urban agriculture for food security in Cuba*, Agriculture and Human Values, 1999.
3. Laura Lawson, *City Bountiful : a century of community gardening in America*, University of California Press, 2005.

à celui de 1917. En 1942, on estimait qu'il existait 15 millions de jardins à travers les États-Unis, pour une production d'environ 3,8 milliards de kilogrammes d'aliments. En 1944, 18 à 20 millions de familles avaient un jardin de la victoire et ceux-ci fournissaient 40 % des besoins américains en légumes.

Envisageant la possibilité d'un accroissement de la production agricole pour faire face à la demande alimentaire américaine, mais aussi à l'étranger, les experts ont voulu éviter les difficultés liées aux jardins de la première guerre mondiale, soit la perte des semences, la difficile distribution de la production, les pertes et les faibles taux de production liés à une mauvaise connaissance des techniques agricoles. Ainsi, en 1941, riches des enseignements tirés des jardins de la première guerre mondiale et de la mécanisation des méthodes et outils agricoles, les taux de productions par hectare ont été plus importants. Les objectifs du programme ont été basés avant tout sur le plaisir de jardiner, sur l'éducation et l'apprentissage des méthodes de production alimentaire. Les écoles et les enfants furent fortement mis à profit durant cette seconde phase des jardins de guerre.

Les bénéfices de ce programme furent, en plus d'une production alimentaire non négligeable, une meilleure santé individuelle et communautaire ainsi qu'une sensation de bien-être général. Le programme a, en outre, permis un accès plus facile aux aliments, tout en libérant la production alimentaire des fermiers pour les alliés de la guerre, alors en Europe. Malheureusement, les « jardins de situation de crises » sont généralement éphémères et ne durent que peu de temps après la période qui les voit naître. Que ce soit les jardins de guerre ou ceux de la victoire, ceux-ci disparurent après la crise, et ce, malgré de nombreux appels à la continuité d'initiatives et de programmes soutenant les projets en agriculture urbaine.

Parole d'acteur

Présentation du programme Jardins associatifs urbains (Jassur)

Jean-Noël Consales, coordinateur du programme Jassur

« Le programme de recherche pluridisciplinaire Jardins associatifs urbains (Jassur) rassemble de nombreux chercheurs et s'intègre dans le cadre du programme Villes et bâtiments durables de l'Agence nationale de la recherche (ANR). À titre personnel, j'ai commencé à travailler cette thématique à la fin des années 1990, et j'étais alors considéré comme un iconoclaste, comme les autres spécialistes de cette question. Le regard a beaucoup changé depuis, et les petits jardins sont devenus un grand sujet de recherche. En partant du constat de la multiplication actuelle des jardins dans les villes des pays industrialisés, Jassur rassemble de très nombreux chercheurs dans toute la France et tente de répondre aux questions interdisciplinaires sur leurs fonctions écologiques et sociales, leurs usages, leurs forces et leurs faiblesses.

En tant que chercheurs, nous nous intéressons à la place de ces jardins face aux défis de la durabilité urbaine. Jassur s'efforce donc de savoir quels services écosystémiques jouent les jardins associatifs urbains dans les villes. Le premier axe de la recherche porte sur la caractérisation des sols et des productions potagères, en examinant les risques de pollution pour les consommateurs. Le deuxième axe porte sur les apports alimentaires liés aux jardins dans les foyers, et le troisième axe sur la caractérisation sociopolitique de la gouvernance de ces espaces au sein des agglomérations, et notamment sur les relations nouées entre les associations et les collectivités. Les enjeux sont donc scientifiques, mais le programme vise aussi à jouer un rôle opérationnel d'aide à la décision auprès des collectivités territoriales.

Au départ, 52 chercheurs sont impliqués dans le programme, ainsi que 12 partenaires du monde scientifique et associatif. Ce réseau est réparti sur sept villes françaises, ce qui vise entre autres à effectuer des comparaisons : Marseille, Grand Lyon, Grand Nancy, Lille, Paris et Île-de-France, Nantes, Toulouse.

La recherche multi-scalaire et transdisciplinaire porte sur les trois axes ci-dessus, mais aussi sur les services écosystémiques de régulation et de soutien. À Nantes, elle porte également sur des expérimentations précises à propos des modes de gestion des pollutions, notamment sur la bioremédiation et la phytoremédiation. L'analyse porte sur les jardins, les villes et les jardiniers, et mobilise les sciences humaines et sociales tout comme les sciences du vivant, des sols ou de l'agronomie. Certaines tâches sont spécifiques à quelques-uns de ces domaines, mais d'autres sont communes : il en va ainsi de la gouvernance ou de la mesure du risque de pollution. La méthode adoptée suscite donc des coordinations croisées entre différents domaines, mais aussi entre différentes villes étudiées.

Jardin partagé du 56 Saint Blaise à Paris dans le XXe arrondissement

À Marseille, l'équipe réunit notamment des urbanistes et des nutritionnistes aux côtés du Programme autoproduction et développement social (Pades), qui mène des projets de jardins associatifs. Alors que le nombre de jardins explose dans la ville, dans un contexte de très fortes inégalités sociospatiales, la recherche se concentre sur le rôle des jardins dans l'accès de tous à une alimentation de qualité, mais aussi sur la gouvernance des quartiers d'habitat social. Ce dernier thème est exploré à partir d'enquêtes et de documents d'urbanisme, et à partir d'analyses de projets de jardins. À Marseille comme ailleurs, la consommation de fruits et de légumes tend à être trop faible dans le régime des personnes en précarité, et il faut donc vérifier si l'accès à des jardins de pieds d'immeubles modifie vraiment favorablement l'alimentation des habitants. À partir d'enquêtes sur les pratiques culturales et de comparaisons d'approvisionnements alimentaires à partir des tickets de caisse dans différents groupes, l'impact des jardins est évalué.

Les services écosystémiques sont évalués à partir de la thèse comparative de Sophie Joimel, qui porte sur le lien entre les pratiques des jardiniers et la qualité des sols. Elle s'appuie pour cela sur des enquêtes auprès des jardiniers et sur des études de sols et de végétation. Ces travaux permettent aussi d'évaluer le rôle des jardins dans les trames vertes urbaines. »

Parole d'acteur

La permaculture : une approche adaptée à l'agriculture urbaine

Florence Gibert, consultante et directrice de l'association Resilience Now

« Avant que je ne comprenne ce qu'était vraiment la permaculture, je pensais que c'était la méthode des paresseux : on intervient le moins possible. En fait, ce n'est pas faux, à un détail près : c'est après un énorme travail de mise au point du système qu'effectivement, idéalement, on n'a plus à intervenir pour en recueillir les fruits !

La permaculture est une approche très adaptée à des projets d'agriculture urbaine. Développée depuis plusieurs décennies dans le monde entier, elle rassemble des principes et des techniques tirés du fonctionnement des écosystèmes naturels et des agrosystèmes traditionnels. Parmi ses principes de base, on compte une observation minutieuse afin de mettre en place le meilleur système dans un site donné, l'utilisation des ressources présentes afin de remplir les besoins exprimés, l'optimisation des différentes ressources en les utilisant dans toutes leurs fonctions, ainsi que la mise en boucle – les extrants d'un processus servant d'intrants à un autre. La permaculture a ainsi pour objectif de mettre en place un système à la fois durable et résilient, chaque fonction (la production de nourriture, mais aussi l'approvisionnement en eau potable, en matériaux, en énergie, la gestion des déchets, etc.) étant remplie sur place et soutenue par plusieurs éléments. Au-delà des éléments physiques, ces principes s'appliquent aussi aux ressources immatérielles, comme les compétences et savoir-faire présents sur le territoire. Une joyeuse diversité est ainsi mise en œuvre pour garantir la solidité des systèmes, parfois mise en place sur des sites de taille réduite.

En ville, on cherchera à tirer parti des ressources présentes en milieu urbain : les ressources organiques (déchets des restaurants, des brûleries de café...) pour constituer des sols fertiles, mais aussi les ressources inorganiques : bâtiments et résidus divers pour servir de support, réfléchir la lumière ou abriter du vent, par exemple. Ainsi, les pneus usagés permettent de concevoir des containers de culture très variés.

Les bâtiments urbains sont bien entendu à mettre en relation avec les sols pour concourir à la création de milieux propices : il peut s'agir à la fois d'utiliser les terrasses, fenêtres et toits, mais aussi la capacité des toitures à recueillir l'eau de pluie et le rôle des murs dans les fonctions d'ombrage ou de concentration de la chaleur ou de la lumière. Du côté des ressources immatérielles, les savoir-faire et moyens divers concentrés en ville permettent de mettre en place des systèmes qui, en plus de la production agricole, favorisent la biodiversité et développent le lien social.

En ville comme ailleurs, la méthodologie des projets de permaculture commence par recueillir les besoins exprimés par les porteurs du projet : produire de la nourriture, de l'énergie, de l'eau potable, des revenus, du lien social ? Dans un deuxième temps, une observation approfondie du territoire permet de recenser les ressources matérielles, humaines, techniques et financières disponibles localement. Ces deux aspects sont ensuite confrontés afin de bâtir un système efficient suivant les principes énoncés plus haut : optimisation des différentes ressources en les utilisant dans toutes leurs fonctions, et mise en boucle. Au cours de la mise en œuvre, le système doit pouvoir évoluer : c'est en effet une condition de la résilience que de pouvoir adapter le système en cas de perturbation, afin qu'il puisse maintenir sa productivité.

Parmi les nombreux projets appliquant les principes de la permaculture, deux initiatives américaines sont mes favorites. Growing Power (Milwaukee, Wisconsin) est un projet à l'échelle de la ville : d'énormes quantités de déchets organiques sont compostées et la serre abrite une ingénieuse combinaison d'agriculture et de pisciculture qui produit de très nombreux aliments. Les enfants des écoles et les jeunes des quartiers y participent très fréquemment à des projets. Quant au Radix Center (Albany, État de New-York), c'est un centre de formation qui a développé de nombreuses solutions au milieu urbain. Une autre de mes favorites ? Utiliser les cages d'escalier pour produire des champignons comestibles. »

À Strasbourg, on met en œuvre la permaculture sur grande surface, en lieu et place de cultures céréalières intensives

Retour d'expérience

Les Fermes Lufa
201-1400, Rue Antonio-Barbeau, H4N 1H5
Montréal, Québec, Canada

Description

L'initiative de la serre commerciale des Fermes Lufa, entreprise fondée par Mohamed Hage et Kurt D. Lynn avec l'aide de Howard Resh et de Yahya Badran, est la première de ce genre à Montréal et dans le monde. Elle est située sur le toit d'un édifice commercial dans le secteur du marché central. L'objectif premier des Fermes Lufa est de produire des aliments frais, locaux, ayant meilleur goût et conservant leurs valeurs nutritives. Au total, une quarantaine de variétés de légumes sans insecticide, fangicide ou herbicide se retrouve dans des paniers de légumes distribués chaque semaine aux consommateurs. De plus, le fait de produire de cette façon génère d'autres bénéfices environnementaux : isolation du toit, récupération de l'eau de pluie et réduction de la distance de transport et de l'entreposage des aliments.

Après quatre années de recherche, la serre commerciale a pu débuter ses activités en 2011. En plus de la production de légumes, les Fermes Lufa proposent des journées portes ouvertes, des discussions sur la sélection des variétés, des conférences et des séminaires sur le démarrage d'une ferme urbaine dans le but d'informer et de promouvoir l'agriculture urbaine.

Caractéristique générale

C'est une ferme de production de 2 880 m^2 avec un système de gestion écologique. La distribution des légumes se fait par la livraison directe aux clients dans des paniers à différents points de rendez-vous. Le client peut choisir les légumes (la cueillette virtuelle) de son panier grâce au site Internet des Fermes Lufa. Celles-ci ont aussi des partenariats avec des producteurs biologiques périurbains afin de fournir des légumes racines tels que les carottes, pommes de terre, navets, qui ne peuvent être produits en hydroponie.

Caractéristiques

- Production : Production maraîchère variée, fines herbes et germinations (micropousses). Les Fermes Lufa produisent aussi un compost.
- Équipements : Serre de production maraîchère hydroponique comportant plusieurs espaces afin de pouvoir

faire pousser une variété de légumes dans des conditions de températures variées, récupération d'eau de pluie

- Jardiniers : Employé-e-s
- Destinataires : Client-e-s
- Objectifs : Fournir des légumes frais et de qualité en circuit court

La Lufa Farm de Montréal

Infos générales

Courriel : info@lufa.com ; site internet : www.lufa.com/fr

Remarques

Les Fermes Lufa ont inauguré en 2013 un deuxième complexe serricole à Laval, Québec. Cet investissement de 3 millions de dollars devrait créer une vingtaine d'emplois.

Il est possible de voir ce jardin sur la carte du portail Agriculture Montréal : http://www.agriculturemontreal.com

Retour d'expérience

Le Sens de l'Humus

Montreuil, région parisienne (France) Jardin partagé

Description

L'association Le Sens de l'Humus est une association de sensibilisation et d'expérimentation en permaculture qui gère deux jardins dans le secteur des Murs à pêches de Montreuil, sur des terrains prêtés par la Ville et par une ancienne horticultrice montreuilloise.

Les Murs à pêches de Montreuil en Seine-Saint-Denis

Le jardin Gobétue est installé sur une parcelle de 600 m^2 jardinée collectivement par les adhérents de l'association. Il comprend une zone de jardin naturel, un espace de verger et potager expérimental d'inspiration agroécologique et, au centre du jardin, une zone humide et une spirale d'herbes aromatiques.

Le jardin Pouplier occupe une surface totale d'environ 4 000 m^2 et comprend des parcelles de plantes ornementales, une centaine d'arbres fruitiers, un potager, des espaces conviviaux et à vocation culturelle. L'objectif de ce jardin est d'entretenir et de mettre en valeur une parcelle horticole historique qui appartient toujours à la dernière horticultrice de Montreuil (aujourd'hui hospitalisée), ville autrefois connue dans toute la région pour ses productions. Il s'agit aussi de faire vivre un jardin solidaire avec des personnes en difficulté sociale et personnelle qui viennent se reconstruire en participant aux tâches collectives d'entretien du jardin et en profitant d'ateliers de jardinage et d'écologie pratique. Le jardin Pouplier accueille également depuis juin 2013 une distribution hebdomadaire de légumes bio (Amap).

Caractéristiques

- Production : de nombreuses variétés de légumes, y compris des variétés patrimoniales ; arbres fruitiers ; herbes sauvages ; plantes ornementales (dahlias, vivaces, roses).
- Équipement : serre, cabane.
- Jardiniers : citoyens et « en insertion ».
- Association gestionnaire : Le Sens de l'Humus.
- Objectifs : expérimentation de pratiques culturales écologiques, permaculture et sociales.

Infos générales

Site internet : www.senshumus.wordpress.com

Remarques

L'association le Sens de l'Humus propose également des formations au « grand public » sur la permaculture, le jardinage écologique, le compostage individuel et collectif, etc. Elle réalise des campagnes de promotion des semences paysannes par des semis collectifs, de blés anciens notamment.

Elle mène des événements culturels autour des thèmes qui lui sont chers : Ode aux Légumes, Semaine de la Paresse. Elle est en cours de montage d'une activité économique, notamment d'une micro-brasserie.

Enfin, l'association participe également au projet « Montreuil aux pêches », qui propose la remise en culture d'une partie de l'ancien site des murs à pêches de Montreuil, grâce à l'installation et l'animation d'un centre de production « agri-culturel », lieu de préservation d'un patrimoine végétal, historique et culturel et espace de recherche et d'expérimentation de nouvelles techniques.

Animation d'une ferme pédagogique en cœur de ville

Cécile Schleuniger, directrice Parcs et Jardins, Lille (Nord)

Depuis sa création en 1981, l'objectif de la ferme pédagogique Marcel Dhénin de 1,5 hectare situé en plein cœur de la ville de Lille est de créer du lien entre le public urbain et l'agriculture artisanale respectueuse de la nature en utilisant les principes de l'agriculture biologique. Son emplacement très urbain et la gestion écologique du site en font un îlot de nature entre les tours de verre.

Le bâtiment est la reproduction à l'identique d'une ferme traditionnelle flamande. L'équipe de 11 personnes est composée d'animateurs, de soigneurs et de jardiniers.

Ferme pédagogique à Lille (Nord)

En plus de son rôle dans la préservation de la biodiversité cultivée et de la reproduction des races régionales, la ferme est une vitrine vivante de la saisonnalité alimentaire et de ses cycles.

En effet, le principe de la ferme consiste à gérer un cheptel diversifié d'espèces en voie de raréfaction et à entretenir des espaces potagers, vergers, haies champêtres et prairies de variétés régionales en utilisant les principes de l'agro-écologie et de la permaculture. Une partie de cette gestion est participative.

Ainsi, en privilégiant une pédagogie par l'action, la ferme a une mission de diffusion et de transmission de connaissances. Le public est invité à prendre part aux taches de la ferme et à des animations participatives : cycles de conférences, formations pratiques, animation d'un pôle ressource...

Après avoir été essentiellement tournée vers un public d'enfants, elle a été ouverte en 2009 à un public d'adultes et un rucher école a été créé.

Depuis 2014, la ferme est ouverte librement tous les jours, ce qui a permis d'accueillir 11 000 visiteurs entre janvier et avril 2014.

L'action éducative est donc déclinée selon les publics et les thématiques. En plus des animations proposées aux groupes accompagnés la ferme accueille un rucher école comprenant 20 ruches sur le site, et permettant la formation de 40 élèves apiculteurs par an.

Un cycle de conférences « les mardis thématiques » permet de discuter du compostage, des semences au potager ou de la préservation de l'abeille noire tandis que le club nature « parents/enfants » les dimanches matins aborde des sujets tels que « de la fleur au miel », « du grain de blé au pain »...

La ferme a aussi mis en place un « Prêt de poules » pour les habitants lillois qui le souhaitent et réalise à cette occasion des formations. Si au bout de six mois, la famille souhaite conserver les deux poules prêtées, elles leur sont données. Ce système permet aux ménages de tester le système et éviter l'achat/abandon de poules tout en contribuant à réduire les déchets.

Enfin, la ferme accueille des événements et démonstrations comme le Festival de l'abeille, le Pressage de pommes, la Fête du cheval ou un projet de marché local bio.

De plus, la ferme est engagée dans un programme de conservation de variétés animales et végétales. Le cheptel de races régionales menacées est suivi et géré pour permettre des naissances régulières et réalimenter par la suite les réseaux d'éleveurs locaux. Les espèces végétales sont choisies pour permettre la conservation de variétés locales, les graines potagères sont récoltées puis conservées par le Conservatoire régional de ressources génétiques.

Pour en savoir plus :
www.lille.fr/cms/accueil/sport-loisirs/ferme-marcel-dhenin/

L'agrumiculture : l'agriculture identitaire mentonnaise

Stéphane Constantin, technicien du service Parcs et Jardins, Menton (Alpes-Maritimes)

Le climat très tempéré et humide de Menton, associé à la présence de canaux d'arrosage anciens, a permis le développement de la culture des oliviers et agrumes jusqu'à la période 1740-1840, âge d'or du citron avec environ 80 000 citronniers, 6 000 orangers et 2 000 bigaradiers sur le territoire.

Dès 1850, la culture des agrumes décline et en 1950 il ne reste plus que 7 marchands d'agrumes à Menton. Le mitage lié à l'urbanisation a fortement contribué au recul de l'espace agricole et de son exploitation. Pourtant, l'agriculture constitue un double enjeu par les retombées économiques qu'elle apporte et par ses paysages, qui signent l'identité mentonnaise.

L'agrumeraie de la Casetta à Menton (Alpes-Maritimes)

La ville de Menton s'est donc donnée pour objectif de la protéger et de privilégier son développement dans le PLU, en encourageant et en suscitant toutes les actions de nature à relancer et pérenniser cette activité dès 1992.

Cela se traduit notamment par la demande d'une Indication géographique protégée (IGP) pour cinq variétés de citrons (à grosse peau, plus résistants), en partenariat avec l'Association pour la promotion du citron de Menton. Cette IGP a été validée en 2014 et a été définitivement mise en œuvre dans l'année. Une convention a également été signée avec la Station de recherches agronomiques Inra/Cirad de Corse pour la détermination de la variété « Citron de Menton » SRA-625.

Environ 2 000 arbres à agrumes ont aussi été replantés et 500 autres sont en attente. La collectivité travaille en partenariat avec les particuliers pour les inciter à replanter des agrumes, notamment grâce au travail avec l'association pour la promotion du citron de Menton qui regroupe 50 adhérents dont 35 producteurs. L'association fixe également un prix commun pour tous les citrons produits à Menton afin d'éviter la concurrence.

La majeure partie de la production (100 tonnes par an environ) est revendue à des restaurateurs ou transformateurs locaux mais ne suffit pas à couvrir l'intégralité de la demande.

La collectivité procède aussi à l'installation d'agrumiculteurs sur des terrains communaux, avec la condition de gérer les terrains en agriculture biologique grâce à des conventions sur trois ans. Une productrice de fleurs comestibles qui fournit les restaurateurs locaux s'est aussi installée sur un terrain communal.

La commune possède enfin des agrumeraies et des terrains de maraîchage gérés en régie dont les bénéfices sont reversés au Centre communal d'action sociale (Ccas) et pour les actions sociales de la ville. Une partie de la production fournit la cantine de la crèche du Ccas.

Parole d'acteur

Agroforesterie sur un délaissé ferroviaire

Agnès Sourisseau, paysagiste et agricultrice

« Les zones urbaines et périurbaines fabriquent un certain nombre de territoires délaissés sans usage bien déterminé, qui présentent un fort intérêt du point de vue paysager et agricole. Le site des Monts-Gardés est l'un d'entre eux : c'est une emprise ferroviaire située à Claye-Souilly (Seine-et-Marne) et acquise par Réseau ferré de France (RFF) dans le cadre de l'aménagement de la ligne TGV-Est, qui, comme toutes les infrastructures de transport, a transformé un grand nombre d'espaces agricoles et forestiers en délaissés souvent nommés « dépendances vertes ».

J'ai travaillé à partir de l'an 2000 sur ce tracé et ai proposé à RFF de mener un programme de recherche pour y tester des techniques d'afforestation afin d'y favoriser une gestion écologique économe en intrants. Le programme portait sur la taille et l'élagage des arbres, le semis de ligneux associés à un couvert herbacé, et sur un génie écologique fondé sur l'apport spontané en graines.

Le site est distant de 25 kilomètres de Paris et couvre 35 hectares situés à proximité du canal de l'Ourcq. Il concentre les nuisances, puisqu'il est cerné par les routes et les voies ferrées, accueille la plus grande décharge d'Europe et est proche de l'aéroport de Roissy. Son sol a été malmené par l'agriculture intensive, puis le site a été entièrement remodelé pour servir de zone de stockage de matériaux après goudronnage d'une importante surface : le sol était donc complètement stérile au départ.

Des essais de paillage, de régénération spontanée des essences forestières et de pièges à graines ont d'abord été menés sur une surface de 12 hectares. Un premier bilan conduit en 2007 a montré que ces techniques étaient intéressantes du point de vue économique et de la biodiversité. Mais pour des raisons budgétaires, RFF n'a pas souhaité prolonger ce programme de recherche au-delà de la mise en service de la ligne de TGV.

L'association À tout bout de champ s'est alors constituée pour protéger le site et une gestion agroforestière a rapidement été mise en place en faisant appel au pâturage sur les surfaces enherbées et dans les sous-bois, et des ruches ont été installées. L'observation scientifique a été poursuivie de façon bénévole. L'association assure aussi des missions de formation et de sensibilisation en agroforesterie, en permaculture et en agro-écologie. Des réflexions sont menées *in situ* sur la capacité à développer une activité agricole sans infrastructure et sans point d'eau, en mettant par exemple en œuvre des constructions éphémères utilisant notamment des matériaux disponibles localement et en exploitant l'argile dont l'extraction permet de constituer des mares.

L'exploitation agricole se révèle très intéressante. Les colonies d'abeilles présentes sur place sont en très bonne santé. Les nombreux lapins de garenne sont chassés et transformés en pâtés. Les foins sont récoltés et une partie des surfaces ouvertes ont été consacrées au maraîchage, ces terres étant amendées grâce à des intrants organiques provenant des villes proches : marc de café, drèches de bière, feuillages, broyats de bois... Cela permet de redonner de la vie aux sols en tirant parti de façon opportuniste et somme toute paysanne des relations de voisinage. Le territoire ne bénéficie d'aucune subvention et fait ainsi appel à des techniques économes très efficaces.

Les paniers de légumes produits, de très bonne qualité, sont distribués à Paris et le projet a diffusé une partie de ses méthodes auprès des agriculteurs présents le long du canal de l'Ourcq. Plusieurs d'entre eux se lancent dans l'agroforesterie, technique qui va plus loin que l'agriculture biologique en tirant parti des relations entre espèces végétales et animales. Il existe actuellement un projet de regroupement visant à développer le modèle économique adapté à ce type d'agriculture et permettant de porter une réflexion sur le statut d'agriculteur en ville, car celui-ci n'exclut pas forcément l'exercice d'un autre métier.

Pour autant, aucun terrain d'entente n'a été trouvé avec RFF depuis 2007. La société a proposé à l'association de signer des conventions annuelles d'occupation révocables et à titre gracieux en échange des observations scientifiques, de l'entretien et de la sécurisation du site, sans prendre le moindre engagement à long terme. L'entretien du site par des méthodes classiques coûterait pourtant 300 000 euros par an. Cette situation précaire empêche de rentabiliser l'exploitation, mais est très typique de l'insécurité foncière qui pèse sur nombre d'espaces urbains intéressants pour l'agriculture. Nous avons de notre côté proposé la conclusion d'un bail emphytéotique, dont la durée de cent ans correspond à l'échelle de temps nécessaire pour renaturer le site en profondeur. En pratique, cette situation de flou juridique est néanmoins une opportunité. »

PAROLE D'ACTEUR

Démarches d'agriculture urbaine à Plaine Commune

Magali Bardou, chargée de mission animation Agendas 21, Plaine Commune (Seine-Saint-Denis)

« Sur le territoire de Plaine Commune, la thématique de l'agriculture urbaine émerge de façon de plus en plus marquée. Dans ses communes de la première couronne parisienne, en pleine transformation urbaine et en phase de croissance durable du parc de logements, de multiples acteurs témoignent de la volonté de faire la ville autrement et de disposer d'une nature de proximité, y compris pour faire face aux effets du changement climatique. L'agriculture urbaine prend place dans cette logique.

Les jardins n'ont jamais disparu, mais les jardins familiaux et partagés font désormais l'objet d'une forte demande, à la fois de la part de familles modestes à la recherche de compléments alimentaires et de citoyens de plus en plus soucieux de la qualité de leur alimentation. Ces publics, notamment populaires et dont les origines géographiques sont multiples, se rencontrent d'ailleurs sur le terrain, ce qui participe pleinement à leur socialisation de proximité. Au-delà des parcelles traditionnellement présentes, Plaine Commune met désormais à disposition d'associations ou de collectifs d'habitants des parcelles de potagers au sein de parcs publics, après conclusion de conventions spécifiques : c'est déjà le cas dans le Grand Parc de Saint-Ouen, une autre convention étant en cours de négociation pour des parcelles au sein du futur parc Carême Prenant (La Courneuve). D'autres sites seront sans doute bientôt concernés, notamment sur la zone des Tartres (Pierrefitte et Stains).

L'agglomération soutient quelques projets de jardins partagés ou pédagogiques portés par des associations ou des collectifs d'habitants, notamment financièrement à travers l'appel à projets annuel Terre d'Avenir. Les villes de l'agglomération développent également, chacune à sa façon, des politiques de soutien ou de mise à disposition de jardins partagés, familiaux ou pédagogiques.

Dans le cadre d'une démarche Zéro phyto, les agents des Parcs et Jardins de Plaine Commune sont formés aux différents aspects du jardinage écologique, et prodiguent ponctuellement appui ou conseils aux jardiniers amateurs, en particulier au moyen de conventions avec les écoles dotées de jardins pédagogiques. Cette fonction de conseil pourrait à l'avenir être davantage développée, la demande du côté des jardiniers amateurs étant en pleine croissance. Le service des Parcs et Jardins vient aussi de se doter des compétences nécessaires pour encadrer l'éco-pâturage de surfaces enherbées de l'agglomération.

Avec la Ville de Saint-Denis et la Safer Île-de-France, Plaine Commune a aussi ouvert une réflexion pour sauvegarder et développer le maraîchage professionnel, en voie de disparition sur le territoire. Il faut pour cela inventer des modèles de production et de distribution économiquement solides, notamment en faisant appel à des techniques biologiques intensives, permettant de proposer des associations culturales variées et à forte valeur ajoutée, avec une rentabilité sur de petites surfaces et à proximité des débouchés urbains (via des marchés locaux, paniers, restaurants…).

Les réflexions sont en cours, avec le concours de Terres de Lien, d'Abiosol, de la fédération des Amap, des Jardins de Cocagne… Ces partenaires sont pour nous de nouveaux interlocuteurs avec lesquels nous apprenons à travailler. D'autres agriculteurs ont contacté Plaine Commune pour exploiter des toits, ou de très petites surfaces, souhaitant tester des pratiques très productives, combinées parfois à des techniques de régénération de sols pollués, de création de sol à partir de déchets organiques, ou de culture hors sol, suivant les situations. Plaine Commune souhaiterait pouvoir accueillir des projets à dimension à la fois écologique, économique et sociale. Mais l'équation est loin d'être simple à résoudre, et ces pionniers de l'agriculture urbaine agissent tous encore en phase expérimentale.

L'ensemble de ces initiatives demande aujourd'hui à être structuré par la définition d'une stratégie lisible de soutien à l'agriculture urbaine dans les années à venir, au-delà de son affirmation à travers le programme d'actions de l'Agenda 21. Plusieurs élus se montrent sensibles à ces nouveaux enjeux, mais la pression foncière reste considérable et se cumule à des problématiques de pollution des sols. Il faudra faire des choix, notamment si l'on souhaite préserver une partie des terres de la Plaine de France encore disponibles au nord de l'agglomération : d'excellente qualité, elles ont historiquement nourri la capitale et pourraient renouer, du moins en partie, avec leur vocation productrice. D'ores et déjà, plusieurs porteurs de projets valorisent du reste cet héritage au travers de visites ou d'expositions, et explorent la piste d'une valorisation à la fois agronomique et patrimoniale, autour de la culture de légumes anciens. »

PAROLE D'ACTEUR

Réintroduction des arbres fruitiers en ville pour rendre la ville comestible

Mathieu Pasquereau, Vergers urbains

« J'ai rédigé ma thèse sur l'arbre fruitier en ville et je fais partie de l'association Vergers urbains, qui est née en 2012. Sa liste de diffusion compte aujourd'hui 220 abonnés pour une cinquantaine de membres actifs et, depuis juin 2014, une salariée.

Les fondateurs de Vergers urbains proviennent des gestionnaires du jardin partagé Ecobox, du XVIIIe arrondissement de Paris, qui souhaitaient investir plus largement l'espace public. Les premiers contacts avec la Ville de Paris ont été pris pour demander le remplacement de deux cerisiers d'ornement morts par des arbres à fruits dans l'impasse de la Chapelle (Paris XVIIIe) ce qui a été accepté : des cognassiers ont finalement été retenus.

Plantation d'arbres fruitiers dans la cour de la mairie du IVe arrondissement de Paris

En ville, les arbres fruitiers permettent de diversifier et d'amplifier la production puisqu'ils n'exigent qu'une très faible emprise au sol. Ils permettent aussi, le cas échéant, de conserver des usages urbains publics au niveau du sol, comme c'est le cas sur le campus de la Maison des Cèdres, à Lausanne. Plus de soixante essences fruitières peuvent être utilisées en ville.

L'arbre fruitier possède en effet toutes les qualités de l'arbre d'ornement classique, mais y ajoute une dimension d'interactivité. Ainsi, des arbres ont été élevés en bacs devant le local de Vergers urbains, grâce à l'intervention d'une structure d'insertion, les arbres ayant ensuite été plantés avec les écoles et les habitants du quartier, dont certains viennent à présent cultiver spontanément des végétaux. L'arbre fruitier stimule ainsi les échanges entre différents âges et communautés et participe à la réappropriation du territoire.

Les élus et aménageurs s'inquiètent souvent des questions de gestion, d'hygiène et de sécurité autour des arbres fruitiers en ville. Mais les visites de terrain effectuées dans de multiples communes montrent que ces interrogations résultent de préjugés négatifs, car ces problèmes peuvent aisément être résolus par des dispositifs spatiaux, par les modes de gestion et d'aménagement et par les choix des essences appropriées.

Il s'agit par exemple de minimiser les risques qui pourraient être liés à la chute de fruits sur la voirie en choisissant des fruits solides (amandes, etc.) et/ou en choisissant les emplacements avec discernement, par exemple en implantant les arbres à fruits charnus sur des pelouses. Des études scientifiques tendent par ailleurs à montrer que les fruits accumulent beaucoup moins les pollutions des sols que plusieurs légumes-feuilles.

L'association s'appuie notamment sur des arboriculteurs, sur un professeur à l'École du Breuil, et sur un urbaniste. Elle vise à développer l'arbre fruitier urbain à Paris, et, pour cela, à mener des expérimentations et à former et à sensibiliser les citadins. Elle porte le développement de pépinières dans les jardins partagés et a repris, grâce à une convention avec l'Agence des espaces verts d'Île-de-France (AEV), la gestion de l'ancien verger de Montgé (Seine-et-Marne) : celui-ci sert de lieu de plantation, de formation et de pépinière. Elle déploie aussi une communication spécifique au pied des arbres.

L'association a pour objectif de former des personnes capables de gérer des fruitiers de façon autonome. Sur un des sites des Murs à pêches de Montreuil, les intervenants ont été formés en 2013 à la taille des pêchers et des poiriers et une pépinière a été implantée en 2014, ce qui a donné lieu à une formation sur la greffe.

Vergers urbains répond à de multiples appels d'offres afin de se familiariser avec des situations variées. Un verger a ainsi été planté en mars 2014 dans le square Emmanuel-Fleury du

XXe arrondissement de Paris, où un espace linéaire était inutilisé. La plantation a eu lieu en présence de nombreux habitants et d'associations locales très enthousiastes. Une autre opération s'est déroulée dans une résidence en pied d'immeubles, avec concertation des habitants en amont.

Des plantations « sauvages » sont aussi effectuées par exemple sur la petite ceinture ferroviaire parisienne, et des jardins mobiles sont proposés en tant qu'outils pédagogiques lors de manifestations telles que celle organisée à l'Hôtel de Ville de Paris en 2013. »

Vergers urbains à Cergy-Pontoise

CHAPITRE 3

PUBLIC, PRIVÉ, MOUVEMENTS ET COLLECTIFS CITOYENS : LA MULTIPLICITÉ DES ACTEURS DE L'AGRICULTURE URBAINE

Par Antoine Lagneau[1] (d'après Éric Duchemin[2], Manon Boulianne[3] et Geneviève Olivier-d'Avignon[4])

En quelques années, le visage de l'agriculture urbaine a profondément évolué et ne cesse de se transformer, dans toutes ses formes étudiées. Parmi celles-ci, les acteurs représentent une catégorie en per pétuelle évolution. Après avoir disparu de nos villes occidentales de manière quasi définitive au milieu du XXe siècle, la culture en ville est réapparue au début des années 1970 du côté de New-York. Dans la mégalopole américaine, un groupe d'habitants emmené par une jeune femme, Liz Christy, décide de passer à l'action dans des

1. Natureparif.
2. Université du Québec à Montréal.
3. Professeure titulaire au département d'anthropologie de l'Université de Laval, Québec.
4. Diplômée d'une maîtrise d'anthropologie de l'Université de Laval, Québec.

quartiers déclassés, où se côtoient immenses friches urbaines et bâtisses en ruine. La *guerilla gardening* est née et va progressivement essaimer dans toute l'Amérique du Nord avant de débarquer en Europe, une vingtaine d'années plus tard.

Perçant le bitume de nos cités, l'agriculture urbaine fait alors un retour inattendu, emmenée par des collectifs qui symbolisent l'une des particularités de ce mouvement : avoir été initié par les habitants eux-mêmes, ce que les Anglo-Saxons définissent par l'expression « bottom up », une « approche ascendante ». Cette impulsion va alors progressivement percoler dans tous les secteurs de la société urbaine pour déboucher aujourd'hui sur l'apparition de nouveaux acteurs parmi lesquels on peut distinguer les entrepreneurs privés mais aussi les collectivités locales. Le monde de la recherche n'est pas en reste, puisque l'agriculture urbaine est désormais regardée avec intérêt notamment pour les bénéfices écosystémiques que la ville et ses habitants retirent de son grand retour.

La troisième étape de l'histoire de l'agriculture parisienne

Au XIXe siècle, Paris accueillait encore des animaux tels que des chevaux de trait et des animaux d'élevage, dont le pigeon que l'on mangeait ! Au nom de la concentration urbaine et des politiques hygiénistes, l'élevage a disparu peu à peu, chassant les activités agricoles du cœur des villes vers leurs périphéries. Afin d'approvisionner les citadins en denrées alimentaires, Paris se dote alors de ceintures maraîchères et de vergers. Puis, avec l'essor du chemin de fer, le développement des transports frigorifiques et l'urbanisation croissante, les ceintures alimentaires ont perdu leur utilité, se disloquant au fur et à mesure depuis le siècle dernier[1]. Des pans entiers de vergers et de zones maraîchères ont disparu et disparaissent encore aujourd'hui. Depuis une dizaine d'années toutefois, la production maraîchère locale connaît un nouveau dynamisme avec le réseau Amap (Associations pour le maintien d'une agriculture paysanne), le développement des circuits courts (cueillettes à la ferme, paniers, etc.) et toutes les nouvelles formes d'agriculture en espace intra-urbain. Certains avancent que nous vivons actuellement une troisième étape de l'histoire de l'agriculture parisienne[2].

1. Monique Poulot-Moreau et Thérèse Rouyres, *La ceinture maraîchère et horticole francilienne entre production économique et production de paysage*, Méditerranée, 2000.
2. Pierre Donadieu, Serge Bonnefoy et Xavier Laureau, *L'agriculture urbaine, entre terrains d'entente et champs de tension*, Les tables rondes de l'Ensat, Toulouse, document publié par la mission Agrobiosciences, 2012.

Celle-ci est aujourd'hui clairement visible à travers l'engouement constaté depuis quelques années pour l'agriculture urbaine sous forme commerciale. Parmi les signaux témoignant de cette tendance, on observe ainsi un nombre croissant de colloques et festivals sur cette thématique[1].

Potagers en cœur de ville à Grigny (Essonne)

Les médias de leur côté s'emparent aussi de la thématique et proposent articles et reportages sur les nouvelles initiatives d'agriculture urbaine telles que les jardins associatifs ou sur les controverses de l'alimentation urbaine. L'expérimentation du potager sur le toit d'AgroParisTech, menée par trois équipes de recherche de l'Institut national de recherche agronomique (Inra), dont le département Sciences pour l'action et le développement - Activités, produits, territoires (Sad-Apt) et un partenaire associatif[2], connaît un vif succès, en partie grâce à cette médiatisation. De plus, Christine Aubry, agronome de l'Inra (équipe Agricultures urbaines) témoigne des sollicitations de plus en plus nombreuses pour des demandes de renseignements sur ce sujet, mais également pour aider des sociétés à monter des projets commerciaux.

1. En 2013 : « Agriculteurs Vs urbains : le face-à-face », « L'alimentation : produire pour nourrir », « Agriculture urbaine : nourrir la ville ? », « Nature urbaine en projet », « Le FAU : festival de l'agriculture urbaine », la première école thématique sur l'agriculture urbaine à Strasbourg, les Ateliers d'été de l'agriculture urbaine à Paris, etc.
2. Christine Aubry et Nicolas Bel, « Cultiver sur les toits ? De l'utopie à la conduite technique », communication orale aux 5e rencontres du Végétal, 2013.

La recherche scientifique commence aussi à s'intéresser à l'agriculture urbaine, notamment avec une première étude sur ses différentes formes, amorcée au sein de la chaire Éco-conception (AgroParisTech/Vinci) en partenariat avec l'Inra. Quelques points freinent cependant le développement de ce mouvement.

Premièrement, le coût de l'installation est souvent élevé et ces nouvelles sociétés ne peuvent bénéficier d'une prime à l'installation étant donné que les exploitations sont trop petites (moins de 1,5 hectare) et le foncier rare et coûteux. Pour y remédier, la recherche de subventions et aides auprès des instances publiques est de rigueur.

Deuxièmement, les urbains expriment des craintes vis-à-vis du coût énergétique et des risques de pollution sur la santé humaine. À cet égard, une campagne de communication afin de sensibiliser et d'informer la population pourrait être avantageuse.

La production alimentaire urbaine pose de nombreuses interrogations, notamment sur la labellisation des produits, le label AB (agriculture biologique) n'étant ainsi pas délivré pour la production hors sol.

Les défis et la recherche nécessaire au développement de meilleures pratiques agricoles urbaines sont bien réels. Aujourd'hui toutefois, la préoccupation première de plusieurs de ces systèmes d'agriculture urbaine en démarrage ou en cours demeure la pérennité économique, laquelle dépend en partie des diverses fonctions que la ville reconnaît ou reconnaîtra à ces projets. Une ville dans laquelle évolue un autre type d'acteurs : les collectifs et autres mouvements d'habitants qui pratiquent l'agriculture urbaine sous forme d'actions directes, d'aucuns diront parfois, de manière subversive.

(Suite en page 77)

PAROLE D'ACTEUR

Cultiver sur les toits en imitant la nature

Nicolas Bel, ingénieur Insa de Lyon, cocréateur de l'entreprise Topager, spécialiste des potagers sur le toit

« La stratégie de Topager consiste à innover en matière d'agriculture sur les toits en utilisant le biomimétisme, c'est-à-dire en imitant les écosystèmes. Il s'agit tout d'abord de transformer les déchets en ressources, en tirant parti des déchets organiques urbains tels que les produits d'élagage, les composts ou les déchets de champignonnières produits à partir de marcs de café. Puis, d'imiter l'écosystème des sols vivants, en apportant aux sols des vers de terre et du mycélium de champignons, ce qui va permettre de digérer la matière progressivement. Enfin, de rendre le plus possible les mêmes services écosystémiques sur les bâtiments qu'au sol : rétention des eaux, lutte contre les îlots de chaleur, etc.

Topager travaille en symbiose avec des organismes scientifiques : AgroParisTech, l'Inra, l'Institut d'écologie et des sciences de l'environnement de Paris (IEES) et le Muséum national d'Histoire naturelle (MNHN). Nous étudions notamment les retours d'expérience, les modes de production, les essais et bénéficions du savoir des chercheurs. Nous avons aussi été contactés par des chefs cuisiniers, dont le chef à trois étoiles Yannick Aléno, à qui l'agriculture urbaine permet d'apporter certains produits en extrême fraîcheur, et donc de favoriser leurs qualités gustatives.

Topager réalise ses aménagements avec des bois locaux qui n'ont pas besoin d'être traités. Nous avons d'abord travaillé chez des particuliers avant d'aller vers des projets plus importants, comme les 1 200 m² de la terrasse de l'hôtel Pullman tour Eiffel (Paris XVe arrondissement) dont la moitié est désormais productive. Topager s'est associé pour cela avec une entreprise d'insertion spécialisée jusqu'ici dans les espaces verts. L'alimentation du restaurant par le toit est significative pour les légumes verts et les aromatiques, mais aussi, en saison, pour les fraises, les framboises et les tomates. Un compostage a été mis en place pour traiter une partie des déchets du restaurant et est l'unique source de fertilisation du potager. Des poules ont aussi été installées, car les déchets du restaurant sont particulièrement riches ; elles permettent d'obtenir un fertilisant de grande qualité en phosphore et en potassium.

Topager installe des refuges Biodiversité partout où cela est nécessaire avec le concours de Frédéric Madre, spécialiste en écologie urbaine au MNHN. Cette action permet de développer la diversité et la richesse du sol, ce qui renforce ses fonctions, notamment sur les toits. Il est même parfois possible d'implanter des végétaux refuges pour les insectes auxiliaires, ce qui évite d'avoir à traiter les jardins.

Nous sommes organisés pour transmettre notre savoir. Nous mettons en place des bacs transparents pour que les enfants puissent admirer les vers de terre et les racines, nous intervenons dans des écoles et participons à de nombreuses conférences publiques. Nous nous sommes aussi efforcés de vulgariser au mieux nos pratiques dans le livre *Potagers urbains*, paru en 2014 aux éditions Hachette. »

Retour d'expérience

À Pau, valorisation des réserves foncières de la ville pour l'agriculture urbaine

Pau (Pyrénées-Atlantiques) possède un terrain classé en Zone UY (zones d'activités industrielles et artisanales) au plan local d'urbanisme (PLU) et donc en attente d'urbanisation. De manière transitoire, ce terrain a été mis à la disposition de porteurs de projets agricoles et notamment du Centre d'initiatives pour valoriser l'agriculture et le milieu rural (Civam) pour promouvoir une agriculture locale et de qualité en milieu urbain. Remis en culture, cet espace constitue aujourd'hui une plateforme maraîchère.

Elle comprend notamment des parcelles solidaires où sont proposées des activités d'autoproduction et d'autoconsommation de légumes à destination des habitants de Pau. La production permet de fournir 50 à 70 paniers en moyenne par semaine, auxquels s'ajoutent des fruits en saison. Outre des tunnels, ces parcelles incluent du maraîchage en pleine terre et des semis d'engrais vert. 80 adhérents participent au projet.

La ville de Pau met à disposition des terrains municipaux pour des porteurs de projets agricoles

Une autre zone est destinée à un support de production pour des stagiaires et des porteurs de projets d'une couveuse agricole, la SAS Graines. Cinq porteurs de projets et créateurs d'entreprises ont été accueillis sur le site en 2013.

Enfin, cette plateforme permet le développement d'un chantier formation proposant une formation qualifiante en lien avec deux organismes de formation (le Centre de formation professionnelle et de promotion agricoles et l'Instep). Ainsi 12 stagiaires de la formation professionnelle ont été accueillis en 2013. Elle permet aussi la promotion d'une production de haricot-maïs du Béarn, en lien avec l'Association des producteurs de haricot-maïs du Béarn.

Cet espace est également investi par l'association Artpiculture qui a créé des micro-milieux pour l'accueil des insectes auxiliaires et pollinisateurs sauvages. Elle y a aussi installé des ruches pour la formation.

Il est intéressant de noter que la volonté a été de cohabiter sur cet espace avec la communauté des gens du voyage qui y était déjà installée. Une zone leur a alors été réservée et les rapports sont bons puisque la communauté veille sur les terres lorsque aucun maraîcher n'est présent. Un chantier de jeunes a permis de leur installer des sanitaires secs.

Cultiver de nouveaux imaginaires de la ville : les guérillas jardinières, contestation et subversion de la ville moderne

Les individus et les organisations citoyennes qui agissent en faveur de la multiplication des espaces de jardinage en milieu urbain considèrent que ceux-ci participent de façon importante au développement de leur quartier et de leur ville alors que le jardinage urbain est, la plupart du temps, compris comme étant une activité récréative et somme toute marginale par les administrations municipales. C'est dire que tous et toutes ne souscrivent pas à la même vision et au même modèle de la ville.

Les mouvements sociaux qui agissent en faveur du développement de l'agriculture urbaine se démènent souvent, non seulement pour avoir les conditions matérielles nécessaires à la réalisation de cette activité, mais également pour voir s'élargir les représentations de ce qu'est, de ce que pourrait et de ce que devrait être la ville, de manière à accroître la reconnaissance de la légitimité de cultiver dans la cité.

Au début des années 1970, l'environnementaliste Liz Christy remarque des plants de tomates qui poussent sur un terrain abandonné du quartier Bowery de Manhattan, à New York, en prenant pour substrat des déchets qui s'y trouvent. Cela lui inspire l'idée de disperser elle-même des plantules et des semences sur les nombreux lots vacants du voisinage. Elle convie en outre des proches à aménager avec elle un jardin communautaire sur l'un de ces espaces.

En 1973, elle est la première à utiliser l'expression « *guerilla gardening* » pour désigner des actions de jardinage illicite (parce qu'il n'est pas propriétaire du terrain qu'il occupe) du groupe qui se forme autour d'elle. Le groupe s'active pendant plus d'une quinzaine de mois à faire reconnaître officiellement comme jardin communautaire, par la municipalité, l'espace qu'ils et elles ont aménagé et entretenu tout ce temps. La ville prend finalement la responsabilité de la propriété du sol et le loue annuellement aux jardiniers et jardinières pour une somme modique. L'action de ce groupe devient rapidement une inspiration et une référence pour bon nombre d'autres New-Yorkaises et New-Yorkais désirant également verdir les espaces abandonnés de leur quartier. Le groupe fonde alors une organisation à but non lucratif qu'il nomme *Green Guerillas*[1].

Action de la *Guerilla Gardening* en 2014 sur la petite ceinture parisienne dans le XVIIe arrondissement

Sa vocation est de favoriser et de soutenir le développement de nouveaux jardins communautaires dans la ville de New York.

Aux premiers abords, l'expression « guérilla jardinière » surprend, étonne et a de quoi piquer la curiosité. Le mot « guérilla », qui tire son origine de la langue espagnole, signifie littéralement « petite guerre ». Une guérilla fait référence à une tactique d'offensive basée sur des attaques et des incursions brèves et soudaines, utilisées par des militantes et des militants engagés dans un rapport de forces asymétrique avec leurs adversaires. L'usage de ce terme pour désigner les activités de jardinage urbain dont il est ici question suffit à donner des airs rebelles aux personnes qui les animent

1. www.greenguerillas.org

et à soulever la dimension politique de leur projet horticole qui se définit principalement par la mise en culture clandestine des terrains d'autrui. Bien que de nombreux mouvements paysans aient historiquement défié et défient toujours la propriété privée en s'arrogeant le potentiel agricole de terres convoitées, nous référons ici aux guérillas jardinières urbaines. Par leur action de jardinage, mais également par la manière dont elles déploient leur action, les guérillas jardinières s'inscrivent spécifiquement dans une démarche de contestation des rapports sociaux qui modèlent l'espace urbain.

En investissant librement des terrains sur lesquels ils n'ont aucun droit légal, plusieurs guérillas jardinières défendent la réappropriation citoyenne du pouvoir d'organiser et d'autogérer la ville et plaident en faveur d'un plus grand usage horticole des sols urbains dans la perspective de développer des villes saines, conviviales et productives. Par leurs actions, les guérillas jardinières font apparaître un paradoxe et le dénoncent : l'existence, dans la plupart des villes occidentales, d'une pénurie d'espaces destinés au jardinage tandis qu'un nombre impressionnant de terrains demeurent inoccupés et sont laissés à l'abandon. Dans certains cas précis, des guérillas jardinières s'organisent et établissent des parcs ou des jardins sur des lotissements où des projets contestés sont appelés à être développés, comme des stationnements, des routes ou des résidences dans des quartiers populaires. C'est alors la privatisation de l'espace public qui est plus spécifiquement dénoncée. L'aménagement impromptu et illicite de jardins urbains devient dans certains cas un levier politique agissant de manière à mettre en cause les choix des autorités municipales et permet en outre d'identifier publiquement les instances de gouvernance qui président à l'aménagement urbain.

Une nouvelle forme d'écologie urbaine

Depuis le début des années 2000, les initiatives de guérilla jardinière explosent en nombre, un peu partout en Occident. Il suffit de penser à certaines de ces actions, parmi les plus spectaculaires, réalisées à Copenhague, Londres, Los Angeles et Toronto pour s'en convaincre. Bien que ces diverses actions semblent s'inscrire dans une même mouvance internationale axée sur le verdissement, l'autogestion et l'agriculture urbaine, il s'agit néanmoins d'initiatives autonomes les unes par rapport aux autres et qui portent des messages pouvant différer suivant les enjeux et réalités des localités où elles se manifestent.

En outre, elles prennent des formes variées. Certains ensemenceront à distance des terrains leur étant inaccessibles en y projetant des bombes de graines, faites d'un ingénieux mélange de compost, d'argile et de semences, constitué pour offrir une réplique d'un écosystème favorable à la germination des graines ; elles seront jetées sur des sols souvent pauvres et compactés (une recette est disponible dans *Food Not Lawns*[1]). D'autres investiront des murs de béton craquelés en y glissant des semences qui provoqueront un verdissement mural. Une substance combinant mousse végétale et autres ingrédients facilitant la croissance des plantes peut être appliquée sur un mur de manière à former un lettrage ou une image appelée à croître en graffiti végétal (voir recette dans *On Guerilla Gardening*[2]). Enfin, d'autres favoriseront l'ajout de jardinières sur le mobilier urbain existant comme les clôtures, les poteaux et cabines téléphoniques ou directement sur le sol, afin de pouvoir cultiver des légumes en ville même lorsque les terrains convoités sont susceptibles d'être contaminés.

PAROLE D'ACTEUR

Projet Terroir urbain : découverte gustative des plantes urbaines comestibles

Gaby, Guerilla Gardening

« Le principe d'action de *Guerilla Gardening* consiste à jardiner des espaces publics sans toujours en demander l'autorisation. Il s'agit de créer des jardins dans des espaces délaissés par la puissance publique ou par des propriétaires privés. C'est pourquoi les lieux de ce type sont recherchés afin de proposer une autre conception du jardinage que celle proposée par les municipalités et de tester des techniques innovantes afin de motiver les citadins.

Les motivations sont à la fois sociales et écologiques, et visent à la réappropriation autonome et spontanée des espaces publics. Elles s'inspirent d'expériences passées. Dès le XVIIe siècle, des mouvements spontanés sont nés en Angleterre pour contester les nouvelles formes d'agriculture liées au mouvement des *enclosures*, pour maintenir le droit de glanage, etc.

1. Heather Flores, *Food Not Lawns*, Chelsea Green Publishing Company, 2006.
2. Richard Reynolds, *On Guerilla Gardening. A Handbook for Gardening without Boundarie*, Bloombury, 2008.

De la même façon, *Guerilla Gardening* mène des actions pour motiver le public à jardiner les espaces public. L'*International Sunflower Guerilla Gardening Day* est organisé le 1er mai dans le monde entier et propose à qui le souhaite de semer des tournesols un peu partout en ville, et d'autres événements sont organisés. Le site de Guerilla Gardening France permet de relayer les actions menées sur différents territoires, de mettre en relation les personnes volontaires et de proposer un certain nombre de conseils pratiques. Il est aussi possible d'y afficher les photos des actions menées et de créer ainsi une communauté.

Des mélanges de fleurs et de légumes adaptés à la ville et nécessitant peu d'arrosage sont proposés. Des espaces très divers peuvent être investis : abords d'abribus, ronds-points, interstices d'immeubles, petites friches, etc. Il est possible d'intervenir à toute petite échelle pour protéger des plantes en installant une barrière, en créant des bacs à compost sur la voie publique, ou encore en réduisant progressivement le piétinement de zones délaissées, ce qui permet d'installer peu à peu des jardins.

Le plus facile est d'intervenir en bas de chez soi. En général, le voisinage est plutôt agréablement surpris par ces initiatives, et il est très rare que les municipalités ou les riverains détruisent les espaces cultivés sans autorisation. En pratique, nous veillons évidemment à ne pas dégrader les espaces publics, par exemple en valorisant des trottoirs au départ en mauvais état. Ce type de mouvement existe dans plusieurs pays d'Europe et les activistes sont reliés entre eux par le biais de réseaux consacrés. Le principe consiste à partir des envies spontanées des habitants et des personnes qui viennent les aider. Cette action est le plus souvent complémentaire de celle des collectivités, qui mettent en œuvre, nécessairement, des actions plus cadrées. »

Les individus regroupés en guérilla jardinière dénoncent aussi le manque d'espaces pouvant être utilisés pour jardiner en ville dans une optique d'autoproduction alimentaire. Rendre les villes plus productives sur ce plan représente à leurs yeux un moyen de réduire considérablement les polluants générés par le transport d'aliments souvent cultivés très loin des lieux où ils seront consommés. L'accès à un jardin d'autoproduction alimentaire à proximité des zones résidentielles urbaines constitue aussi, pour certains et certaines, une manière de diminuer les dépenses liées à la subsistance ainsi qu'une possibilité de réduire le temps consacré au travail salarié dans le but d'obtenir des revenus suffisants pour se procurer ensuite sur le marché tous les biens et services nécessaires au quotidien. L'intervention de plusieurs guérillas jardinières s'inscrit également dans une volonté d'embellissement et de « ré-enchantement » de la ville. Le béton, l'asphalte et l'omniprésence des voitures participent, pour plusieurs, d'un urbanisme morose inspirant l'individualisme. Ces jardiniers et jardinières croient au « rôle social de la beauté » pour stimuler un esprit de convivialité ainsi qu'un sentiment d'appartenance dans les quartiers urbains. L'embellissement passe notamment par le verdissement des espaces abandonnés, délaissés ou dont le potentiel d'usage est sous-estimé comme les terre-pleins séparant deux chaussées, les bordures de rue, certains parcs mal entretenus ou des terrains en friche.

La *Guerilla Gardening* en action sur un délaissé urbain à Montpellier en février 2015

Ces pratiques de protestation sont toutes ancrées dans un modèle d'action directe, engagée à agir ici et maintenant, en concordance avec les revendications portées, et soutiennent toutes une vision qui est en rupture avec l'héritage moderne de la ville. Ces actions participent en effet d'une écologie urbaine provoquant et déstabilisant les représentations dominantes de la ville en cherchant à les renouveler, par le biais d'initiatives subversives pouvant combiner plusieurs visées, mais étant toujours ancrées dans le désir de rendre visibles les instances qui limitent l'essor de nouvelles pratiques urbaines et d'encourager l'intervention directe des citoyens et des citoyennes dans leur milieu de vie. Dans certains cas, les guérillas jardinières représentent l'étincelle qui donnera éventuellement lieu à l'inauguration de parcs et de jardins qu'on institutionnalisera formellement au sein des structures municipales ou alors informellement, en gagnant une reconnaissance publique des personnes fréquentant l'endroit.

Retour d'expérience

Mise en place d'un groupe participatif « agriculture urbaine »

Plaine Commune (Seine-Saint-Denis)

Créé en septembre 2012, le groupe participatif « agriculture urbaine » rassemble des personnes aux profils divers : experts de l'agriculture urbaine, militants de la ville comestible, groupe d'habitants porteurs de projets de jardins, agents des villes et de la communauté d'agglomération. Il vise à sensibiliser les élus et agents de l'agglomération à l'importance croissante de l'agriculture urbaine et du jardinage en ville en faisant notamment connaître les espaces cultivés du territoire et en expérimentant des démarches d'agriculture urbaine.

Le groupe participatif « agriculture urbaine » de Plaine Commune autour du potager-poulailler éphémère du Clos Saint Lazare lors du lancement du chantier participatif en 2014

Le deuxième objectif du groupe participatif est de donner des pistes d'actions pour la mise en place d'une stratégie communautaire de soutien à l'agriculture urbaine. Le groupe a ainsi donné l'impulsion à la mise en place d'un poulailler et d'un potager temporaires, construits avec et pour les habitants du Clos Saint-Lazare et de la Cité Jardin de Stains, en début d'année 2014. Le projet vise à valoriser une friche temporaire, favoriser la participation des habitants à la propreté et à l'animation des espaces publics et mettre en valeur les savoir-faire des habitants. Une sensibilisation à la nature en ville sera réalisée à travers le potager et l'est déjà via le rôle joué par l'école voisine dans l'entretien du poulailler au quotidien.

Pour en savoir plus : www.plainecommune.fr

Fédérations, réseaux et mouvements autour des jardins en France

Antoine Lagneau, Natureparif

Si les jardins collectifs connaissent un succès qui ne se tarit pas depuis le début des années 2000, il faut pourtant remonter bien plus loin dans le temps pour situer l'origine de ce mouvement. C'est à la fin du XIXe siècle que démarre véritablement cette aventure avec la création de la Ligue Française du Coin de Terre et du Foyer qui deviendra quelques années plus tard la Fédération nationale des jardins familiaux et collectifs. Celui-ci sera rejoint au milieu du XXe siècle par le Jardin du Cheminot rebaptisé entre-temps Jardinot.

Aujourd'hui, il existe d'autres réseaux ou fédérations parmi lesquels les Jardins de Cocagne créés en 1999 qui reposent sur le principe de l'insertion par le travail pour des personnes en grande précarité ou encore Graine de Jardin, réseau francilien des jardins partagés qui s'est ouvert en 2001 mais aussi les Jardiniers de France ou bien Le Jardin dans tous ses états.

La Fédération nationale des jardins familiaux et collectifs

En 1896, l'abbé Jules Lemire, député du Nord, inspiré par le « terrianisme » (mouvement qui revendique pour les ouvriers une « petite propriété insaisissable »), fonde la Ligue Française du Coin de Terre et du Foyer, ancêtre de la Fédération nationale des jardins familiaux et collectifs.

L'objectif est clair : mettre à disposition du chef de famille un coin de terre pour y cultiver des légumes nécessaires à la consommation du foyer. En 1920, la Ligue compte 47 000 jardins ouvriers répartis sur tout le territoire. Durant tout le XXe siècle, les jardins vont s'adapter aux évolutions de la société française, les années 1970 marquant un net recul du nombre de parcelles avant que celles-ci ne repartent à la hausse au début des années 1990.

En Île-de-France, en Eure-et-Loir et dans l'Eure, la Fédération gère directement plus de 3 500 parcelles de jardins sur 85 sites. C'est en région parisienne qu'ont été lancés la plupart des nouveaux concepts de jardins conçus par la Fédération : parcelles en pied d'immeuble, carrés potagers, jardins pédagogiques, jardins partagés, jardins destinés aux personnes à mobilité réduite.

Pour en savoir plus :
www.jardins-familiaux.asso.fr/accueil.html

Jardinot

Créé en 1942, et d'abord réservé au monde ferroviaire, le Jardin du Cheminot s'est récemment ouvert à toute personne souhaitant participer aux activités proposées et s'appelle désormais Jardinot. Animé par 3 000 bénévoles, l'association compte près de 49 000 adhérents regroupés en 900 comités locaux, 23 comités régionaux et 5 interrégions.

Les jardins familiaux de Valenton (Val-de-Marne) gérés par Jardinot

La création de centres de jardins familiaux et collectifs est une des activités importantes de Jardinot. Pour cela, l'association acquiert en propre des terrains souvent non viabilisables, en loue à la SNCF, à RFF, ou développe des projets en partenariat avec les collectivités locales qui lui confient ensuite la gestion de jardins. Ainsi, un à deux nouveaux jardins collectifs voient le jour chaque année.

Pour en savoir plus :
www.jardinot.net

Le réseau des Jardins de Cocagne

Le réseau des Jardins de Cocagne s'est structuré en 1999, mais le premier Jardin de Cocagne, inspiré d'un modèle suisse, a été créé en 1991 à Chalezeule (Doubs) avec pour objectif de répondre à l'exclusion qui touche alors les personnes de culture rurale et agricole. L'idée est d'allier le principe de la distribution en circuit court à des clients qui sont aussi des adhérents de l'association, l'insertion par le travail pour des personnes en grande précarité, et le cahier des charges de l'agriculture biologique.

Près de 120 Jardins de Cocagne sont en activité aujourd'hui en France et 3,9 hectares de surfaces sont cultivées en bio en moyenne par jardin, soit près de 430 hectares au total.

Chaque année, 4 000 jardiniers y sont employés sur une durée maximale de deux ans encadrés par 700 maraîchers ; 22 000 familles sont adhérents-consommateurs. À l'issue de leur passage sur un Jardin de Cocagne, près d'un-e salarié-e en insertion sur deux retrouve un emploi durable ou une formation professionnelle.

En Île-de-France, il existe une douzaine de Jardins de Cocagne dont les Potagers de Marcoussis en Essonne, la Ferme des Buloyer à Magny-les-Hameaux dans les Yvelines ou encore les Jardins biologiques d'insertion du Pont-Blanc à Sevran en Seine-Saint-Denis.

Pour en savoir plus :
www.reseaucocagne.asso.fr

Graine de Jardin

Association loi 1901, Graine de Jardin a été créée en 2001. Ce réseau francilien participe au réseau national Le jardin dans tous ses états (JTSE).

Depuis sa création, Graine de Jardins accompagne les projets de jardins partagés en Île-de-France portés par des habitants, des associations, des centres sociaux, des communes, des organismes HLM... L'association apporte un appui au montage de projet, à la gestion du jardin et intervient dans de la médiation de conflits. Elle aide également à la création de sites Internet pour des associations ou organismes en lien avec l'environnement et forme des associations aux outils collaboratifs : communication, agenda en ligne, partage de documents, mise à jour de blogs, traitement d'images...

Graine de Jardin réalise également des missions d'assistance à maîtrise d'ouvrage, comme des diagnostics des usages des lieux réalisés en amont de la création de jardins. L'association propose aussi un accompagnement des collectivités qui veulent élaborer des programmes de création de jardins collectifs et mettre en place des projets de végétalisation participatifs.

Pour en savoir plus : www.jardinons-ensemble.org

Réseau Le Jardin dans tous ses états

En 1997, face à l'ouverture croissante de jardins partagés, un réseau informel s'organise rapidement, le réseau du Jardin dans tous ses états (JTSE). Ses membres, signataires d'une charte, représentent la plupart des régions de France métropolitaine, dans lesquelles ils agissent pour favoriser la mise en œuvre, par les habitants, de jardins partagés.

Géré par un collectif d'une dizaine de structures régionales, associatives et coopératives, ce réseau est un interlocuteur reconnu par les différentes instances officielles, force de proposition à l'origine de nombreuses publications, formations ou rencontres autour de la question du jardin en partage.

Pour en savoir plus : www.jardins-partages.org

Jardiniers de France

L'association des Jardiniers de France compte 2 000 clubs jardins dans toute la France, animés par des correspondants locaux, bénévoles, regroupant 50 000 adhérents. Les clubs jardins proposent à leurs adhérents des ateliers de jardinage partout en France, des rencontres, des visites de parcs et jardin, des échanges entre clubs et une assistance téléphonique et e-mail « Allo jardin ».

L'association s'est donné pour missions de faire du jardin un espace d'épanouissement pour tous, de favoriser la rencontre et l'échange entre tous les jardiniers, de transmettre le savoir-faire jardinier et de respecter et protéger la nature et l'environnement.

Pour en savoir plus : www.jardiner-autrement.fr

Montreuil (Seine-Saint-Denis), la ville aux vingt-quatre jardins partagés

Pierre-Luc Vacher, ville de Montreuil

La Ville de Montreuil a souhaité encourager le développement des jardins partagés en s'appuyant sur une démarche de concertation et d'implication forte des habitants. Ainsi, un accompagnement méthodologique a été formalisé par une délibération du conseil municipal du 24 septembre 2009. Un travail collaboratif avait été effectué en amont avec les associations liées à la biodiversité et l'association Graine de Jardin missionnée comme expert.

Le Jardin des couleurs et senteurs à Montreuil (Seine-Saint-Denis)

En 2014, on comptait plus de 24 jardins répartis dans la ville pour une surface totale d'environ 8 000 m^2 (sur 892 hectares de surface de la ville) et 5 en préparation. Depuis 2014, une rencontre annuelle des jardins partagés montreuillois doit permettre un meilleur partage des expériences des jardins montreuillois et une plus grande connexion entre jardins.

Une étude réalisée en 2012 a établi la liste des sites potentiels (délaissés, terrains en attente d'aménagement ou non utilisés) pour de futurs jardins.

Certaines des friches peuvent être riches en terme de biodiversité mais fermées aux humains : la mise en place de jardins partagés, en complétant la gamme de jardins présents sur le territoire et en touchant un public plus large, permet une interaction homme/nature renforcée.

De plus, les jardins partagés sont souvent moins « horticoles » que les jardins familiaux et laissent davantage de place pour la nature spontanée.

Cet intérêt croissant des jardiniers pour la biodiversité est également démontré par la participation de quelques jardins partagés montreuillois aux 24 heures de la biodiversité (événement promouvant les sciences participatives coordonné par le conseil général de Seine-Saint-Denis avec le Muséum national d'Histoire naturelle et des associations locales).

Pour en savoir plus : www.montreuil.fr

PAROLE D'ACTEUR

Démarches d'agriculture urbaine sur les sites d'Eau de Paris

Florence Soupizet, chargée de la programmation des investissements et des études environnementales, Eau de Paris

« Eau de Paris est la régie de production, de transport et de distribution de l'eau potable et de l'eau non potable à Paris. Ses sites de stockage couvrent près de 15 hectares en milieu urbain. Les réservoirs de stockage sont en général couverts de surfaces enherbées sur un substrat de 30 centimètres maximum, les ouvrages étant anciens. Les contraintes structurelles, mais aussi sanitaires, de sécurité et de sûreté sont fortes. En 2013, Eau de Paris a fait l'objet de demandes de la Ville de Paris et de certains de ses élus, mais aussi de professionnels, d'associations et de riverains en faveur de la mise en place de projets de maraîchage, d'amélioration de la biodiversité ou de création d'espaces verts sur ses sites.

Pour répondre à ces attentes et consciente des enjeux de végétalisation de la ville, la régie étudie les possibilités d'une plus grande végétalisation de ses sites parisiens ainsi que l'option de l'agriculture urbaine, et souhaite, si possible, apporter sa contribution. Les sites permettent de réfléchir à des projets pertinents, mais sont complexes du fait de leur structure (la grande majorité date du début du XXe siècle), ce d'autant plus qu'il s'agit avant tout de sites en exploitation pour la production et la distribution d'eau. Compte tenu, notamment, des contraintes de charge présentées par les sites, plusieurs types d'agriculture urbaine ont été examinés (élevage extensif, apiculture, maraîchage, arboriculture, culture potagère) et les avantages et contraintes pour la régie et pour les porteurs de projets ont été précisés, tout comme la définition des modalités d'occupation, de charge et d'accès, les contraintes sanitaires… mais aussi les enjeux d'exploitation du fait de la co-activité entre les exploitants des réservoirs et les agriculteurs, de l'intégration des équipements en milieu urbain (serres, etc.) Cela peut représenter beaucoup de contraintes à respecter *a priori*, mais ces démarches peuvent être favorables à la maîtrise des coûts d'entretien des ouvrages et, à ce titre, est potentiellement bénéfique pour la régie, tout en présentant des opportunités de promouvoir une agriculture locale durable.

L'étude sur les sites parisiens est bientôt terminée, dans la foulée de la mise en œuvre (en 2014) de la stratégie de biodiversité de la régie, dans laquelle elle s'intègre. Nous nous orientons plutôt vers l'installation de professionnels uniquement et sur les seuls sites de stockage d'eau non potable, car les sites de la régie ne sont pas adaptés pour recevoir du public en permanence – de nombreux équipements techniques sont présents et peuvent présenter des dangers tout comme certaines activités liées à l'exploitation des réservoirs (nettoyage, travaux). Compte tenu de la faiblesse relative des surfaces exploitables dans les zones urbanisées, l'exploitation n'apparaît rentabilisable que par des professionnels, en circuits courts. Et pour des raisons sanitaires, l'étude proscrit l'installation de projets sur les sites qui stockent de l'eau potable.

En parallèle de cette réflexion, nous avons mis à disposition un de nos sites dans le Val-de-Marne, pour trois projets entrés en phase opérationnelle en mars 2015 après avoir été retenus par l'appel à projets Végétalisation innovante de la Ville de Paris, deux étant en cours d'installation sur le terrain. Ces opérations expérimentales prennent place sur le toit de l'ancienne usine de production d'eau potable d'Ivry-sur-Seine, qui a été rééquipé en conséquence et mis en conformité avec le code du travail (accès, garde-corps, électricité), ce qui a permis d'affiner le contenu des études préalables dans un cadre expérimental. L'un concerne le traitement des eaux pluviales et l'autre, l'installation de biodiversité spontanée. Le troisième est mis en œuvre par la société Cita'farm : le projet *Macadam farms*, qui s'installera sur le toit de l'ancienne usine, produira dans des serres d'environ 200 m^2 des fruits et des légumes en hydroponie et aquaponie. À l'issue des études, la régie voudrait apporter sa contribution sous une forme qui reste encore à définir, pour favoriser l'exploitation de ses autres sites urbains, car elle souhaite aller plus loin dans ce type d'initiatives. Elle a dû et devra continuer d'innover pour ce faire, car son cœur de métier demeure la production et la distribution d'eau potable et d'eau non potable : cette approche patrimoniale est nouvelle et enrichissante pour Eau de Paris, et s'inscrit pleinement dans notre volonté d'accompagner la transition écologique et énergétique du territoire parisien. »

Parole d'acteur

La ferme urbaine de la Recyclerie sur la petite ceinture parisienne

Philippe Peiger, paysagiste expert en agroécologie urbaine

« La ferme urbaine de la Recyclerie de l'ancienne gare Ornano sur la petite ceinture ferroviaire de Paris est un projet privé situé près de la porte de Clignancourt dans le XVIIIe arrondissement. Le site est très dense. Le projet s'inscrit dans le modèle de l'économie plurielle, qui articule les aspects marchands (restaurant, bar, concerts), les aspects non marchands et la production solidaire. Une distribution de paniers fermiers y est ainsi assurée sans contrepartie commerciale. Le lieu accueillera des fêtes communes avec l'association Les Jardins du Ruisseau, les visiteurs peuvent se promener librement dans les espaces et un bricoleur répare les appareils qui lui sont apportés… Cela montre que l'articulation entre les entrepreneurs et les associations est possible.

Le porteur de projet m'a demandé de recouvrir le bâtiment de végétation. Celle-ci est installée en hauteur afin de recouvrir en partant du haut les surfaces verticales, mais aussi les toits inclinés, etc. Des prairies naturelles et des ruches seront installées. Les quais d'une longueur de 220 mètres comportent une largeur de quatre mètres minéralisés accompagnés de talus d'une largeur de quatre mètres et offrent des espaces importants.

Dans ce contexte, j'ai souhaité pousser le plus possible le principe de la ferme urbaine. L'histoire vient à notre secours, puisque le maquis de Montmartre, situé aux environs de l'actuelle rue du Ruisseau, abritait autour de 1900 une population d'exclus de Paris qui y avaient construit des maisons à partir de matériaux de récupération et de bois, et qui exploitaient les terrains en maraîchage, en jardins, en culture de vignes, etc. Nous prévoyons donc de nous en inspirer et de planter le plus de comestibles possible, y compris à l'intérieur du bâtiment. Les aménagements, dont le poulailler, sont réalisés à partir de chutes de scieries d'Île-de-France et avec du bois de provenance locale.

Il a été proposé aux habitants – y compris au maire du XVIIIe arrondissement – de parrainer les poules. Un jardin d'aromatiques a été créé dans les talus et approvisionne la restauration. Un tunnel maraîcher de quatre mètres de large sera aussi installé pour produire en aquaponie verticale.

Des bacs à poissons participeront au cycle végétal et les poissons seront consommés au restaurant. Une association installera des arbres fruitiers sur le quai et plusieurs carrés potagers seront proposés. Il est prévu de développer une production sur andains sur les quais avec l'aide des enfants d'une école proche, en s'appuyant notamment sur des composts qui seront produits sur place. »

Le jardin potager de La Recyclerie dans le XVIIIe arrondissement de Paris en février 2015

PAROLE D'ACTEUR

Résister et préserver les terres maraîchères de Montesson

Camille (nom commun à tous les occupants des zones à défendre – ZAD) pour le collectif ZAD Patate

« Le collectif ZAD Patate conteste le projet de création d'un centre commercial à Montesson, commune francilienne située dans une boucle de la Seine et essentiellement consacrée à la culture de salades. D'anciennes carrières y abritent aussi des champignonnières dont certaines sont menacées par des projets urbains.

La commune s'est urbanisée très rapidement durant les dernières décennies, mais de façon moindre que les anciens villages situés sur les lignes de RER. Un certain nombre de terrains sont protégés en Espaces naturels sensibles ou en Périmètre régional d'intervention foncière, mais un grand nombre d'espaces sont promis à l'urbanisation, et nous y avons implanté des jardins afin de les protéger des projets urbains en cours. L'un d'eux entoure la

RD 121 et prévoit la création de 4 kilomètres de voies nouvelles et de grands ronds-points, et fractionne les terres agricoles. Un autre prévoit l'agrandissement d'un très grand centre commercial en recouvrant des sols actuellement cultivés ou en friche.

La ZAD Patate à Montesson

Dans les années 1970, la boucle de Montesson a fait l'objet d'une démarche pionnière de préservation de l'agriculture périurbaine, mais la commune met à présent l'accent sur les jardins et non sur l'agriculture proprement dite. J'ai réalisé une étude paysagère sur la plaine de Montesson et ai donc réfléchi à des alternatives aux formes actuelles d'urbanisation et d'agriculture. Le collectif a d'abord contesté le projet devant les instances administratives, en demandant des rencontres avec la mairie et en organisant des rassemblements. Il a participé à l'enquête publique, mais n'a pas obtenu de réponses claires de la part du préfet. Le rapport de l'enquête n'a pas mis en valeur les problèmes liés aux menaces pesant sur un certain nombre d'espèces, dont la mante religieuse.

Nous occupons le lieu depuis un an, et avons défriché certaines parcelles pour planter des patates, ce qui a donné son nom à la zone à défendre : ZAD Patate. Les habitants sont mobilisés par le biais d'affiches, d'événements et de visites de journalistes. Il est aussi envisagé d'installer une mante religieuse géante sur un des ronds-points. Quant à la cabane présentant le contre-projet, elle a été détruite au bout de quelques mois d'existence, tout comme le verger d'une trentaine d'arbres qui avait été planté.

Le collectif poursuit cependant son combat, notamment en jardinant collectivement pour montrer que ces terres peuvent produire et en mettant en place des actions conviviales qui s'adressent aussi aux enfants. Un site Internet a enfin été mis en place pour organiser les actions de défense. Les agriculteurs considèrent que les terres menacées sont les meilleures de la plaine et que le projet menace l'activité de certains d'entre eux, et les petits commerçants se sont aussi mobilisés. Plusieurs propriétaires des terres refusent aussi, pour le moment, de vendre, et plusieurs riverains se sont impliqués. »

Retour d'expérience

Le parc agricole des Périseaux

Lille métropole (Nord)

Interface entre la ville et la campagne, enclavé entre les communes de Wattignies, Templemars, Vendeville et Faches-Thumesnil, l'Espace naturel des Périseaux situé au sud de Lille Métropole est un site exemplaire, révélateur de la complexité des territoires périurbains. Il a vocation à devenir d'ici 2017 un parc agricole protégé de l'urbanisation où dominent et cohabitent agriculture et nature. Cette plaine de 266 hectares au milieu d'un tissu urbain dense doit aussi devenir un espace accessible à tous, plus vert, plus accueillant, plus attractif. L'esprit du projet impose donc des loisirs privilégiant les activités de promenade et de détente. Les déplacements pédestres, cyclistes et cavaliers sont encouragés et les usages autres qu'agricoles sont proscrits.

Les objectifs généraux du projet sont donc de concilier agriculture et loisirs nature par une agriculture multifonctionnelle, un saut qualitatif en matière d'environnement, un paysage agréable et authentique, des usages choisis et compatibles avec l'activité agricole, un espace plus accueillant.

Concrètement, l'aménagement de l'Espace naturel des Périseaux consiste à aménager les chemins, marquer les entrées, l'accès par les routes départementales, traiter les franges urbaines.

La présence de deux linéaires de cheminement (chemin agricole et piste multi-usages) permet un croisement aisé entre les différents usagers (piéton-cycliste-cavalier-agriculteur).

Pour l'entrée des chemins, une barrière mobile assure une protection du site par la fermeture des chemins tout en autorisant l'accès aux agriculteurs et la sécurité des promeneurs.

Les accès sur les routes départementales feront l'objet d'aménagements particuliers visant à renforcer la sécurité. L'idée générale est de traiter les carrefours en plateforme pour signaler la présence des croisements des chemins depuis les routes départementales, ralentir la vitesse des véhicules, gérer la fermeture des chemins.

Au niveau des linéaires, l'emprise foncière des chemins est portée à 12 mètres de large. Elle se divise en deux parties de 3 mètres de large séparées par une haie arbustive de 3,50 mètres. La voie existante est conservée et réservée en priorité aux véhicules agricoles. La bande multi-usages en béton balayé est accessible aux piétions et cyclistes et, occasionnellement, aux engins agricoles (en période de récolte).

La bande arbustive centrale entre les 2 linéaires de chemin sera une zone refuge pour la faune ainsi qu'une zone de développement de la flore spontanée. Les zones enherbées semées en prairie et gérées en gestion différenciée permettront de favoriser la diversité faune flore et de recréer un corridor écologique local.

Une friche est requalifiée écologiquement autour de trois espaces, un verger, des bandes de prairies naturelles ou fleuries, des étendues enherbées. Il sera un espace polyvalent de détente et de nature.

Le site de l'étang de pêche comprendra plusieurs espaces destinés à la pêche, aux loisirs, une zone mixte espaces verts/agriculture, un espace pédagogique consacré à l'eau et aux zones humides. L'eau est utilisée comme lien entre les différents espaces et l'agriculture. Les plantations sont réalisées de manière à privilégier les relations visuelles avec la plaine agricole. La restauration écologique de l'étang de pêche permettra une renaturation des berges (fascines), création de méandres, plantation d'espaces bocagers, en tirant partie des composantes du site : l'écoulement naturel des eaux de surface et la présence des terres agricoles. Le parcours d'eau pédagogique accueillera une végétation riche spécifique des milieux humides.

Les appropriations citoyennes de délaissés urbains

Myriam Boulouard, urbaniste

Les espaces délaissés urbains sont « des noyaux, des points de fondation dans le palimpseste urbain »[1], qu'il s'agit d'apprécier afin d'entrevoir les potentiels que revêtent leur appropriation.

Ces formes de récupération des espaces délaissés permettent aux citoyens de participer à l'élaboration de leur cadre de vie. Elles dévoilent des potentiels d'usages qui informent des enjeux majeurs qui traversent nos sociétés actuelles :

- la demande de lien social et de solidarité : les délaissés urbains sont des lieux sur lesquels il est envisageable de projeter des aspirations personnelles et collectives. Ils accueillent ainsi des pratiques temporaires qui permettent de répondre aux attentes sociales des habitants d'un quartier, en valorisant la proximité et les échanges intergénérationnels ;
- la quête de la fonction nourricière de la terre : « Un Français a en moyenne besoin d'environ 0,18 hectare de culture et 0,12 hectare de prairie permanente pour se nourrir »[2]. C'est ce que rapportent les chercheurs de l'Inra et du Cirad. Sur la base de ce calcul, l'Île-de-France et ses 12 millions d'habitants auraient donc besoin de 3,6 millions d'hectares de terres agricoles ! Si le total des délaissés urbains parisiens n'atteindra jamais ce chiffre, ces derniers portent cependant en eux le potentiel de voir se développer l'agriculture urbaine pour répondre dans une certaine mesure à certains besoins alimentaires de la population ;
- la demande de vert en ville : les espaces consacrés à la nature sont devenus un critère certain de la qualité du cadre de vie des habitants, du fait d'une demande largement exprimée par les citadins, demande que les élus locaux traduisent de manière plus ou moins volontariste selon les villes. Les délaissés urbains deviennent alors des potentiels avérés pour combler le déficit d'espaces naturels en ville.

La nature, vecteur privilégié de la démarche d'appropriation d'espaces délaissés en milieu urbain

Les délaissés urbains occasionnent des formes d'appropriation citoyenne qui peuvent être multiples, néanmoins il est aisé d'observer que la nature joue un rôle fondamental dans ce processus.

La mairie du XVIIIe arrondissement de Paris a annoncé le 6 mars 2014, sur son site internet[3], la création de trois nouveaux jardins partagés temporaires offrant aux habitants du quartier au total huit jardins partagés temporaires. S'ajoute à

---

1. Heather Flores, *Food Not Lawns. White River Junction*, Chelsea Green Publishing Company, 2006.

2. Lise Bourdeau-Lepage et Roland Vidal, issu de l'article « Nature urbaine en débat : à quelle demande sociale répond la nature en ville », revue *Demeter*, 2013.

3. www.mairie18.paris.fr/mairie18/jsp/site/Portal.jsp?document_id=16836&portlet_id=2696

ces espaces végétalisés sur délaissés urbains, une profusion de jardins partagés associatifs indépendants de la municipalité.

La dynamique dans laquelle s'ancre la création non négligeable de jardins partagés dans un des quartiers de cet arrondissement, La Chapelle (voir les cinq exemples de jardins étudiés ci-dessous), témoigne à la fois d'un manque d'espaces verts ouverts au public, d'une surreprésentation de délaissés urbains et d'une forme d'appropriation commune de ces espaces (le jardin partagé).

La nature se révèle donc être le vecteur privilégié de la démarche d'appropriation d'espaces délaissés et cette insertion ou intrication rappelle l'expression de *greffe végétale*[1] employée par Peter Latz pour définir ce phénomène. Parler de greffes végétales indique donc la possibilité de concevoir ces lieux comme des greffes urbaines, capables de se développer à partir de restes, d'espaces interstitiels oubliés…

Des pratiques collectives temporaires qui suscitent l'intérêt des pouvoirs publics

Les usages temporaires créés sur ces espaces révèlent des capacités citoyennes, qui suscitent l'intérêt des pouvoirs publics.

- La capacité de ces initiatives à « faire lieu » à l'image de l'association Sors de Terre[2], qui s'approprie ainsi les espaces verts abandonnés du quartier des Malassis à Bagnolet en Seine-Saint-Denis. Cette expérience révèle la capacité de ces initiatives à faire évoluer la perception des espaces en marge, en y projetant des potentiels d'usages.
- Les démarches d'appropriations d'espaces délaissés qui témoignent d'une capacité des citoyens à sortir de l'entre-soi, en répondant à un besoin collectif. Cette capacité se traduit en tant que processus d'individuation[3], l'individu est alors en phase d'accomplissement.
- La capacité de ces initiatives à faire valoir la participation dans un projet urbain comme ce fut le cas pour la réhabilitation de la Halle Pajol dans le quartier de La Chapelle. Les habitants avaient tout d'abord exprimé un rejet de ce projet urbain. Dans le même temps, avec l'arrivée en 2002 de l'association Ecobox[4] sur l'esplanade de la Halle, les habitants du quartier ont eu la possibilité de participer collectivement à la transformation de leur cadre de vie, en créant des jardins mobiles sur roues. Cette expérience

1. Claude Eveno, « Des friches urbaines ? », in *Autour des friches*, *Les Cahiers de l'École de Blois*, n°4, 2006.

2. www.sorsdeterre.blogspot.fr. L'association Sors de Terre a ouvert une bergerie dans le quartier des Malassis à Bagnolet (93). Elle se réapproprie les espaces verts délaissés par la pâture de ses bêtes, la création de jardins et par des ateliers pédagogiques.

3. Vincent Prié, « La réappropriation des délaissés urbains. Des démarches qui interrogent les savoirs et savoir-faire de l'urbanisme », Journée annuelle des doctorants du Centre scientifique et technique du bâtiment, 2013.

4. Initiée par l'Atelier d'architecture autogérée (AAA), par Constantin Petcou notamment.

offerte aux habitants d'investir l'espace public, leur a permis de participer à la réorientation du projet initial et de s'investir plus largement dans ce grand projet urbain.

- La capacité de ces initiatives à ancrer des pratiques pourtant éphémères : initialement précaire et inscrit dans une temporalité limitée, l'expérience de création de jardins mobiles sur roues de la Halle Pajol sera ensuite déplacée au fond de l'impasse de La Chapelle où elle réside toujours en attendant là aussi l'émergence d'un nouveau projet urbain.

Cinq exemples de délaissés urbains transformés en jardins partagés dans le XVIIIe arrondissement :

Jardin partagé du Bois Dormoy

L'entrée du jardin partagé du Bois Dormoy

- Adresse : 2 bis, cité de La Chapelle.
- Superficie : 1 400 m^2.
- Espace « délaissé » depuis 20 ans.
- Nom de l'association : Le Bois Dormoy, créée en février 2007.
- Date de création du jardin : 2007.
- Échéance (date de sortie) : à court terme, le terrain est destiné à accueillir un établissement d'hébergement pour personnes âgées dépendantes (Ehpad).

- Nature du projet urbain : Le Bois Dormoy a gardé un esprit de friche arborée. Il est doté de plusieurs parcelles de jardinages collectifs. Le bois est principalement composé de buddleia, plante pionnière des friches urbaines, d'érables, de saules et d'impressionnants peupliers.
- Propriétaire de la parcelle : Mairie de Paris.
- Convention : convention d'occupation temporaire Ville de Paris 2011.
- Le Bois Dormoy est signataire depuis 2010 de la charte Main verte.

Le Jardin d'Alice

- Adresse : 40, rue de la Chapelle.
- Superficie : 800 m^2.
- Espace « délaissé » depuis 2005.
- Dernière activité sur la parcelle : ancienne propriété privée composée de deux maisons de la fin du XIXe siècle ouvrant sur deux jardins.
- Nom de l'association : Le Jardin d'Alice, créée en 2009.
- Date de création du jardin : mars 2009.
- Échéance (date de sortie) : novembre 2013.
- Nature du projet urbain : l'association Le Jardin d'Alice a pour but la promotion de toutes formes de création artistique et l'animation et la protection de la parcelle. Le Jardin d'Alice était un espace jardin d'ateliers d'artistes partagés. La parcelle se composait de deux jardins. Elle est désormais en cours d'aménagement pour y construire un programme de logements sociaux. L'association existe toujours et a été transférée dans l'ancienne caserne de Reuilly, dans le XIIe arrondissement de Paris.
- Propriétaire de la parcelle : Paris-Habitat.
- Convention : convention d'occupation temporaire Paris-Habitat OPH 2010 renouvelable annuellement.

Jardin partagé Ecobox

Le jardin partagé Ecobox, en surplomb des voies ferrées de la Gare du Nord

- Adresse : 8-10, impasse de La Chapelle.
- Superficie : 200 m².
- Nom de l'association : Ecobox, créée en 2005.
- Date de création du jardin : printemps 2009.
- Échéance (date de sortie) : non communiqué. Le terrain est intégré à une vaste opération de requalification urbaine qui conduira à terme à la relocalisation du jardin.
- Nature du projet urbain : à l'origine Ecobox est situé rue Pajol dans le XVIIIe arrondissement, puis s'est déplacé jusqu'à l'impasse de La Chapelle. Il s'agit d'un jardin mobile sur palettes. On y trouve également des carrés de jardins, une mare, une ruche, un toit végétalisé, un abri collectif, une vigne, un verger.
- Propriétaire de la parcelle : ICF Habitat La Sablière.
- Convention : convention d'occupation temporaire ICF Habitat La Sablière 2009 renouvelable annuellement.

Jardin partagé de la Goutte Verte

La mare du jardin partagé de la Goutte verte

- Adresse : 4, rue Cavé.
- Superficie : 100 m^2.
- Espace « délaissé » depuis 5 ans.
- Nom de l'association : La Goutte verte, créée en 2006.
- Date de création du jardin : novembre 2011.
- Échéance (date de sortie) : non communiqué.
- Nature du projet urbain : La Goutte verte est une association d'habitants du quartier de la Goutte d'Or, qui a depuis 2006 aménagé et animé quatre jardins temporaires dans le quartier et un jardin fixe dans le square public Alain Bashung.
- La Goutte verte organise régulièrement des festivités dans son jardin : concerts, projections, brocante... La parcelle dispose de carrés de jardins, un abri collectif, une zone de compost, des cuves de récupération des eaux pluviales, une mare…
- Propriétaire de la parcelle : société d'économie mixte d'aménagement de la Ville de Paris (Semavip).
- Convention : convention d'occupation temporaire Semavip 2013 renouvelable annuellement.

Jardin-friche de la rue Philippe de Girard

La friche de la rue Philippe de Girard avant et après l'intervention du collectif d'habitants

- Adresse : 69 bis, rue Philippe de Girard.
- Superficie : 200m².
- Espace « délaissé » depuis 25 ans.
- Dernière activité sur la parcelle : garage de particuliers.
- Nom de l'association : informel, collectif d'habitants.
- Date de création du jardin : juin 2014.
- Échéance (date de sortie) : inconnue.
- Nature du projet urbain : projet de jardin partagé en cours de définition, en lien avec les habitants du quartier.
- Propriétaire de la parcelle : privé mais terrain faisant l'objet d'une déclaration d'utilité publique.
- Convention : aucune pour le moment, discussions informelles avec la Ville de Paris.

PAROLE D'ACTEUR

Le Paris de l'agriculture urbaine

Pénélope Komites, adjointe à la Maire de Paris chargée des Espaces verts, de la Nature, de la Biodiversité et des Affaires funéraires

« L'agriculture urbaine est un élément incontournable de la feuille de route que m'a confiée la maire de Paris. En 2020, Paris devra compter 100 hectares de toitures, murs et façades végétalisés dont un tiers sera consacré à la production de fruits et légumes, soit pas moins de 33 hectares d'agriculture urbaine !

L'agriculture urbaine est d'ores et déjà une réalité dans notre ville. Paris compte, ainsi, quelque 280 potagers dans les écoles, une centaine de jardins partagés, une vingtaine de toits potagers, 10 vignobles, 600 ruches dont 133 sur des terrains appartenant à la ville, 2 sites de production des végétaux utilisés dans les parcs et jardins de la ville, une ferme pédagogique de 5 hectares dans le bois de Vincennes pour faire découvrir aux Parisiens les cultures et les élevages traditionnels franciliens. En 2013, l'appel à projets « végétalisation innovante », lancé par Paris Région Lab (associant la ville de Paris et la région Île-de-France) a permis l'émergence de nombreux projets tels que Folie d'humus, porté par l'association Espaces, qui transforme en compost les déchets organiques des familles riveraines de la piscine Montherlant (XVIe arrondissement),

V'île Fertile qui développe une ferme maraîchère s'appuyant sur la récupération des déchets organiques urbains dans le jardin d'agronomie tropicale du bois de Vincennes ou encore les potagers sur roulettes de Paris Label.

Avec cette nouvelle mandature, nous avons l'ambition d'un développement encore plus important des agricultures urbaines.

Cette volonté est tout autant environnementale, sociale qu'économique. Elle est en phase avec les désirs des Parisiens. Ainsi, la proposition des potagers dans les écoles a été plébiscitée dans le cadre du premier budget participatif et les propositions de développement de l'agriculture urbaine ont afflué sur le site « Madame la Maire, j'ai une idée » pour sa deuxième édition.

Afin de réaliser notre objectif, les leviers sont multiples. Les agriculteurs urbains parisiens sont de plus en plus nombreux et les techniques se multiplient. Ainsi certains dispositifs pèsent moins de 70 kg par m^2, pour un coût inférieur à 50 euros par m^2, ce qui permettra de mobiliser largement le patrimoine bâti existant. Le processus de révision du plan local d'urbanisme parisien sera l'occasion d'encourager et faciliter le développement de projets sur le bâti. L'année 2015, avec la COP 21, permettra de mettre en lumière cette agriculture, avec un cycle de conférences organisé par la Ville, un appel à projets spécifique en fin d'année, et de nombreuses initiatives d'autres acteurs.

À mes yeux, c'est un nouveau modèle urbain qui s'invente avec le retour de l'agriculture au cœur des villes ! Celui-ci est participatif et multi-acteurs. Les citoyens, les associations, les entreprises, les institutionnels en sont les co-constructeurs dans des nouveaux partenariats encore pour partie à inventer et à rêver.

Notre ambition partagée doit permettre de faire naître et vivre ces projets, car si le XIXe siècle correspondait à l'émergence d'un Paris minéral, pour des raisons d'abord hygiénistes, l'heure d'un Paris plus végétal est aujourd'hui venue, non pas seulement pour des critères esthétiques mais aussi parce que c'est une nécessité économique, environnementale et sociétale. »

Chapitre 4

Inventer un nouvel urbanisme en cultivant la ville ?

Par Robin Chalot[1]

Historiquement, la progression des espaces urbains s'est faite aux dépens de terres agricoles. Pourtant, le terme d'agriculture urbaine suppose une réconciliation entre ces deux usages du territoire. De fait, la prise de conscience du caractère limité du foncier disponible a fait évoluer les pratiques et les outils de l'urbanisme. Cette discipline a désormais pour mission de concilier les besoins d'urbanisation nouvelle avec la nécessité de préserver des espaces pour d'autres modes d'occupation du sol, notamment agricoles.

Cet enjeu recoupe des réalités très différentes : agriculture « périurbaine », menacée par la pression foncière ; espaces agricoles devenus urbains du fait de la progression des zones bâties ; parcelles intra-urbaines à qui l'on redonne un usage agricole. Grande culture, maraîchage, élevage ou horticulture ; à vocation économique, sociale, pédagogique, environnementale ; les formes d'agriculture urbaine présentent de multiples facettes. Les outils d'urbanisme actuels permettent déjà de s'ajuster en partie à cette variété, mais ils restent généralement trop rigides pour lui permettre de se développer.

1. Agence Lichen, directeur.

À Meudon (Hauts-de-Seine), des terrains maraîchers au sein de l'ensemble scolaire et professionnel Saint-Philippe, faisant partie du village éducatif Saint-Philippe-Apprentis d'Auteuil

L'affirmation d'une vocation agricole grâce au Code de l'urbanisme

Un des premiers outils à disposition de l'urbaniste pour l'intégration des activités agricoles est le zonage des plans locaux d'urbanisme (PLU). Ces documents divisent le territoire de chaque commune en différents secteurs, où est défini un ensemble de règles concernant l'implantation de constructions, la réalisation d'aménagements et la pratique de certaines activités. Une partie de ces zones peut alors être réservée aux activités agricoles.

Cette vocation a été spécifiquement donnée par le Code de l'urbanisme au zonage A (pour agricole). Mais les collectivités préfèrent parfois placer des terres agricoles en zonage N (naturel), notamment lorsqu'elles sont associées à une gestion qualitative du paysage (agriculture biologique, vergers, prairies pâturées...). D'autres peuvent aussi se retrouver en zonage U (urbain), en particulier pour des parcelles de surface réduite, insérées dans le tissu urbain et à faible valeur économique (jardins partagés, potagers urbains, fermes pédagogiques...).

Enfin, certaines formes d'agriculture urbaine échappent au zonage : celles qui sont pratiquées par exemple dans les jardins privés ou sur les toits.

La variété des zonages utilisés traduit ainsi en partie la disparité des types d'agriculture urbaine. Le choix est pourtant loin d'être anodin : il correspond également à certaines fonctions de l'agriculture attendues par les aménageurs.

Le Jardin sur le Toit du gymnase, rue des Haies, Paris, XXe arrondissement, animé par l'association Lafayette-Accueil

Tandis que le zonage A affirme pleinement une fonction productive de l'activité agricole, le zonage N met l'accent sur la préservation de milieux d'intérêt écologique, faisant passer la rentabilité économique de l'exploitation au second plan[1]. Le zonage U, quant à lui, porte une fonction davantage sociale, voire un rôle de réserve foncière pour des besoins d'urbanisation futurs.

Dans tous les cas, c'est le règlement associé à ce zonage qui fournira ou non une garantie du maintien de la vocation agricole. Cela passe bien sûr par l'interdiction ou la limitation des constructions et infrastructures sur les parcelles agricoles. Mais les prescriptions appliquées aux terrains voisins ont aussi une importance non négligeable : problématiques de voisinage, accessibilité, intégration paysagère, possibilité de construire des bâtiments agricoles, des espaces de vente... Selon les règles définies, ils contribueront plus ou moins au maintien de l'agriculture.

Dans le cas des opérations de renouvellement urbain, il est également possible d'imposer à chaque projet l'intégration de parcelles à vocation agricole ou potagère. Des prescriptions spécifiques aux espaces d'agriculture urbaine peuvent être introduites par l'usage de sous-zonages, ou par une protection au titre de l'article L123-1-5 du Code de l'urbanisme[2].

1. Claire Planchat-Héry, « Les outils graphiques paysagers, révélateurs des enjeux agricoles, dans un Plan Local d'Urbanisme », *Norois*, n° 209, 2008.

2. L'article L123-1-5 permet d'identifier des éléments de paysage ou des lieux à protéger en raison de leur intérêt vis-à-vis des continuités écologiques. Ils ne doivent pas être détruits et des mesures de gestion plus précises peuvent être énoncées.

La localisation de l'agriculture urbaine par les documents graphiques pose la question du choix des espaces qui lui sont consacrés. Pour les exploitations qui visent la rentabilité, il est essentiel que les surfaces cultivées soient de taille suffisante et à proximité les unes des autres. Les documents de planification ont alors un rôle crucial : celui d'encadrer les opérations d'aménagement, de manière à éviter le mitage ou l'enclavement des parcelles par l'urbanisation. Ils doivent aussi permettre de réserver les sols fertiles.

Lorsque l'activité agricole répond en premier lieu à des objectifs d'ordre social, le principal enjeu pour son implantation est de correspondre aux besoins de la population. En particulier dans les secteurs fortement urbanisés, les friches et les délaissés sont une opportunité à saisir pour fournir aux habitants des espaces de proximité à investir. Cela suppose néanmoins que cet usage du sol soit autorisé par les documents d'urbanisme, quitte à imposer de façon explicite le caractère temporaire des installations.

Le PLU est l'instrument majeur pour la protection des terres cultivées périurbaines

Le rôle des communes ne s'arrête pas au seul zonage réglementaire. Certains agriculteurs en fin d'activité peinent à trouver un successeur, notamment pour des raisons financières. Or, même si le PLU interdit de construire en zonage agricole, il ne peut pas forcer pour autant les propriétaires à exploiter effectivement leurs terres. En l'absence de repreneur, des espaces urbains ou périurbains tendent à s'enfricher et à alimenter la spéculation foncière.

Régie agricole municipale, fermage, achats de parcelles… : les modes d'interventions publiques

Les collectivités peuvent donc intervenir de façon plus directe sur l'utilisation des terres. En partenariat avec la Société d'aménagement foncier et d'établissement rural (Safer), elles peuvent établir un observatoire du foncier agricole, chargé de surveiller le marché et de contenir la spéculation. Lorsque les prix menacent d'empêcher l'installation de nouveaux agriculteurs, la Safer peut utiliser un droit de préemption pour acquérir les terrains.

Plusieurs communes ont ainsi choisi de devenir propriétaires de parcelles afin de pérenniser leur vocation agricole. Elles peuvent permettre à de jeunes agriculteurs de s'installer, ceux-ci n'ayant pas toujours les fonds nécessaires pour investir dans une exploitation. Le terrain est mis à disposition sous la forme d'un fermage, généralement via un bail à long terme (qui assure une certaine stabilité à l'exploitant), ou par une exploitation en régie, l'agriculteur étant alors employé par la mairie.

Ces formules présentent l'avantage pour les communes de disposer d'un droit de regard sur les activités réalisées sur leurs terrains. Elles peuvent ainsi choisir, via un appel à projets, le type d'agriculture qu'elles souhaitent voir s'installer et exiger le respect de critères environnementaux. Les formes généralement privilégiées incluent le maraîchage, l'élevage, les fermes pédagogiques, l'horticulture. Ceci en raison de la cohabitation plus facile avec les habitants, voire de la fonction sociale qu'elles peuvent apporter (vente directe, sensibilisation, éducation) ; pour permettre une diversification des activités agricoles de la commune ; mais aussi parce que ces terrains seraient moins intéressants pour d'autres cultures, par exemple céréalières (proximité du bâti, surface exploitable, qualité des sols...). Les productions à valeur patrimoniale (vignes, vergers) sont aussi favorisées[1].

Une portion des terrains acquis par la commune peut également être réservée pour l'aménagement de jardins partagés.

Sans passer par l'acquisition foncière, les collectivités ont d'autres moyens de favoriser certaines pratiques agricoles. Par le biais de contrats passés avec les agriculteurs, elles rémunèrent les services rendus par les exploitations en matière d'entretien du paysage ou de préservation et de gestion d'habitats naturels remarquables. Elles peuvent également fournir des débouchés

1. José Serrano, « Quel équilibre entre urbanisation et préservation des espaces agricoles périurbains ? Le cas d'une agglomération moyenne », *Développement durable et territoires*, Dossier 4, 2005.

aux produits principaux ou dérivés de l'exploitation : approvisionnement des cantines publiques, entretien des espaces verts par le bétail, achat des déchets d'élagage des haies pour une valorisation en bois énergie, etc.

(Suite en page 110)

PAROLE D'ACTEUR

À Toulouse, une régie agricole depuis 1976

Addy Amari, directeur de la régie agricole de Toulouse

« La création de la régie agricole de Toulouse en 1976 résulte d'un parti pris original de la Ville. À cette époque, la mairie a en effet décidé d'acquérir la quasi-totalité des terrains environnants dans le but de rendre possible la vaste expansion urbaine alors projetée. La Ville de Toulouse a ainsi possédé jusqu'à 1 000 hectares de terres agricoles en 1980. Dans ce contexte, la création de la régie agricole visait à maintenir les terres acquises en exploitation le plus longtemps possible afin d'éviter qu'elles partent en déshérence avant d'être urbanisées. Cette solution s'est avérée très commode et peu coûteuse.

L'urbanisation attendue s'est produite. La population de la ville a doublé en trente ans, et les surfaces agricoles sont progressivement devenues plus rares. Ainsi en 2010, la régie exploitait 240 hectares et la question du maintien de l'agriculture en ville s'est posée. La période 2010-2012 représente un tournant, avec simultanément la conversion de l'ensemble du domaine à l'agriculture biologique, et la volonté affichée de la Ville de préserver les terres à vocation agricole sur son territoire. Cela s'est traduit par le classement en zones agricoles de 80 % des terres exploitées par la régie lors de la révision du PLU en 2012. Cette nouvelle orientation est une révolution, puisqu'il revient à la régie de proposer un projet de valorisation pérenne du patrimoine agricole de Toulouse, en lien avec la politique d'espaces verts et naturels.

L'essentiel des espaces agricoles toulousains sont des sites de grandes cultures, qui se répartissent en quatre grands secteurs dans les quartiers de Sesquières, Gabardie et Pech David. Ces 200 hectares conduits en agriculture biologique sont peu à peu transformés pour concilier productions agricoles, promenade et préservation de l'environnement. Ainsi, autour de Sesquières, environ 90 hectares sont cultivés en limite de Garonne, en connexion avec la ripisylve (forêt qui pousse au bord des fleuves et des cours d'eau) et un espace à vocation plus naturelle constitué d'un jeune bois de 15 hectares nouvellement planté, de vastes prairies et d'un réseau de haies champêtres appelé à se développer. Il est donc très agréable de cheminer dans un environnement de grande valeur en ville.

En revanche, les terrains de Pech David, coteau le plus élevé de la ville, sont chauds et secs. La végétation y prend des airs méditerranéens. Les prairies sèches, où éclosent une dizaine d'espèces d'orchidées, y sont nombreuses. 40 hectares y sont cultivés en lien avec la base de loisirs de 80 hectares, pour constituer une immense zone verte de plus de 120 hectares. Ce domaine participe à la trame verte et bleue urbaine dont le schéma est en cours de définition.

L'agriculture biologique repose sur la pratique de rotations culturales longues qui permettent de maintenir le potentiel agronomique des terres et de maîtriser l'enherbement et les maladies. Le blé et surtout l'orge constituent les principales cultures d'hiver aux côtés de la féverole : puissamment enracinée, cette légumineuse dévolue à l'alimentation animale constitue un excellent précédent cultural.

En été, la culture du soja est particulièrement intéressante. En effet, la région Midi-Pyrénées est, en France, la principale zone de production de cette légumineuse abondamment importée du continent américain pour l'élevage. Les cultures métropolitaines, garanties sans OGM, sont quant à elles réservées à l'alimentation humaine.

Culture de soja sur les hauteurs de Toulouse (Haute-Garonne)

La lentille est aussi une espèce attrayante puisqu'elle permet d'approvisionner les cantines scolaires de la ville. Le sorgho destiné à l'alimentation des volailles complète les productions visibles dans les champs de la ville.

La perle de ce patrimoine est le domaine historique de Candie, qui regroupe 25 hectares de vignoble et un parc de sept hectares. Les vignes sont présentes sur ce territoire depuis plus de 500 ans et l'exploitation est comprise dans l'indication géographique protégée du Comté Tolosan. Des soins de la vigne à l'embouteillage, toutes les étapes de la production du vin prennent place sur le domaine.

L'équipe de la régie se compose de sept personnes chargées de la conduite des vignes et de la fabrication du vin ainsi que des grandes cultures. Actuellement, des partenariats se nouent pour apporter de la visibilité et de la lisibilité à l'action menée. Le premier drive fermier s'est ainsi ouvert grâce au partenariat avec la chambre d'agriculture sur le domaine de Candie, ce qui encourage le développement des circuits courts. Le rucher d'Oc, apiculteur dont la miellerie se trouve à Toulouse, installe actuellement 25 de ses ruches sur les parcelles de la Ville pour profiter d'un environnement favorable pour ses abeilles. Avec le syndicat de l'Hers, nous programmons des travaux de renaturation des berges, pour retrouver dans l'eau et sur les berges, un environnement favorable à l'installation d'une faune et d'une flore de bord de rivière. La diversité de ces partenariats concourt à l'émergence d'agro-parcs associant productions agricoles, enrichissement de l'environnement urbain et ouverture au public sur des espaces végétaux d'un nouveau type. »

Les freins à l'agriculture urbaine : des obstacles parfois fortuits

Les documents d'urbanisme et les opérations d'aménagement posent parfois des obstacles au maintien et au développement de l'agriculture urbaine, sans que le lien soit forcément évident. Lorsque l'urbanisation s'accompagne d'une intensification du trafic routier, la circulation des engins agricoles peut devenir difficile, surtout si les nouvelles voies créées ne sont pas adaptées à leur passage. Les grandes infrastructures linéaires qui coupent l'espace agricole produisent un « effet barrière », à moins que des passages spécifiques ne soient prévus pour les traverser.

Pour rester rentables, certaines exploitations doivent adapter leurs bâtiments ou diversifier leurs activités. Si le PLU est trop strict au sujet des aménagements et constructions autorisées, leur pérennité est menacée. De nombreuses communes choisissent ainsi d'autoriser la rénovation ou l'extension du bâti existant, la pratique de certaines activités liées à la production agricole (vente, tourisme, loisirs...), sous réserve de conserver l'agriculture comme vocation principale.

Installation d'un jardin potager sur le toit d'un parking rue de l'Amiral Mouchez dans le XIIIe arrondissement de Paris

Les risques sanitaires liés aux pollutions du sol, des eaux de ruissellement, de l'atmosphère, incitent parfois les aménageurs à interdire purement et simplement toute production de consommables. Les mêmes réticences s'expriment vis-à-vis du recyclage de déchets urbains (restes alimentaires, boues d'épuration...) comme engrais agricole[1]. Si la précaution est louable, il faut toutefois rappeler que les produits agricoles n'accumulent pas ces polluants de la même façon : un arbre fruitier, un légume-feuille, une racine... ne seront évidemment pas soumis aux mêmes sources de pollution, et il existe des variations d'une espèce à l'autre.

Les incertitudes sont encore nombreuses concernant la concentration des polluants dans les produits agricoles. En cas de doute, il est toujours possible d'autoriser, *a minima*, les cultures à visée expérimentale, afin de permettre aux scientifiques de tester les risques et de définir des seuils.

D'autres réglementations d'ordre esthétique, architectural, sécuritaire... peuvent interdire de fait des formes d'agriculture urbaine, sans pourtant que cela en soit l'objectif initial. Les toitures jardinées en sont un bon exemple. Le règlement du PLU peut définir un angle d'inclinaison minimal pour les toits, pour favoriser l'écoulement des eaux de pluie ou s'accorder au caractère architectural des constructions voisines. Si cet angle est trop élevé et systématiquement imposé, les toitures ne pourront pas être végétalisées. Une alternative serait d'ajouter une exception : autoriser les toits plats, sous réserve d'être conçus pour être végétalisés (voire jardinés).

D'autres articles du PLU établissent des limites sur le volume des bâtiments, leur hauteur totale, les surfaces utilisées, etc. L'installation d'une activité en toiture, notamment le rajout de structures comme des serres, peut se

1. André Fleury, « Quelle ingénierie pour l'agriculture de la ville durable ? », *Natures Sciences Sociétés*, vol. 14, n° 4, 2006.

voir proscrite par ces réglementations. Pour les autoriser, il est nécessaire de préciser que les limitations fixées ne concernent pas les surfaces et annexes liées à la culture sur toit, comme c'est déjà le cas pour d'autres équipements (cheminées, ventilation, antennes...). L'utilisation des toits est également contrainte par des normes de sécurité concernant leur accès et la présence de rebords ou de rambardes, pour éviter les chutes. Or la pose ou la rénovation de ces dispositif ne sont pas toujours permises par le PLU, empêchant par conséquent l'aménagement des toitures.

La nécessité d'une plus grande rigueur environnementale

Quel avenir pour l'urbanisme agricole ? Les évolutions récentes du Code du l'urbanisme et du Code de l'environnement tendent à donner de plus en plus de responsabilités aux documents de planification. Le PLU est désormais garant de « la préservation de la qualité de l'air, de l'eau, du sol et du sous-sol, des ressources naturelles, de la biodiversité, des écosystèmes, des espaces verts, la préservation et la remise en bon état des continuités écologiques » (extrait – art. L121-1-3 du Code de l'urbanisme).

Or ces objectifs ne dépendent pas uniquement de la quantité de surfaces épargnées par l'urbanisation. Ils supposent également des contraintes de gestion et d'utilisation des espaces qui, à l'heure actuelle, ne relèvent pas des documents d'urbanisme. En ce qui concerne l'agriculture, la poursuite de ces objectifs devrait conduire à imposer des pratiques ayant un moindre impact sur l'environnement.

(Suite en page 114)

Natureparif : Observatoire de l'agriculture urbaine et de la biodiversité en Île-de-France

Antoine Lagneau, Natureparif

Natureparif, agence régionale pour la nature et la biodiversité en Île-de-France, tente d'analyser les liens entre agriculture urbaine et biodiversité pour répondre à la question : cultiver en ville peut-il contribuer à maintenir et développer la diversité biologique et les fonctions écologiques ?

Aujourd'hui, les recherches scientifiques comme les expérimentations montrent que la nature apporte des bénéfices multiples à la ville et à ses habitants :

- régulation de la qualité de l'air (filtration des particules, production d'oxygène, absorption du CO_2) ;

- limitation de l'effet dit d'« îlot de chaleur » au moyen de l'évapotranspiration (émission de vapeur d'eau par certains végétaux) ;
- refuge pour la faune en surface ;
- maintien des sols vivants et prévention de leur érosion grâce aux différents systèmes racinaires ;
- rôle dans le cycle de l'eau et l'alimentation de la nappe phréatique…

Cultiver en ville peut donc être un vecteur supplémentaire de préservation ou de restauration de la biodiversité même si l'on manque encore de données sur la contribution de l'agriculture aux fonctions écologiques urbaine. Pour comprendre le rôle joué par celle-ci dans ces différents processus, Natureparif a donc créé une plateforme web collaborative qui permet la collecte de données cartographiques et scientifiques ; la diffusion d'informations et d'analyses ; le retour et les échanges d'expériences à partir des pratiques culturales ; l'accompagnement des politiques d'aménagement mises en œuvre par les collectivités.

Aux côtés de l'Observatoire des pratiques favorables à la biodiversité, Natureparif anime les Ateliers d'été de l'agriculture urbaine

Cet observatoire s'adresse à l'ensemble des acteurs de l'agriculture urbaine : particuliers, associatifs, institutionnels, élus, services techniques des collectivités, chercheurs et universitaires, entrepreneurs et opérateurs privés, bailleurs sociaux, professionnels du secteur…

Tous ces publics peuvent alimenter la base de données publiques via une interface spécifique à partir de laquelle chacun à la possibilité de géolocaliser sa parcelle, renseigner les indicateurs de pratiques culturales mais également une partie des indicateurs scientifiques, en s'appuyant sur les protocoles de sciences participatives du Muséum national d'Histoire naturelle regroupés dans le programme Vigie Nature : www.vigienature.mnhn.fr.

Cet outil a vocation à s'intéresser à toutes formes d'agriculture urbaine, du jardin d'insertion, en passant par les jardins partagés, les façades et les toitures, marchandes ou non marchandes, pédagogiques…

Pour en savoir plus : www.agricultureurbaine-idf.fr

Il faudra sans doute donner plus de compétences au PLU si l'on souhaite qu'il puisse réellement assurer la préservation des continuités écologiques. Mais une telle évolution supposera également de trouver de nouveaux moyens pour s'assurer que la réglementation est effectivement appliquée.

Ce problème se pose déjà pour certaines attributions du PLU : on peut y indiquer des éléments de paysage (haies, arbres remarquables, mares, lisières forestières, berges...) devant être conservés au nom de leur intérêt écologique. Mais cela n'intervient qu'au moment de l'attribution des permis de construire, pour s'assurer que les projets d'aménagement ne conduisent pas à leur destruction. Il reste à inventer des outils garantissant le bon entretien de ces éléments sur le long terme, une fois les projets réalisés.

La prise en compte des enjeux environnementaux de l'agriculture urbaine devra également passer par une acculturation des professionnels. L'interdisciplinarité est à développer dans les formations d'agronomie, d'urbanisme, d'architecture, de paysage, d'écologie... afin que chacun de ces domaines puisse s'ouvrir aux autres et en intégrer les principes[1]. Les collectivités ont, elles aussi, un rôle à jouer, dès lors qu'elles font appel à des bureaux d'études pour l'élaboration de projets d'urbanisme ou de documents de planification. En exigeant dans leurs cahiers des charges des équipes pluridisciplinaires incluant notamment un écologue, elles encourageront les professionnels à adopter une vision plus englobante de l'espace urbain.

Vers davantage de souplesse réglementaire

L'engagement des collectivités et des aménageurs pour créer des espaces dévolus à l'agriculture urbaine provoque des retombées positives. Toutefois, ces dernières ne répondent pas nécessairement à l'ensemble des attentes, exprimées ou non, des habitants. Les décideurs devront avant tout se montrer attentifs aux propositions individuelles ou collectives formulées sur le territoire. À l'initiative des habitants, ces projets auront d'autant plus de chances de remporter une réelle adhésion et de perdurer dans le temps.

Or l'agriculture urbaine est un concept qui s'exprime sous des formes très variées et qui ne cesse de se réinventer. La volonté de maîtriser le phénomène peut constituer un véritable frein à l'innovation de nouveaux modes de cultiver en ville : à vouloir faire rentrer chaque initiative dans des

1. André Fleury, « Quelle ingénierie pour l'agriculture de la ville durable ? », *art. cit.*

« cases » préétablies, on risque de rejeter par défaut celles qui n'y trouvent pas leur place.

Le rôle de la commune ne sera pas seulement d'aménager des lieux qui correspondent à sa propre vision de l'agriculture urbaine, mais aussi de proposer un cadre favorable à l'émulation d'idées. Il s'agit d'un cadre à la fois physique (mettre des espaces à disposition) et intellectuel : affirmer une démarche d'ouverture à toutes les suggestions et assurer un soutien lorsque des projets commencent à prendre forme.

Cette ouverture peut également s'exprimer par la possibilité de questionner les programmes d'aménagement de la commune. La mise à disposition des espaces en transition (les friches) pour des activités comme les jardins partagés est une façon judicieuse de compenser le manque d'espaces verts et d'exploiter le foncier disponible. Mais lorsque leurs usagers doivent abandonner les lieux au profit d'un projet immobilier, ils y répondent parfois par une franche opposition.

Le jardin partagé Baudélire dans le XVIIIe arrondissement à Paris

Ces réactions doivent interroger les décisionnaires, car ils reflètent l'importance de ces espaces aux yeux des habitants et le manque d'alternatives dont ils souffrent. Même si les constructions prévues répondent à l'évidence à d'autres besoins tout aussi pressants, il y a là de nouveaux enjeux qui doivent être aussi pris en compte. Cela ne signifie pas pérenniser systématiquement tous les espaces temporaires d'agriculture urbaine, mais il s'agira de ne pas non plus tomber dans l'excès inverse : rejeter *a priori* toute alternative qui irait à l'encontre du projet initial.

De même, la législation doit évoluer pour tenir compte de ces nouveaux usages et de leurs spécificités. Elle reste parfois un frein important au développement de l'agriculture urbaine, même lorsque décideurs et porteurs de projet sont tombés d'accord. Sans nier la nécessité de maintenir des règles sanitaires et sécuritaires suffisamment strictes, le passage de prescriptions génériques à leur mise en application dans des cas particuliers conduit parfois à des aberrations.

L'enjeu est double : inventer les règles qui encadreront l'agriculture urbaine sous ses différentes formes, mais aussi permettre leur adaptation à des formes qui n'existent peut-être pas encore. Plusieurs initiatives, en France comme à l'international, débutent clandestinement avant d'être parfois officialisées. Il y a donc du chemin à parcourir pour que ces entreprises n'aient pas à passer par l'illégalité pour voir le jour.

Des projets durables grâce à la concertation

À en croire les exemples fructueux, un facteur essentiel de réussite pour les projets d'agriculture urbaine semble résider dans un mode de construction plurilatéral avec les autres acteurs concernés. Dès lors que des activités agricoles professionnelles seront concernées, il sera essentiel d'intégrer au processus de décision les futurs exploitants, les agriculteurs déjà présents sur la commune et/ou des représentants de la profession comme les chambres d'agriculture. Ceci à plusieurs titres :

- pour évaluer le potentiel économique des projets. Dans le cadre d'une agriculture professionnelle, la proximité des parcelles avec l'espace urbain peut générer des coûts additionnels pour le producteur : restauration de sols dégradés, construction ou rénovation de bâtiments, préservation et entretien d'éléments du paysage. Ces dépenses pèseront dans le bilan financier de l'exploitation et risquent de dissuader d'éventuels acquéreurs. L'implication des professionnels facilite l'identification de ces faiblesses et la recherche de modes de compensation : subvention, dédommagement, prise en charge de certains investissements, contrat assurant des débouchés. Ces échanges peuvent aussi permettre aux agriculteurs d'exprimer leur point de vue sur leur profession. Ils ne sont pas nécessairement prêts à être seulement considérés comme prestataires de services et peuvent accorder une grande importance à la rentabilité intrinsèque de leur production[1] ;

- pour assurer la diversité des activités agricoles sur le territoire. L'intégration de l'agriculture urbaine dans les programmes d'aménagement fournit une opportunité de combler les manques de la production locale et d'encourager le recours aux circuits courts. Elle peut également faire germer des idées nouvelles en proposant des productions originales, qui participeront à l'attractivité du territoire. En revanche, si la nouvelle exploitation fait concurrence à celles déjà en place, il sera d'autant plus difficile de la pérenniser. Son développement se fera également aux dépens d'autres exploitations : le soutien apporté pour développer et préserver l'agriculture urbaine ne doit pas reporter la pression sur d'autres espaces agricoles ;
- pour sensibiliser les agriculteurs aux enjeux de préservation de la biodiversité. Un dialogue ouvert permet d'expliquer les motivations de la commune, de pointer les avantages que les agriculteurs eux-mêmes peuvent retirer de pratiques environnementales et de s'accorder sur la répartition des responsabilités (par exemple, qui assure l'entretien des haies végétales ? Avec quels financements ?) ;
- pour anticiper leurs besoins. Il est important de prêter une oreille attentive aux projections des agriculteurs sur leur propre activité : agrandissement, rénovation, conversion à d'autres pratiques ou d'autres cultures, diversification, cessation de l'activité… Cela peut permettre à la commune de lever les barrières qui empêchent les professionnels de s'adapter à l'évolution des marchés et de maintenir la rentabilité de leur exploitation.

Lorsque la promotion de l'agriculture urbaine s'insère dans une démarche de restauration des continuités écologiques, la présence d'un écologue sera fortement souhaitable tout au long du projet d'aménagement. Il pourra évaluer les effets, positifs ou négatifs, pour la biodiversité, non seulement de la configuration finale de la parcelle, mais aussi des travaux nécessaires à l'utilisation du terrain. Cette prise de recul est un préalable à la recherche de solutions alternatives, pour mieux prendre en compte le rôle des espaces agricoles et potagers au sein de la trame verte et bleue urbaine.

1. Isabelle Duvernoy, Françoise Jarrige, Paule , José Serrano, « Une agriculture multifonctionnelle dans le projet urbain : quelle reconnaissance, quelle gouvernance ? », *Les Cahiers de la multifonctionnalité*, n° 8, 2005.

Cultures biologiques en milieu urbain dense, Cergy-Pontoise

L'écologue peut également apporter de précieux conseils sur les méthodes de gestion écologique des espaces agricoles urbains. Ceux-ci alimenteront les chartes et les contrats passés entre l'aménageur et l'exploitant.

Enfin, la concertation avec les habitants sera très utile pour désamorcer les éventuels conflits que peut apporter la proximité entre espaces cultivés et lieux d'habitation. Il ne s'agit pas seulement de communiquer sur l'importance de conserver une agriculture de proximité et sur les avantages que les citoyens pourront en retirer. Il est également nécessaire d'entendre leurs inquiétudes et leurs revendications, qu'elles soient fondées sur une méconnaissance de l'activité agricole ou sur une gêne réelle. Le cas échéant, la co-construction du projet d'aménagement sera un gage d'acceptation des intérêts divers et d'adhésion à la décision finale.

Dans le cas d'espaces mis à disposition du public (jardins partagés, potagers publics, etc.), la concertation est essentielle pour déterminer les besoins des populations visées. Elle leur permettra de formuler des attentes précises concernant la quantité, la répartition, la qualité de ces espaces, et d'identifier leurs priorités. Cela fournira également l'occasion de réfléchir à l'implication des habitants dans la gestion des espaces verts : ceux-ci peuvent être demandeurs d'une autre relation à ces lieux publics, pour en être acteurs plutôt que simples consommateurs. La commune y trouvera elle aussi des intérêts, notamment économiques, mais cela implique de céder une partie de sa gouvernance.

PAROLE D'ACTEUR

L'agriculture, architecte des paysages

Charles Lecomte, chargé de mission Gestion environnementale, service Parcs et Forêts de la communauté d'agglomération du Val Maubuée (Seine-et-Marne)

« Depuis 2007, le service Parcs et Forêts du Val Maubuée a adopté la gestion différenciée de ses parcs et de ses bois, qui représentent plus de 300 hectares sur les six communes de la communauté d'agglomération situés au cœur de la ville nouvelle de Marne-la-Vallée. Afin, notamment, de faire comprendre le sens de ces nouvelles pratiques, il développe de nombreuses actions de communication et d'éducation à l'environnement à l'attention de ses habitants de tous âges. Mais notre service porte aussi des projets agricoles, en partant de constats simples.

D'une part, l'agriculture est le principal architecte des paysages, et la population y est désormais très sensibilisée. C'est pourquoi nous avons expérimenté pendant deux ans des actions ponctuelles de pastoralisme dans le grand parc de Noisiel (près de 100 hectares), dont les grandes prairies étaient jusqu'ici principalement gérées en fauches tardives annuelles, mais aussi, pour les espaces récréatifs dont la surface est importante, grâce à des grandes tondeuses classiques. Après le succès des tests, la collectivité est en train d'acquérir des vaches et des brebis pour utiliser cette technique à plus grande échelle. Il faut pour cela à présent former les jardiniers de nos espaces aux soins courants à apporter aux animaux, ce qui est prévu à travers une convention qui sera passée avec une association spécialisée. Nous avons par ailleurs rencontré la Ville d'Evreux, qui produit des agneaux depuis plusieurs années, ce qui nous inspire pour la suite. Nous

nous inscrivons dans une philosophie d'action qui considère que les espaces publics doivent aussi être productifs, ce qui contribue par ailleurs à l'équilibrage des budgets. Notre collectivité produit ainsi son propre miel depuis 2008.

D'autre part, les habitants sont de plus en plus désireux de disposer d'une production agricole locale et des porteurs de projets se signalent pour s'investir dans la production vivrière locale. Il faut donc affronter la question du foncier pour mener des projets concrets. Depuis 2013, la collectivité travaille avec le collectif Abiosol, qui regroupe le Groupement des agriculteurs biologiques (GAB) Île-de-France, Terres de Liens, le réseau des Amap et le Champ des possibles. Cette dernière association propose aux porteurs de projets de maraîchage des parcelles qui leur permettent de tester leur activité pendant deux ans ou plus.

En lien avec ce collectif, le Val Maubuée a identifié une parcelle de neuf hectares. Située sur la commune d'Emerainville, elle appartient à l'EPA Marne, l'établissement public de la ville nouvelle de Marne-la-Vallée. Nous avons dans un premier temps songé à une activité strictement maraîchère, mais en étudiant la question avec Abiosol, il est apparu que le site pourrait se prêter à une exploitation en polyculture, en associant maraîchage, arboriculture et aviculture, qui sont complémentaires dans une logique d'agriculture écologiquement durable. Il faudrait néanmoins viabiliser le terrain, effectuer un forage, et prévoir l'installation de chambres froides. Ces investissements représentent des montants raisonnables, mais ils supposent que le futur porteur de projet privé dispose du terrain de façon stable pendant 20 ou 30 ans. Pour le moment, le terrain est classé non constructible par les documents d'urbanisme de la Ville d'Emerainville, qui ne souhaite pas l'urbaniser, mais l'EPA Marne souhaite en conserver la propriété en tant que réserve foncière d'urbanisation en cas de projet à moyen terme. La négociation se poursuit, et nous ne désespérons pas de convaincre l'EPA de conclure un accord sur la durée, ce d'autant plus que cet établissement communique sur sa volonté d'aménagement durable du territoire… L'affaire est à suivre de près. »

Marne-et-Gondoire (Seine-et-Marne) crée un périmètre de protection des espaces agricoles et naturels périurbains

Emmanuelle Frazdi, directrice de l'Environnement, Marne-et-Gondoire

En 2010, Marne-et-Gondoire a lancé, avec l'Agence des espaces verts d'Île-de-France et le conseil général de Seine-et-Marne, une étude pour la mise en place d'un périmètre de protection des espaces agricoles et naturels périurbains (PPEANP) sur son territoire. Cette étude a été structurée en trois étapes : une analyse fonctionnelle des espaces ouverts (2010) visant à estimer la faisabilité et la nécessité de créer le périmètre, la procédure de création (avec enquête publique) du PPEANP par le conseil général (2012) et l'élaboration du programme d'actions en concertation (2013).

L'analyse fonctionnelle des espaces ouverts s'est basée sur la méthodologie de l'Institut d'aménagement et d'urbanisme d'Île-de-France et a permis d'identifier notamment les espaces fragiles et menacés à préserver. Elle a aussi permis de localiser les espaces où la fonctionnalité agronomique et naturelle est menacée ou fragilisée (blocage, etc.).

La procédure de création du PPEANP a été lancée en 2011. Il couvre 4 600 hectares d'espaces ouverts du territoire sur 17 communes soit 53 % du territoire global qui ne peut plus désormais subir des changements de destination du sol. C'est le premier en Île-de-France et le cinquième en France.

La concertation auprès des associations, de la profession agricole, des institutions, des habitants a été au cœur du projet (comité technique, comité de pilotage, réunions agriculteurs, rencontres individuelles, expositions permanentes et temporaires, réunions publiques, presse).

Panneaux d'identification des points de vente à la ferme mis en place par la communauté d'agglomération de Marne-et-Gondoire en Seine-et-Marne

Après création du périmètre, l'élaboration du programme d'actions a été engagée en 2013. Ce travail s'est établi en concertation avec des groupes de travail thématiques (espaces naturels et forestiers, espaces agricoles, animation) composés de partenaires et associations (cinq rencontres d'une trentaine de participants à chaque fois). Le programme a été approuvé par la communauté d'agglomération de Marne-et-Gondoire en décembre 2013 et par le conseil général en mars 2014.

Il comporte 34 actions réparties en huit thématiques (planification, respect de la réglementation, pratiques des gestionnaires, grand public et acteurs économiques, restauration des milieux naturels, actions foncières, actions transversales). Sa mise en œuvre a démarré en 2014 pour une durée de dix ans, un comité de suivi du programme a été constitué pour engager, évaluer et animer le programme.

Le programme d'actions permet de se donner les moyens de conserver, améliorer et restaurer les continuités écologiques du territoire. C'est le cas notamment des actions « proposer des actions d'atténuation des points de blocage et de fragilité », « engager la réalisation de plan de gestion et de restauration des rus », la mise en place de mesures agro-environnementales (MAE), etc. Des actions auprès des gestionnaires d'espaces verts et auprès du grand public sont également prévues pour renforcer la biodiversité du territoire comme « promouvoir les actions de connaissance de la biodiversité auprès du grand public ».

PAROLE D'ACTEUR

Revaloriser le foncier délaissé en Île-de-France

Jean-Baptiste Schweiger, Safer Île-de-France

« Le budget Casdar (compte d'affectation spéciale « Développement agricole et rural ») du ministère de l'Agriculture finance des opérations agricoles innovantes à travers un appel d'offres annuel. La Safer Île-de-France a répondu à l'appel d'offres Innovation et partenariat du Casdar en proposant d'évaluer la durabilité des nouvelles unités d'exploitation maraîchères en culture hors sol développées sur des emprises foncières résiduelles en milieu urbain et périurbain contraint. Dans ce cadre, le ministère a apporté plus de 400 000 euros et la Safer travaille avec le cluster « le Vivant et la Ville » sur le projet pilote de Saint-Cyr-l'École, mais aussi avec l'Inra et AgroParisTech, et avec des centres de formation professionnelle et la communauté d'agglomération du Val-d'Orge.

Cette démarche s'inscrit dans le contexte d'une forte demande de production agricole de proximité, mais aussi dans un contexte économique qui favorise le développement de friches industrielles. C'est notamment le cas en Île-de-France, où de nombreuses emprises foncières restent inutilisées. Le projet vise à revaloriser le foncier délaissé dans des milieux très contraints et à évaluer la viabilité économique de ces sites grâce au site pilote, pour définir des modèles de développement de ces activités et élaborer une méthodologie de prospection foncière tout en intégrant le volet de la formation professionnelle afin de motiver les porteurs de projets potentiels.

La première action située à Saint-Cyr semble démontrer la pertinence économique. Un autre volet du projet est piloté par AgroParisTech et l'Inra et porte sur la production de connaissances scientifiques spécifiques et applicables. Le troisième axe du projet vise à identifier des sites mobilisables. Une dernière action a pour but de repérer des jeunes porteurs de projets, notamment grâce au centre de formation de Brie-Comte-Robert, spécialisé en agriculture biologique.

Le site de Saint-Cyr-l'École dans les Yvelines

Dans le Val-de-Marne, plus de cent hectares ont été identifiés en analysant le cadastre, les surfaces concernées et les sols. L'opération devrait se terminer fin 2015 et la publication d'un guide méthodologique et de supports de communication est prévue, mais aussi la mise à disposition des résultats scientifiques. Des visites seront organisées à Saint-Cyr et un appel à projets européen sera sans doute lancé pour trouver des maraîchers. À titre d'exemple, pour le pôle maraîcher biologique de Brétigny-sur-Orge (Essonne), où 16 maraîchers doivent être installés, un appel à projets national a été lancé, et seule une quarantaine de candidats potentiels se sont manifestés pour exploiter les 90 hectares du pôle. La restitution finale des résultats est prévue fin 2015, en présence de tous les partenaires. »

Retour d'expérience

Le jardin partagé Plaisir d'Adélaïde

Orléans (Loiret)

Véritable forêt urbaine au nord de la Sologne, le quartier de la Source arbore des essences typiques de la forêt solognote. Ce paysage remarquable a été conservé lors des opérations urbanistiques, notamment lors de la requalification d'une partie du quartier dans le cadre du grand projet de ville (GPV), initié en 2004 avec l'Agence nationale pour la rénovation urbaine (Anru).

En 2012, le GPV arrive à son terme et la mairie ambitionne de créer des jardins pour tisser du lien entre les différents secteurs de la Source et maintenir la nature en ville. Un comité de pilotage s'est constitué avec des habitants et des acteurs du quartier, animé par une association locale, l'Animation sociale, éducative et de loisirs des quartiers d'Orléans (Aselqo) et la mairie. Une consultation en porte-à-porte des riverains de tous les secteurs de la Source a été réalisée, portant sur le devenir des neuf espaces disponibles dans le cadre du GPV.

Jardin partagé Plaisir d'Adélaïde à Orléans (Loiret)

Les 555 questionnaires renseignés ont fait nettement ressortir une envie de jardin potager et d'espace de jeux sécurisés, sur le square Adélaïde de Savoie.

En 2013, tout s'accélère avec la création d'un groupe de travail composé d'habitants pour étudier la création d'un jardin partagé et, le 4 février

2013, la réunion publique lançant la décision de créer l'association « les Jardins Plaisir d'Adélaïde ».

Cette association a pour but de gérer et d'animer les espaces de jardin mis à disposition par la mairie, pour entre autres contribuer à la mixité sociale et culturelle, proposer aux écoles, aux centres de loisirs, une parcelle de terrain à cultiver dans une démarche éducative et développer des actions éco-citoyennes en faveur de la biodiversité (jardinage biologique, gestion des déchets et de l'eau...).

La mairie d'Orléans a mis à disposition de l'association 1285 m^2, comprenant 9 parcelles de 115 à 160 m^2, qui accueillent les jardins potagers, le verger, les nichoirs, les hôtels à insectes réalisés par les enfants et toutes les animations réalisées depuis par et pour les habitants.

Dans le cadre du plan biodiversité, un accompagnement du Muséum d'Histoire naturelle d'Orléans est proposé aux habitants pour découvrir la biodiversité de leur jardin et le patrimoine naturel de leur ville. À ce jour, 50 familles adhérentes œuvrent dans les parcelles.

À Strasbourg (Bas-Rhin), l'agriculture au cœur de l'aménagement d'un parc naturel urbain

Suzanne Brolly, Ville et communauté urbaine de Strasbourg

L'objectif du parc naturel urbain (PNU) de Strasbourg est d'animer une démarche de développement territorial raisonné basée sur la valorisation des patrimoines naturels, historiques et urbains des quartiers. Le tout en lien étroit avec les acteurs locaux, élus et services de la Ville. Les orientations du PNU doivent s'inscrire dans le plan local d'urbanisme intercommunal qui revendique un développement favorable à la biodiversité et promeut des projets comme le pôle potager de Saint-Gall ou les vergers de la Holtzmatt.

Parti du secteur ouest qui comprend 460 hectares et 35 000 habitants, le parc naturel urbain étend depuis peu sa démarche aux quartiers nord de Strasbourg (1 800 hectares et 23 000 habitants).

Trois projets de secteurs sont déjà engagés sur le secteur ouest.

Le premier concerne la création du pôle potager Saint-Gall autour d'un ensemble de 200 jardins familiaux déjà existants, de l'association d'insertion des jardins de la Montagne verte (maraîchage, transformation de produits maraîchers, mobiliers en bois) et du camping de la Montagne verte en cours de restauration.

Ce projet a permis l'arrêt et la reconversion d'une culture intensive de maïs sur 3 hectares en 2012. Aussi, ce sont 8 000 m² de terrain qui ont été mis à disposition d'une association depuis 2013 pour un jardin partagé en permaculture qui accueille aussi des formations sur les pratiques culturales. Le parc de jardins familiaux a été augmenté de 35 parcelles en 2014 et un potager urbain collectif de 20 parcelles a été créé.

La ville a aussi mis en place un processus de surveillance sanitaire des végétaux produits afin de mesurer l'impact de la qualité des sols en place et d'apporter si besoin des mesures de correction.

La zone oubliée de la Holtzmatt entre la rivière Bruche et son canal fait de son côté l'objet d'une restauration et d'une revalorisation grâce à la plantation d'un verger, de haies défensives et le projet d'ouverture des chemins d'Emmaüs.

Enfin, l'ouverture de la Maison du parc naturel urbain à la tour du Schloessel (patrimoine historique remarquable du XIIIe siècle) permet de bénéficier d'un espace d'animation et de ressources. Un lieu de distribution de produits fermiers vient d'ouvrir à proximité immédiate.

Sur les quartiers nord, plusieurs actions ont déjà été mises en œuvre sans avoir attendu la démarche PNU telles que la plantation d'un verger pédagogique, l'installation de maraîchers et d'un troupeau d'Highland Cattle.

En terme de planification, deux orientations d'aménagement et de programmation (OAP) introduisent ces projets et principes dans le futur PLU intercommunal dont l'une vise à renforcer la place de la trame verte et bleue dans le projet de territoire à l'échelle de l'agglomération.

Jardin partagé du pôle potager Saint-Gall dans la ceinture verte de Strasbourg (Bas-Rhin)

Retour d'expérience

Projet agriculturel dans le secteur des Murs à pêches

Montreuil (Seine-Saint-Denis)

L'héritage horticole de Montreuil est visible dans le quartier Saint-Antoine, dit des Murs à pêches. La commune porte ici un projet qui vise à préserver le patrimoine et le paysage, à régénérer des terres cultivées en ville (par phytoremédiation, adaptation des systèmes de cultures…) et à renouveler un système économique et social d'agriculture en milieu urbain.

Les Murs à pêches à Montreuil (Seine-Saint-Denis)

De son côté, le plan local d'urbanisme introduit une zone agricole au sein du quartier et accroît la surface de la zone naturelle. Par ailleurs, elle modifie le règlement de la zone N (ce marquage identifie les zones naturelles et forestières à protéger) pour restreindre les possibilités des constructions.

La Ville a aussi acté la demande de création d'un périmètre de protection des espaces agricoles et naturels périurbains (PPEANP) qui permet de limiter la consommation d'espace et l'étalement urbain tout en assurant la pérennité des espaces agricoles et naturels. La municipalité soutient techniquement, financièrement et par des mises à disposition gratuites de terrain, des acteurs associatifs qui développent des projets : création d'un jardin des couleurs, gestion d'une grande parcelle boisée, connaissance de la flore et la faune de friches, jardins horticoles, apiculteurs.

Retour d'expérience

À Lille, un projet de rénovation urbaine donne naissance au Jardin des Cultures

Lille (Nord)

Le Jardin des Cultures a vocation à être un espace de nature mis à disposition de tous les habitants du quartier pour différents usages en lien avec l'environnement : jardinage de loisir ou pédagogique, production vivrière, lien social, formation, action culturelle et manifestations... Pensé dans le cadre du projet dit Anru (Agence nationale pour la rénovation urbaine), il a été imaginé pour répondre à une demande forte et croissante des habitants de pratiquer la nature en ville, dans un quartier très minéral. La ville a créé un ensemble d'espaces sur une surface totale de 8 750 m^2 (sur les cinq hectares du projet global d'urbanisme). 30 % de ces espaces sont clôturés. Il s'agit :

- d'un jardin pédagogique de 300 m^2 : jardin d'expérimentation et de pédagogie à l'environnement par le jardinage à destination prioritaire des scolaires, périscolaires, extrascolaires, mais également ouvert à tous dans le cadre d'ateliers de jardinage ;
- d'un jardin d'insertion de 700 m^2 : espace dévolu à la formation « aménagement et jardinage » d'un public adulte en réinsertion sociale ou mentale – pour (re)construire un projet personnel et professionnel – avec l'objectif d'une production alimentaire diffusée très localement avec forte implication des habitants ;
- de parcelles de jardins familiaux (24 parcelles de 30 à 60 m^2) : parcelles individuelles affectées à la culture potagère pour les habitants du quartier, avec abri, récupérateur d'eau de pluie et composteurs individuels.

Tout le reste des espaces est ouvert et partagé. Ils comprennent des vergers de maraude/arboretum composés d'espèces locales, des prairies de fauche, des lieux de promenade, les abris et composteurs collectifs ainsi que des liaisons végétales avec réseau de noues faisant le lien avec le reste des nouveaux aménagements du quartier.

La palette végétale de l'ensemble a été choisie pour être le plus favorable possible à l'accueil de la biodiversité en fonction du type de milieu identifié. L'idée est de permettre par la suite une colonisation par la faune potentielle du secteur.

L'accent a donc été mis sur les milieux arborés et arbustifs dans cet objectif. L'ensemble des végétaux et en particulier les fruitiers ont été sélectionnés avec le Conservatoire régional de ressources génétiques (verger de fruits secs, verger de hautes tiges, prairies de fauche avec semis de plantes indigènes, haies fruitières, massifs de vivaces).

Le Jardin des Cultures à Lille (Nord)

La gestion est menée en zéro phyto, par les jardiniers de la direction Parcs et Jardins avec une place laissée à la gestion participative/formative par les habitants notamment pour la taille des fruitiers.

Quel statut et quelle réglementation pour l'agriculture urbaine professionnelle ?

Clélia Granozio, étudiante ingénieur agronome, AgroParisTech[1]

L'agriculture urbaine ne vise pas à se substituer aux agricultures rurale et périurbaine en termes de volumes de production, mais elle est en voie de professionnalisation.

Or, si l'agriculture en zone rurale et périurbaine est encadrée par une réglementation communautaire et nationale précise, l'apparition de l'agriculture professionnelle en zone urbaine, semble soulever de nouvelles questions qui nécessitent de clarifier la situation légale. De plus, le profil type des exploitants urbains est très différent de celui des agriculteurs des zones agricoles historiques. Ainsi, ce sont pour la plupart des personnes sans héritage agricole, et sans qualification particulière dans le domaine. Ce sont avant tout des auto-entrepreneurs de la ville, qui découvrent le plus souvent au fur et à mesure que leur projet prend forme ce qu'il implique comme connaissances techniques et comme choix. Outre les difficultés techniques qu'ils rencontrent, ces nouveaux agriculteurs seront aussi les pionniers dans un domaine où l'opinion reste encore entièrement à sensibiliser. Il leur revient donc de convaincre les acteurs qu'ils rencontrent des avantages de leurs projets et du bien-fondé de l'agriculture urbaine.

Panier de légumes bio produits par une association d'insertion

1. D'après un mémoire de stage à la Direction régionale et interdépartementale de l'alimentation, de l'agriculture et de la forêt – Driaaf.

Cet article résume, à travers quelques grands points, l'état des lieux de la situation actuelle de la réglementation française en 2015. Il est néanmoins certain que cette réglementation est amenée à évoluer rapidement pour tenir compte des pratiques d'agriculture urbaine émergentes et les encadrer. De nombreux projets sont en train de prendre forme et imaginent chacun des moyens originaux de produire en ville.

N'ayant pas été initialement créée pour des situations urbaines, la loi est difficilement applicable aux nouvelles installations, ce qui laisse pour l'instant, beaucoup de questions en suspens, dans un flou juridique qui ne manquera pas d'être comblé dans les années à venir, surtout si l'augmentation de ces projets agri-urbains perdure. Leurs porteurs peuvent actuellement bénéficier de certaines incertitudes légales, mais la plupart du temps, l'absence de réglementation les pousse à se débrouiller sans aide financière, d'autant que la complexité des démarches peut en rebuter plus d'un.

La notion d'activité agricole est définie à l'article L.311-1 du Code rural et de la pêche maritime. L'article précise que cette activité consiste à la maîtrise d'un cycle de vie (animal ou végétal). À ce titre, les agriculteurs urbains exercent donc bien une activité agricole. Cette dénomination implique :

- des contrôles spécifiques liés à la qualité professionnelle de l'activité, surtout dans le domaine de l'utilisation des produits phytosanitaires qui est plus encadrée quand il s'agit de professionnels ;
- une affiliation au régime de la MSA, la Sécurité sociale agricole, que le porteur de projet soit agriculteur à titre principal ou secondaire ;
- le statut de « salariés agricoles » des employés de la société.

La surface minimum d'installation

La surface minimum d'installation (SMI) fixe la surface en deçà de laquelle les installations ne doivent plus être encouragées, car considérées comme non viables en fonction de la région concernée. Elle est définie à l'origine comme la surface d'une exploitation permettant de rémunérer deux unités de main-d'œuvre. Les surfaces minimum d'installation départementales sont fixées dans le schéma directeur départemental des structures agricoles (SDDS) par rapport à la SMI nationale. Elles varient selon les départements, la nature des cultures et la technique de production (en serres, hors sol…).

L'autorisation préalable d'exploiter

L'autorisation préalable d'exploiter (APE) est une autorisation administrative qu'il est nécessaire d'obtenir pour exploiter une terre, car le droit français distingue la propriété d'une terre et le droit de l'exploiter.

En dessous des seuils définis dans chaque département (dans le SDDS), il n'est pas nécessaire d'obtenir une autorisation préalable d'exploiter. Néanmoins, dans certains cas, une déclaration préalable doit être fournie. C'est une démarche administrative du même type que pour l'APE, mais simplifiée, elle concerne notamment les terres transmises par donation, location ou vente d'un parent. Compte tenu de la taille des surfaces généralement disponibles pour les agriculteurs urbains, inférieure aux seuils départementaux, ceux-ci ne seront pas concernés par cette autorisation d'exploiter. Toutefois, dans certains cas, le preneur cumule plusieurs parcelles sur plusieurs départements (c'est souvent le cas en agriculture urbaine). Dans cette situation, pour apprécier la nécessité d'une APE, il faut considérer la surface totale des parcelles envisagées et leur appliquer la réglementation du département où se situent plus de 50 % de la surface globale.

Le statut d'agriculteur

Lorsqu'un entrepreneur débute une activité agricole, il doit d'abord la déclarer au Centre de formalités des entreprises (CFE) qui dirige ensuite le dossier vers la MSA correspondante. L'affiliation à la MSA se fait pour des agriculteurs dirigeant une exploitation dont la superficie est au moins égale à la moitié de la surface minimum d'installation du département et dont les activités sont citées dans l'article.L.722-1 du Code rural et de la pêche maritime. Cependant, dans le cas de cultures spécialisées qui ne peuvent pas être appréciées au vu de leur surface, il existe des équivalences en termes de temps de travail nécessaire à la conduite de l'exploitation (au moins 1 200 h/an). Ces seuils donnent droit à une affiliation en tant que « chef d'exploitation ». Si la surface de l'exploitation ou le temps de travail sont inférieurs à ces seuils (entre un huitième et la moitié de la SMI départementale et entre 150 heures et 1 200 heures de travail annuel), il existe un deuxième statut agricole – cotisant solidaire – qui donne aussi droit à une couverture sociale, mais de nature un peu différente, car l'activité agricole n'est plus considérée comme principale. Il existe donc deux statuts agricoles qui engendrent deux affiliations différentes à la MSA : le statut de « chef d'exploitation » et celui de « cotisant de solidarité ».

Le bail

Le bail est la nature du contrat qui lie le preneur et le propriétaire d'un bien. Selon les activités qui seront effectuées sur le site et la nature de celui-ci, plusieurs possibilités s'offrent aux deux parties. Il semble que les baux les plus adaptés soient :

- les baux ruraux ;
- les baux de droit commun.

Les baux ruraux assurent une protection forte du preneur, ils ont été conçus pour protéger l'agriculteur fermier. Ces baux sont de longue durée (9 ans minimum, mais souvent 18 ou 25 ans), ils permettent ainsi à l'exploitant de réaliser des investissements à long terme et de se projeter dans un futur assez lointain pour construire son projet de manière durable. Par ailleurs, la valeur de ces baux est très encadrée de manière à faciliter le plus possible le preneur. Le préfet fixe chaque année ces valeurs (indices des fermages), valables du 1er octobre au 30 septembre de l'année suivante. Ainsi, la valeur locative des biens n'est pas prise en compte dans les baux ruraux, ce qui peut être très avantageux pour un preneur en milieu urbain, surtout en région Île-de-France, où les loyers sont très élevés. En s'affranchissant de cette valeur locative, les agriculteurs urbains peuvent espérer louer un bien en ville, sans que cela pèse trop lourd dans leur budget.

À l'inverse, les baux de droit commun sont les baux traditionnels effectués en ville par exemple et prennent en compte la valeur locative des biens, ce qui augmente considérablement la valeur de ceux-ci, et donc les loyers qui en découlent. Ils sont certainement plus avantageux pour les propriétaires et permettent une marge de manœuvre et une liberté plus grandes pour les deux parties. Cependant, ils ne sont pas aussi protecteurs pour l'exploitant agricole que les baux ruraux. Bien souvent, les deux parties choisissent ce type de bail par méconnaissance des autres possibilités, persuadés que les baux ruraux ne s'exécutent qu'en zone rurale. Or aucune indication n'apparaît dans la définition des baux ruraux sur la qualité de la zone (A, AU, U…) sur laquelle porte ce type de bail.

N.B. : Certains porteurs de projets pourraient être tentés par la signature de baux commerciaux, dans la mesure où l'activité de la totalité des agriculteurs urbains s'accompagne d'une activité « commerciale » de vente des produits de la ferme. Cependant, cette activité n'est pas considérée comme un commerce à proprement parler puisque les agriculteurs n'achètent pas pour revendre, mais vendent ce qu'ils produisent. Ainsi la commercialisation des produits agricoles directement par le producteur est jugée comme une activité civile connexe à la production.

L'ancien jardin partagé sur le toit de l'ancienne gare XP dans le XIVe arrondissement de Paris, en avril 2013

Le site

Il existe aujourd'hui dans la quasi-totalité des communes d'Île-de-France des plans locaux d'urbanisme (PLU) qui exposent les orientations prévues pour l'évolution de la ville dans les 10 à 15 années, ainsi que les réglementations régissant l'utilisation des parcelles.

En Île-de-France, les communes s'associent souvent pour définir, en plus de leur PLU, des schémas de cohérence territoriale (SCoT) qui ont pour but d'assurer une cohérence urbanistique, architecturale et paysagère au-delà des limites des communes. Ces documents urbanistiques et réglementaires imposent certaines règles de construction qui peuvent se révéler être des freins à l'installation de projets d'agriculture urbaine. On note ainsi des indications sur la hauteur maximale des bâtiments autorisée selon les quartiers, la pente des toits conseillée pour maintenir une unité et préserver une architecture locale traditionnelle en privilégiant les toits en pente et non pas des toits terrasses…

Afin de s'assurer de la faisabilité du projet, il convient donc de vérifier au préalable les textes d'urbanisme qui s'appliquent sur le site choisi. Cependant, si le projet est porté par des collectivités, des révisions/modifications de PLU peuvent être envisagées, qui permettent de s'adapter aux nouvelles installations, et non le contraire.

PAROLE D'ACTEUR

RES'A.U., un Réseau d'agriculture urbaine sur la métropole bordelaise

Hélène Poulon, architecte, fondatrice du RES'A.U.

« La métropole bordelaise présente certaines prédispositions agricoles à l'échelle des milieux urbains et périurbains, on peut noter l'émergence de nombreuses initiatives expérimentales faisant place à une diversité de typologies de production alimentaire urbaine. Jardins, fermes, potagers, rues végétalisées, ces lieux collectifs se propagent de plus en plus sur le territoire, et certains depuis de nombreuses années. Ces espaces agricoles expérimentaux sont aujourd'hui des microcosmes révélateurs d'une nouvelle façon de penser notre système alimentaire au sein des villes faisant de l'agglomération bordelaise un nouveau territoire où l'agriculture urbaine s'exprime. Une situation qui semble se propager au sein de nombreuses villes européennes, questionnant ainsi la spatialisation de l'agriculture au sein des écosystèmes urbains. Face à cet intérêt grandissant pour la nécessité d'introduire une composante agricole au sein des villes, peut-on envisager de construire, en intégrant les acteurs présents sur le territoire, une réelle économie alimentaire de proximité au sein par exemple de la métropole bordelaise ?

Voilà la question qui a suscité la création de RES'A.U. (Réseau d'agriculture urbaine). Cette plateforme numérique (www.reseauagricultureurbaine.net) permet d'informer sur l'actualité de l'agriculture urbaine présente sur le territoire mais aussi d'identifier, au travers de différents outils, les besoins en infrastructures alimentaires et leur cohérence territoriale afin de déterminer l'élaboration et la faisabilité d'un système alimentaire de proximité adapté à la métropole bordelaise.

RES'A.U. est un espace de recherche, un laboratoire d'expériences où il est possible d'envisager un nouvel urbanisme incluant au sein des projets urbains une dimension agricole majeure.

La vocation du Réseau d'agriculture urbaine réside dans la nécessité de mettre en lien les acteurs, de favoriser les échanges et le partage des ressources et des connaissances afin d'envisager une véritable sécurité alimentaire globale et prenant en compte les enjeux sociaux, économiques et environnementaux au sein d'un territoire de plus en plus urbain.

L'engouement pour cette plateforme numérique démontre que l'agriculture urbaine s'inscrit dans une vision globale de gestion de territoire et que nous devons envisager la multifonctionnalité de celle-ci comme une richesse incitant à tisser des liens entre les différents acteurs locaux. »

Darwin écosystème à Bordeaux

Parole d'acteur

En Seine-Saint-Denis, un atelier d'urbanisme pour préserver l'agriculture urbaine

Sébastien Goelzer, urbaniste, fondateur de Vergers urbains

« L'agriculture urbaine commence cependant à s'imposer au sein des projets urbains et à inspirer divers acteurs : projet de ferme Novaedia (Stains), Maison de l'agriculture urbaine sur les terrains René Kersanté, dernier maraîcher de Saint-Denis à la recherche d'un repreneur pour son départ à la retraite, création d'une ferme pédagogique, préservation – partielle – des jardins familiaux, conversion des espaces de maraîchage en projet agro-écologique, etc.

C'est sur ce territoire que s'est déroulé à l'été 2014 un atelier d'urbanisme centré sur un espace où se focalisent d'importants enjeux liés à l'agriculture urbaine et à un moment charnière concerne le quartier des Tartres/Saint-Lazare. Ce site est à la croisée de trois communes de la plaine Saint-Denis : Pierrefitte-sur-Seine, Stains et Saint-Denis, ce qui lui confère d'emblée une ambition intercommunale. Une situation de marge pour chacune de ces communes qui a sans doute contribué à sauver l'activité agricole de la pression foncière.

L'agriculture urbaine a en effet su résister (et résiste encore) à plusieurs vagues d'urbanisation qui ont souvent pris ici une valeur expérimentale : la vague des lotissements des années 1920 (avec notamment la cité-jardin de Stains), celle des trente glorieuses avec ses vastes grands ensembles, tel le Clos Saint-Lazare, celle des années 1980, avec l'implantation de l'université Paris VIII.

Aujourd'hui, cette pression continue avec un projet urbain qui veut aussi perpétuer une ambition expérimentale où l'agriculture urbaine pourrait prendre toute sa place. Même si divers équipements peu économes en espace continuent d'en réduire drastiquement l'emprise (archives nationales, collège, clinique, etc.).

C'est donc naturellement sur cet espace que s'est focalisé l'Atelier Projet-Workshop animé par les urbanistes Sébastien Goelzer (Interstices et Ville comestible) et François Dealle Fasquez (Ville ouverte) dans le cadre du Festival d'agriculture urbaine, à la suite des ateliers d'été de l'agriculture urbaine et de la biodiversité organisés par Natureparif et inspiré des « charettes » organisées tous les ans lors des Écoles d'été d'agriculture urbaine de Montréal au Québec.

Une douzaine de personnes (paysagistes, urbanistes, ingénieurs, étudiants, écologues, juristes, économistes, sociologues, professionnels ou étudiants, dont plusieurs Québecois) se sont retrouvées trois jours durant, aux côtés de Jean-Noël Consales (maître de conférences en urbanisme et paysage, AMU, Marseille), d'Éric Duchemin (professeur associé en sciences de l'environnement à l'Uqam, Montréal) et Joe Nasr (professeur d'agriculture urbaine, Ryerson University, Toronto). Plusieurs visites ont été organisées durant les ateliers d'été afin de mieux préparer ce workshop avec des acteurs locaux, qu'ils soient professionnels, activistes ou institutionnels (Plaine Commune, Saint-Denis, Stains, acteurs sociaux, Anru, etc.).

Les méthodes d'animation de ce groupe ont permis d'avancer sur un diagnostic général, poser les enjeux et d'avancer par sous-groupes pluridisciplinaires, sur des thématiques et enjeux spécifiques.

Cette profusion d'idées et le croisement des disciplines ont abouti à des propositions encore trop rarement évoquées au sein des projets d'aménagement. Notamment avec l'idée de mettre l'agriculture urbaine au service d'une économie circulaire locale et inclusive, avec des équipements mutualisés, spécifiques et novateurs, permettant de transformer, valoriser, diffuser les connaissances et partager les ressources.

Il s'agissait par ailleurs de créer des productions et d'intégrer le comestible au sein de l'espace public, en tant que composante structurante essentielle de la trame verte, repenser l'urbanisme en intégrant dès l'amont l'agriculture urbaine dans les toits, les espaces communs, en renforçant les continuités, etc.

Les échanges se sont aussi fortement orientés sur les enjeux sociaux : créer de nouveaux emplois au cœur de la cité, non délocalisables, parfois hybrides, entre le jardinier et l'animateur social et susciter l'émergence des projets par les habitants eux-mêmes grâce à différents dispositifs de participation. »

Le document, présenté à l'issue de « la charrette », est accessible sur ce lien : www.villepermaculturelle.files.wordpress.com/2014/07/atelier-projet-agriculture-urbaine-040714.pdf

Section 2

Nature en ville, biodiversité et agriculture urbaine

Page de gauche :
Artichaud à la Goutte verte, XVIIIe arrondissement, Paris

Chapitre 5

Les fonctions écologiques de l'agriculture urbaine

Par Marc Barra[1]

L'agriculture urbaine est une composante essentielle de la nature en ville. Elle vient compléter la palette d'initiatives toujours plus diverses et innovantes : murs et toitures végétalisés, parcs et jardins urbains, systèmes de gestion des eaux pluviales par noues, mares et bassins de phytoépuration. Pour les écologues et les naturalistes, si ces démarches confirment le potentiel des villes à mettre en œuvre des stratégies de reconquête de la nature, elles soulèvent aussi de nombreuses questions.

D'une part, comment faire cohabiter, dans une stratégie d'ensemble, des éléments de nature cultivée ou gérée, avec des espaces à plus forte naturalité où le laisser-faire et la spontanéité sont tout aussi essentiels à la biodiversité urbaine et la préservation de son potentiel évolutif. Les documents d'urbanisme sont des outils essentiels pour trouver un équilibre entre différentes formes de nature (voir chapitre 4).

1. Écologue à Natureparif.

D'autre part, dire que l'agriculture urbaine est favorable à la biodiversité ne va pas de soi. Associer quelques plants de légumes, un nichoir et deux ruches n'implique pas nécessairement un bon fonctionnement de l'écosystème. D'autres facteurs entrent en ligne de compte, comme le choix des espèces cultivées, leur diversité aussi bien génétique que spécifique, les sols sur lesquels elles poussent, et enfin, la capacité du système agricole à s'auto-entretenir dans le temps, sans forcément beaucoup d'intervention humaine.

Le jardin Couleurs et Senteurs dans le XIXe arrondissement de Paris

Combien de jardins ne survivent que par les perfusions d'engrais qu'ils reçoivent, du fait de plantes inadaptées au contexte local ou un mauvais sol au départ ? Combien de pesticides sont utilisés au lieu de valoriser la diversité floristique et celle des pollinisateurs ? Le degré d'ingénierie civile et technologique peut aussi influencer la biodiversité. Entre une ferme hydroponique et un jardin en permaculture, les différences sont significatives !

À ce titre, un des défis consiste à faire de la biodiversité un élément central de la conception des systèmes, aux différents niveaux (génétiques, spécifiques et fonctionnels) et pas seulement un attribut « à la marge ». Les apports de l'écologie scientifique, et notamment de l'écologie fonctionnelle, constituent une boite à outil précieuse pour améliorer la contribution de l'agriculture urbaine à la reconquête de la biodiversité et des fonctions écologiques en milieu urbain.

Milieux, espèces, pratiques culturales : créer les conditions favorables à la biodiversité

Pratiquer une agriculture urbaine favorable à la biodiversité implique dans un premier temps de rendre les parcelles hospitalières aux espèces et à leurs déplacements. Les potentialités peuvent varier en fonction de nombreux paramètres : la surface du projet, les pratiques de gestion, le nombre d'aménagements créés sur place, etc.). Les dispositifs d'accueil des espèces classiques, comme les hôtels à insectes, les nichoirs, les ruches où les micro-milieux au côté des cultures sont un plus.

Hôtel à insectes dans un jardin partagé à Orléans (Loiret)

Pour autant, la biodiversité ne se limite pas à l'accueil des espèces. Et puis quelles espèces ?

Ainsi l'abeille domestique est un excellent vecteur de sensibilisation à l'importance de la pollinisation, mais la biodiversité c'est aussi et surtout les communautés de pollinisateurs sauvages, dont la diversité – abeilles, diptères (mouches), lépidoptères (papillons), coléoptères (scarabées) et vertébrés – augmente le degré d'interactions biologique, avec un intérêt certain pour la parcelle cultivée (lutte biologique, diversification floristique). L'augmentation du nombre d'abeilles domestiques en ville (sélectionnées pour leur productivité et leur docilité) pose aussi la question des concurrences potentielles avec les pollinisateurs sauvages à partir d'un certain seuil.

Par ailleurs, le lieu d'implantation des parcelles cultivées en ville peut s'avérer stratégique pour répondre aux enjeux de connectivité écologique définis par le Schéma régional de cohérence écologique (voir chapitre 7), même si les acteurs n'ont pas souvent le choix de leur emplacement. En effet, l'agriculture urbaine pourrait contribuer à renforcer la trame verte et bleue en milieu urbain. En fonction des priorités identifiées par les écologues, il est possible de privilégier un mode de culture ou un système adapté (arbres fruitiers, fleurs, création d'habitats spécifiques dans la parcelle, etc.). Bien entendu, la gestion de la parcelle sera déterminante en vue de reconstituer des corridors écologiques ou des réservoirs (degré de naturalité, non usage de pesticides, présence de grillages ou clôtures infranchissables pour la faune, etc.).

Pollinisateur sauvage (Bombus) dans le parc de Bercy, Paris XIIe arrondissement

Pratiquer une agriculture urbaine favorable à la biodiversité, c'est aussi jouer sur les associations de plantes[1], les successions et rotations plus pertinentes. De nombreux travaux pionniers ont montré que la diversité végétale est un facteur positif du fonctionnement des écosystèmes cultivés[2] notamment pour la production de biomasse, pour la stabilité dans le temps, pour la résistance aux aléas (pathogènes, changement climatique) importants en milieu urbain. En pratique, cela encourage l'agriculture urbaine à jouer sur les complémentarités entre espèces : plantes compagnes, association de graminées et de légumineuses, aromatiques et fleurs. La biodiversité des plantes favorise également la productivité et la rétention des nutriments du sol, ce qui confirme d'autant plus l'importance de considérer les interactions entre le sol et les plantes.

1. L'expérience T4P (Territoire Parisien Productif Projet Pilote) piloté par AgroParisTech expérimente des associations culturales et successions de plantes sur les toits.
2. Tilman, Loreau.

Sols et diversité génétique

Et c'est sans doute la biodiversité des sols qui constitue l'un des facteurs les plus importants pour la qualité de la nature en ville et de l'agriculture urbaine. Abritant une biodiversité ordinaire et majoritairement microscopique, les sols sont la plaque tournante d'innombrables fonctions essentielles à la croissance des plantes, au cycle de l'eau et des nutriments[1]. Leur bonne santé reflète la qualité écologique en surface, et vice versa.

Le jardin de la Serre aux légumes dans le XIXe arrondissement de Paris

Dans la conception des espaces verts ou en agriculture urbaine, les sols sont souvent remplacés par des substrats artificiels, très minéraux voire sans sols (hydroponie). Cela se justifie dans certaines situations (absence de sols, sols pollués, sur toit) mais l'agriculture urbaine peut aussi contribuer plus largement à restaurer les sols urbains dégradés ou encore participer de la déminéralisation de l'espace urbain dans certains cas.

Plusieurs expérimentations en ingénierie écologique montrent que l'on peut restaurer l'activité biologique des sols en utilisant des combinaisons de plantes (flore locale, plantes potagères, plantes remédiantes) ou à partir de déchets urbains recomposés[2].

En outre, plusieurs études confirment l'intérêt de la présence d'animaux (poules, chèvres, moutons, chevaux) pour augmenter la richesse et l'abondance des vers de terre, améliorer le contenu en matière organique (incorporation progressive des fèces) et prévenir leur érosion. Ceci devrait

1. Natureparif et l'IEES encadrent la thèse en cours de Ludovic Foti sur la création d'un outil d'évaluation de la santé-qualité des sols.

2. Audrey Muratet *et al.*, « Reconstitution de sols fertiles à partir du recyclage des déchets urbains », communication au congrès national *Quelle nature en ville*, 2014.

encourager plus largement l'élevage urbain ou, dans une moindre mesure, la présence d'animaux dans les parcelles cultivées.

Enfin, plusieurs expériences confirment le potentiel de l'agriculture urbaine à préserver *in situ* la diversité génétique, en mobilisant des variétés génétiques locales adaptées aux climats locaux (voir chapitre 10). Conserver une diversité génétique est essentiel pour maintenir le potentiel évolutif du vivant, sa capacité de résistance aux aléas (climatiques, parasites) qui sont nombreux en milieu urbain. Cela concerne la flore : il existe ainsi en Île-de-France de nombreuses espèces et variétés cultivées anciennes menacées de disparition présentant une rusticité locale[1]. C'est aussi le cas pour la faune puisque la réintroduction d'animaux en ville permet de conserver certaines races anciennes ou oubliées pour leur réintroduction, comme la chèvre des fossés (voir chapitre 9).

Une chèvre de l'association Sors de Terre à Bagnolet en Seine-Saint-Denis

De la plus traditionnelle à la plus sophistiquée, la palette des pratiques d'agriculture urbaine est très large et variée. Elle doit aussi savoir évaluer ses impacts plus globaux et considérer le cycle de vie des matériaux qu'elle utilise (semences, substrats de culture, énergie et eau), ou observer les circuits empruntés par les denrées alimentaires produites dans les jardins.

Il n'est pas certain que les fermes urbaines de type « Lufa » participent à la restauration de la biodiversité en ville : de façon évidente vis-à-vis de l'accueil des espèces et du rôle de corridor écologique, mais aussi du point de vue génétique vis-à-vis des semences qu'on y fait pousser. D'autant plus que l'agriculture urbaine a la capacité de produire local – certains

1. Pour en savoir plus, voir le centre des ressources génétiques de Savigny-le-Temple.

diront même « hyper-local » – à partir des ressources disponibles proches, comme les déchets organiques ou les ressources dévalorisées. Cela devrait encourager en priorité une agriculture urbaine en pleine terre ou à base de substrats mimétiques des sols naturels plutôt que des systèmes hyper-technologiques et sophistiqués qui peuvent générer d'autres impacts.

Nos villes consomment des ressources naturelles bien au-delà de leurs frontières administratives… elles ont à ce titre une responsabilité envers la biodiversité impactée au-delà de leur territoire (voir chapitre 11).

À Strasbourg, le plus grand jardin en permaculture de France

Gilles Lecuir, Natureparif

Dans le cadre de sa stratégie « Strasbourg, ville nourricière », la Ville a mis à la disposition d'une association, Brin de Paille, une partie d'un champ où était exploité auparavant du maïs de façon intensive.

Ce « Jardin à croquer » de 8 000 m², situé à proximité du cimetière Saint-Gall dans le quartier de Koenigshoffen, est travaillé depuis 2014 par une quarantaine de bénévoles selon les principes de la permaculture, une approche naturelle de l'agriculture visant à limiter au maximum l'intervention humaine, en utilisant les ressources strictement locales et l'association intelligente des plantes entre elles. Les règles essentielles sont l'absence de travail mécanique du sol (on ne retourne pas la terre), d'engrais chimique et de pesticide (mais pas d'apport d'engrais bio extérieur non plus), de désherbage (le sol est couvert par du trèfle ou du paillage), un arrosage limité à l'eau de pluie collectée et seulement si nécessaire, et des associations de cultures, qui limitent les attaques de la faune (limaces, oiseaux, etc.).

Le « jardin à croquer » cultivé selon les principes de la permaculture à Strasbourg (Bas-Rhin)

Parole d'acteur

Réflexion sur la notion d'agriculture urbaine, entre économie, écologie et social

Marine Linglart-Lime, directrice d'Urban Eco-Scop et Philippe Maingault, coordinateur de l'association Planète Lilas

« Urban Eco-Scop est un bureau d'études spécialisé en écologie urbaine et du paysage qui conduit des études environnementales d'échelles très variées allant de projets amont jusqu'à la phase opérationnelle, en incluant pleinement le volet de la concertation locale à sa démarche. Il est géographiquement et humainement proche de l'association Planète Lilas, qui intervient dans un espace situé au sud de Paris, sur un plateau de près de 100 hectares anciennement horticoles et qui a aussi accueilli des carrières de gypse. Le site est impossible à construire, notifié par le Schéma directeur de la région d'Île-de-France (Sdrif) comme un espace de nature à protéger et inscrit au Schéma régional de cohérence écologique (SRCE) comme réservoir de biodiversité. Sa diversité est grande : certains espaces sont très aménagés et d'autres sont plus ouverts : friches, pâturages, vergers et agriculture.

Des composteurs installés dans le jardin partagé de la Poterne des Peupliers dans le XIIIe arrondissement de Paris

Planète Lilas y exploite quatre hectares situés à proximité d'un tissu urbain dense, puisque les premiers immeubles collectifs ne sont distants du site que de 500 mètres environ. L'association emploie six personnes, dont quatre en emplois aidés (deux emplois tremplins en CDI et deux emplois d'insertion). Le terrain, un bureau et un local de stockage sont mis à disposition par le conseil général du Val-de-Marne. L'activité de production est située sur l'ancienne carrière dont le confortement a transformé les couches du terrain, ce qui pose des problèmes de reconstitution du sol. Les méthodes culturales respectent les principes de l'agriculture biologique, mais le label AB n'a pas été demandé. Les terres maraîchères exploitées par l'association sont plutôt de bonne qualité, mais sont assez argileuses, ce qui oblige à les amender de façon importante en matières organiques pour pouvoir diversifier la production et satisfaire ainsi les demandes des adhérents, notamment en hiver.

Actuellement, plus de 80 % des apports organiques proviennent de la plateforme de compostage Teva de La-Queue-en-Brie (Val-de-Marne). Mais la capacité de transformation des déchets organiques collectés dans les zones urbaines proches et transformés sur place par compostage et lombricompostage augmente. Six composteurs gérés par Urban Eco fonctionnent déjà sur le site de Planète Lilas, et une nouvelle unité de même taille plus proche des habitations sera ouverte au printemps 2015. La capacité de production d'amendement organique reste néanmoins insuffisante, et il faudra aller à terme vers la mise en place d'une véritable plateforme de compostage, ce qui impliquerait peut-être un classement en installation classée pour la protection de l'environnement (ICPE) : il faudrait pour cela mettre en place un nouveau compromis au sein de l'association.

La proximité des débouchés est un atout fondamental. Elle favorise la distribution en circuit court, qui permet de nouer des relations économiques plus équitables que celles des circuits classiques, qui comprennent de multiples intermédiaires. En revanche, le fait d'être installé en ville implique de forts coûts de logement pour les agriculteurs, et un certain éloignement de l'exploitation. Des vols peuvent également survenir, ce qui oblige à adopter des mesures préventives et complique l'exploitation. Les consommateurs des associations demandent aussi une grande variété de production, ce qui obligerait à produire un maraîchage très innovant du type Fortier (voir p. 275, ndlr) ou planches permanentes, ce qui n'est pas possible pour le moment. Mais nous commençons à mettre en œuvre des systèmes de serres plus fermées, plus chaudes et mieux irriguées.

Planète Lilas joue aussi un rôle social qui se traduit par un grand nombre de visites, d'ateliers et de rencontres avec des publics très divers : adhérents, centres de loisirs, centres sociaux. Le jardin permet un brassage humain très fort alors que les villes françaises sont de plus en plus marquées par un séparatisme social important. L'agriculture urbaine apporte aussi de grands avantages en termes de plaisir et de qualité d'alimentation. Elle participe à la diversification des paysages, en l'occurrence dans les terrains ouverts où ses serres, son hangar et ses cabanes de vente côtoient les zones de promenade et de pâturage. Le territoire est classé zone naturelle d'intérêt écologique, faunistique et floristique (Znieff) et espace naturel sensible (ENS), et l'activité agricole participe à la diversité écologique, notamment pour les insectes et les oiseaux.

Petite production maraîchère dans un jardin partagé

L'atteinte de l'équilibre économique est un aspect très important. L'agriculture urbaine est largement non marchande en France et dans les pays de l'Organisation de coopération et de développement économiques (OCDE), car sans les subventions, les revenus agricoles seraient très faibles : certaines années, le revenu agricole moyen hors subventions des exploitations agricoles est quasiment nul. Cela correspond à une valeur de marché très faible du travail agricole. À Planète Lilas, les subventions sont aussi nombreuses mais moins élevées que les subventions agricoles moyennes. En outre, la majorité des subventions n'y est pas destinée à l'activité agricole mais au travail d'éducation populaire, à la dynamique associative. Les subventions reçues permettent à la population d'accéder à ses produits à des prix assez raisonnables, ce que ne permettrait pas le seul jeu du marché. Nous parvenons donc à une rémunération relativement correcte des maraîchers grâce aux échanges économiques moins inéquitables que permettent la commercialisation en circuit court en Amap et accessoirement par la vente directe à la ferme. L'association reçoit des subventions provisoires au titre des emplois tremplins qu'elle a créés, d'autres aides visant à compenser les interventions sociales, paysagères, etc.

La vente de la production représente aujourd'hui environ 55 % des recettes de l'association, l'objectif étant d'atteindre 65 %, voire 70 % à terme. Elle est effectuée par des bénévoles les mercredis et samedis dans le parc des Lilas à Vitry-sur-Seine, sur le site de production. Nos calculs montrent que le coût de production de légumes est d'environ 5,50 euros/m^2 pour la parcelle de Planète Lilas, contre un coût de gestion d'environ 2 euros/m^2 pour le parc des Lilas. Le prix de revient de la vente est de 4,5 euros/m^2 : le coût de gestion final est donc de l'ordre de 1 euro/m^2, un certain nombre d'aménités ne donnant par ailleurs lieu à aucune subvention. Compte tenu de l'ensemble de ces facteurs, le coût de gestion agricole est très peu élevé alors que les avantages sont multiples pour les urbains. »

Chapitre 6

Les sols en ville : pollution et restauration écologique, le rôle de l'agriculture urbaine

Par Sophie Joimel[1,2], Jérôme Cortet[2], Christophe Schwartz[1]

Les jardins associatifs, qu'ils soient familiaux, partagés ou d'insertion, connaissent aujourd'hui un regain d'intérêt en France et sont souvent associés à de nombreuses fonctionnalités et services au sein des écosystèmes urbains. Ces services écosystémiques définis comme étant les bienfaits, directs et indirects, que retire les êtres humains de la nature, comprennent notamment l'approvisionnement en fruits et légumes, le support de plantes ornementales ainsi que la préservation de la biodiversité en ville[3].

---

1. Laboratoire Sols et Environnement, UMR 1120 Université de Lorraine-Inra.

2. CEFE UMR 5175, CNRS, Université Paul-Valéry Montpellier, EPHE, bâtiment Fabre, route de Mende, 34199 Montpellier cedex 5, France.

3. Jean-Louis Morel, Claire Chenu et Klaus Lorenz, « Ecosystem services provided by soils of urban, industrial, traffic, mining, and military areas (SUITMAs) », *Journal of Soils and Sediments*, 2014.

L'ajout de produits phytosanitaires ou d'engrais au sol, les dépôts atmosphériques de polluants dus au trafic routier, peuvent néanmoins induire des contaminations diffuses[1,2,3,4,5 et 6] pouvant affecter globalement le fonctionnement des jardins. À ce titre, leurs sols représentent un enjeu majeur d'acquisition de connaissances et leur caractérisation, aussi bien physicochimique que biologique, nécessite d'être mieux appréhendée pour orienter leur gestion[7].

Les sols de 104 jardins ont été analysés par le programme de recherche Jassur

1. Christophe Schwartz, L. Florentin, D. Charpentier, S. Muzika et J. Morel, « Le pédologue en milieux industriels et urbains. I. Sols d'une friche industrielle », *Étude et Gestion des Sols,* 2001.
2. J.L. Morel, C. Schwartz et L. Florentin, *Urban soils. Encyclopedia of Soils in the Environment*, 2005.
3. A. Möller, H.W. Müller, A. Abdullah, G. Abdelgawad, et J. Utermann, « Urban soil pollution in Damascus, Syria: concentrations and patterns of heavy metals in the soils of the Damascus Ghouta », *Geoderma*, 2005.
4. S. Norra, M. Lanka-Panditha, U. Kramar et D. Stüben, « Mineralogical and geochemical patterns of urban surface soils, the example of Pforzheim, Germany », *Applied Geochemistry*, 2006.
5. H. El Khalil, C. Schwartz, O. Elhamiani, J. Kubiniok, J. Morel et A. Boularbah, « Contribution of technic materials to the mobile fraction of metals in urban soils in Marrakech (Morocco) », *Journal of Soils and Sediments*, 2008.
6. E. Belon, M. Boisson, I.Z. Deportes, T.K. Eglin, I. Feix, A.O. Bispo, L. Galsomies, S. Leblond et C.R. Guellier, « An inventory of trace elements inputs to French agricultural soils », *The Science of the Total Environment*, 2012.
7. C. Schwartz *et al.* (coord.), *Jardins potagers : terres inconnues ?*, Éditions EDP Sciences, 2013.

Quelle est la fertilité ou le degré de pollution des sols de jardins ? Existe-t-il une relation entre les modifications des caractéristiques physicochimiques et les pratiques de jardinage ? Quelle est l'influence de ces modifications sur la biodiversité des sols de jardins et sur leur fonction de support d'alimentation ?

Pour répondre à ces questions, des investigations ont été menées dans le cadre du programme de recherche Jassur (Jardins associatifs urbains : pratiques, fonctions et risques, Agence nationale de la recherche-Villes et bâtiments durables) qui étudie des jardins familiaux sélectionnés pour être représentatifs de la variabilité de ces systèmes au sein du territoire métropolitain français. Les travaux ont été menés sur un échantillon de 104 jardins répartis dans trois agglomérations (Grand Nancy, Marseille et Nantes) situées sous des climats contrastés (continental, méditerranéen et océanique). Au sein de chacune des villes, les jardins sont localisés dans différents contextes urbains : résidentiel, industriel ou mixte entre ces deux derniers contextes.

Les travaux ont porté d'une part sur les propriétés agronomiques (fertilité) et toxiques (contamination par des métaux et des polluants organiques persistants) des terres de surface. Les jardins ont d'autre part été caractérisés d'un point de vue biologique, avec notamment le nombre d'espèces végétales cultivées ou spontanées et la biodiversité des microarthropodes du sol. Un focus a alors été fait sur les collemboles, organismes millimétriques très communs dans les sols, vivant à différentes profondeurs et utiles au recyclage des matières organiques.

Un collembole, animal décomposeur de matière organique présent dans les sols

L'analyse comparée de plusieurs bases de données nationales sur la qualité des sols (en particulier RMQS, Réseau de mesure de la qualité des sols[1]) – sur la base de paramètres physicochimiques et biologiques – a permis de replacer les sols de jardins au sein de la couverture pédologique française, incluant des usages forestiers, agricoles au sens large, urbains et industriels.

Les sols de jardins sont caractérisés par des teneurs moyennes en phosphore assimilable par les plantes (P_{Olsen}, 0,213 $g.kg^{-1}$)[2], 2,5 fois supérieures à celles des sols agricoles et jusqu'à 14 fois supérieures à celles des sols forestiers. Les teneurs totales en métaux (cuivre, plomb et zinc) sont 3 fois plus élevées dans les terres de surface des jardins que dans les sols agricoles. Ces résultats montrent que les propriétés des sols de jardins associatifs sont essentiellement influencées par leur origine pédoclimatique (climat interne des sols) pour leur texture, teneurs en nickel ou cobalt et par les pratiques de jardinage, en ce qui concerne les teneurs en P_{Olsen}, matière organique, cadmium, cuivre, plomb et zinc.

Concernant les paramètres biologiques, une approche par les traits fonctionnels des espèces, c'est-à-dire par leurs caractéristiques morphologiques, physiologiques, phénologiques (étude de l'apparition d'événements périodiques de la vie des espèces déterminée par les variations saisonnières du climat) et comportementales, a été mise en place[3].

Développée depuis 20 ans pour la végétation, l'approche est novatrice pour la faune du sol et permet une meilleure compréhension de l'effet des pratiques et du contexte pédoclimatique sur les assemblages d'espèces au sein des communautés de collemboles.

Ainsi, en dépit de teneurs totales élevées en métaux, les sols de jardins présentent une fertilité physicochimique indéniable et sont le support d'une biodiversité élevée. Les collemboles présentent par exemple 1,6 fois plus d'espèces et sont 8 fois plus abondants dans les jardins qu'en milieu agricole.

---

1. D. Arrouays, C.C. Jolivet, L. Boulonne, G. Bodineau, N.P.A. Saby, et E. Grolleau, *A new initiative in France: a multi-institutional soil quality monitoring network*, Comptes Rendus de l'Académie d'Agriculture de France, 2002.
2. Il s'agit de la « méthode Olsen », destinée à mesurer le phosphore présent dans les sols et assimilables par les végétaux. Le P majuscule signifie Phosphore.
3. B. Pey, J. Nahmani, A. Auclerc, Y. Capowiez, D. Cluzeau, J. Cortet, T. Decaëns, L. Deharveng, F. Dubs, S. Joimel, C. Briard, F. Grumiaux, M.-A. Laporte, A. Pasquet, C. Pelosi, C. Pernin, J.-F. Ponge, S. Salmon, L. Santorufo et M. Hedde, « Current use of and future needs for soil invertebrate functional traits in community ecology », *Basic and Applied Ecology*, 2014.

Bien que ce soient majoritairement des espèces disposant d'une forte capacité de dispersion (se déplacer rapidement sur de longues distances) notamment grâce à leur furca (appendice situé sur le ventre de l'animal lui permettant de sauter), l'influence du contexte pédoclimatique et des pratiques de jardinage propres à chaque ville empêche une homogénéisation des espèces et des traits dans les jardins au sein du territoire français.

En revanche, pour la végétation, une homogénéisation biotique croissante est observable au sein des villes, avec la sélection d'espèces ayant des traits adaptés au milieu urbain (par exemple l'hémicryptophytie, c'est-à-dire en forme de rosette, permettant une meilleure résistance au piétinement, ou l'autogamie). Les sols de jardins, pourtant situés dans un contexte urbain fortement modifié par les activités humaines, ne doivent donc pas être seulement considérés comme des écosystèmes dégradés, mais aussi comme des réservoirs potentiels de biodiversité de la faune du sol en milieu urbain.

PAROLE D'ACTEUR

Une action de recherche autour de la pollution des arbres d'alignement parisiens

Iry Andrianjara et Aleksandar Rankovic, Institut d'écologie et des sciences de l'environnement de Paris

« Nous avons mené une action de recherche pour étudier la dynamique temporelle de la pollution des arbres d'alignement de Paris et des écosystèmes associés – cycles biogéochimiques et évolution des communautés urbaines – en métaux lourds : les concentrations en zinc, plomb et cadmium ont été étudiées dans ce cadre.

La gestion des terres de pieds d'arbres est à Paris très rigoureuse et les terres sont jusqu'à présent systématiquement exportées lors du remplacement des sujets. Les analyses conduites par le laboratoire agronomique de Paris depuis 1982 montrent qu'en réalité, ces terres ne sont pas moins fertiles que celles qui sont apportées pour les remplacer. En revanche, la pollution de ces terres, ainsi que celle des feuilles produites par les arbres (de 30 000 à 40 000 tonnes de feuilles par an, non valorisées jusqu'à présent) n'avait pas été étudiées jusqu'à présent, alors que ces feuilles et ces terres jusqu'à présent exportées (plus de 10 000 tonnes de terre chaque année) pourraient présenter un potentiel intéressant pour l'agriculture urbaine : encore faut-il pour cela qu'elles ne soient pas trop polluées.

Pied d'arbre parisien

Des échantillons de tilleuls argentés ont été prélevés *intra-muros* et des comparaisons ont été effectuées avec les arbres de même espèce de l'arboretum de Chèvreloup. Des mesures ont été effectuées sur une trentaine de systèmes sol-arbres âgés de 1 à 110 ans, à la fois dans les sols et dans les feuilles.

Pour le plomb, aucune différence significative n'a été relevée entre les sols jeunes et les sols témoins, mais le métal s'accumule avec le temps dans les sols.

Aucune différence significative n'a été observée pour le cadmium, dans les sols comme dans les feuilles. En revanche, la présence de zinc est supérieure dans les feuilles parisiennes par rapport au témoin, mais elle est identique pour le plomb. Le transfert sol-feuilles est donc plus fort pour le zinc, le plomb s'accumulant quant à lui dans les racines. Par ailleurs, la concentration en carbone organique influe positivement sur les concentrations en éléments traces métalliques, et a tendance à augmenter avec l'âge des terres.

Il ressort de ces analyses que les sols âgés ne peuvent être réutilisés, en raison d'une forte concentration de plomb et de zinc. En revanche, la contamination des feuilles en plomb, cadmium et en zinc ne pose pas de problème particulier pour le compostage, puisqu'il apparaît que le seuil de la norme n'est pas atteint. Il est par ailleurs envisageable de recourir à la phytoremédiation pour dépolluer les sols. Enfin, il serait nécessaire de mener les mêmes études que celle conduite ci-dessus pour d'autres métaux : fer, nickel, cuivre, chrome, mercure... mais aussi pour les composés organiques. En l'absence d'analyses chimiques, il est toujours possible et nécessaire d'aller enquêter au cadastre sur l'usage passé des terrains, pour avoir une idée des risques de pollutions éventuellement survenues. »

PAROLE D'ACTEUR

Le métabolisme urbain au centre du projet T4P

Baptiste Grard, projet de recherche Territoire Parisien Productif Projet Pilote (T4P)

« Le projet T4P a démarré en 2012 par la rencontre de Nicolas Bel, Nicolas Marchal et Christine Aubry, et a pris place sur le toit d'AgroParisTech, où la végétation était jusqu'alors constituée par des sédums (plantes vivaces) présents sur un substrat de pouzzolane (roche volcanique).

Ils ont mis en place une équipe interdisciplinaire associant deux entreprises privées fournisseurs de substrats et les organismes publics de recherche que sont l'Institut national de la recherche agronomique (Inra) et l'école AgroParisTech.

Le projet se concentrait sur la possibilité de cultiver sur la base de déchets urbains, notamment organiques, si les productions étaient consommables (à partir de l'analyse de la présence de métaux lourds), mais aussi d'évaluer si ces productions étaient suffisantes et si l'évolution des substrats pouvait permettre une production de long terme. Il s'agissait aussi de caractériser l'environnement atmosphérique du toit ainsi que les dynamiques hydriques.

Trois types de déchets ont été utilisés : bois broyé, compost de déchets verts et marc de café mycéliumisé (partie végétative des champignons) issu de la production de pleurotes. La culture est effectuée en bacs et en lasagnes, en s'appuyant sur des couches alternées. Cinq types de traitements ont été testés, dont un traitement témoin constitué d'un terreau classique composé de tourbe (dont l'exploitation n'est pas soutenable).

Le toit de l'école AgroParisTech à Paris, dans le Ve arrondissement

Les bacs M1 comprenaient une réserve d'eau de 5 cm, puis 15 cm de bois broyé et 15 cm de compost, et les bacs M2 étaient semblables mais en présence de vers de terre. Les bacs M3 comportaient une couche de marc de café entre le bois et le compost, et les bacs M4 un mélange homogène de bois et de compost mixés. Les successions culturales étaient au départ constituées de salades, de tomates puis d'engrais vert, et de tomates, salades puis engrais vert. La tomate étant plus exigeante en nutriments que la salade, nous souhaitions savoir si nos substrats pouvaient permettre la pousse de ces deux légumes (dans un ordre de succession (salades puis tomates), puis dans un autre).

Les analyses pratiquées ont montré que la présence des métaux lourds est très inférieure aux normes en vigueur dans les différents substrats testés. La présence de plomb est largement inférieure à la norme européenne de 0,3 mg par kilo de matière fraîche. Aucune différence n'a pu être relevée entre les légumes lavés et non lavés. Il existe donc de ce fait une différence potentielle de taux de pollution entre les cultures sur toits et au sol.

La production obtenue en M2 et M3 est supérieure à celle obtenue à partir du terreau, et la disposition en couches favorise ainsi la production. La présence de vers de terre favorise la capacité de rétention en eau des substrats. Les rendements sont équivalents, voire supérieurs, à ceux du maraîchage biologique sans serre en Île-de-France.

L'expérience a fait l'objet d'un fort intérêt publique et médiatique. Ses résultats sont en cours de publication scientifique. Elle a aussi débouché sur la création de l'entreprise Topager. Les expériences à mener désormais portent sur la durabilité de ces substrats, sur l'impact des associations et des successions de cultures, sur le test d'autres matériaux issus du milieu urbain et sur l'intérêt de ce type de milieu pour la biodiversité urbaine.

Aujourd'hui, la ville s'appuie sur une boucle ouverte du point de vue de la circulation des matières organiques. La multiplication des projets de type T4P pourrait contribuer à refermer en partie cette boucle tout en apportant une part de la nourriture urbaine, y compris dans une ville telle que Paris. Les résultats des expérimentations sont disponibles en ligne. »

Pour en savoir plus : www.agroparistech.fr

Parole d'acteur

Un projet de phytoremédiation sur le parc rural expérimental à Nanterre

Lucie Schneider, La Ferme du bonheur

« Le projet de la Ferme du bonheur se situe à Nanterre (Hauts-de-Seine), juste derrière la Grande Arche de La Défense. Depuis les années 1980, cette zone portait des friches immenses inconstructibles en raison de la présence d'une autoroute souterraine. Dans le contexte de la construction de la Grande Arche, l'établissement public d'aménagement de La Défense Seine-Arche (Epadesa) a été mis en place et le territoire adjacent situé sur la commune de Nanterre a été classé en opération d'intérêt national. Les Terrasses de Nanterre, espaces verts très peu fréquentés car entourés de bureaux, ont ensuite été construites.

L'Epadesa s'est alors interrogé sur la façon d'animer ces Terrasses et quel parti tirer du Champ de la gare. Ce terrain est entouré par la ligne A du RER sous lequel passe l'autoroute A14, et où se trouve la Ferme du bonheur, association qui le gère concrètement. Créée en 1993, elle cultive les lieux depuis 2008 et propose un lieu culturel ouvert au public, ainsi qu'une table d'hôtes. Les friches sont exploitées en cultures de céréales anciennes, en maraîchage et en vergers.

Le projet de Parc rural expérimental (PRE) porte à la fois sur cet espace et sur tous les lieux de Nanterre valorisables par l'agriculture urbaine. Les brebis de la Ferme du bonheur pâturent ainsi les pelouses du campus universitaire tout proche, et les fruits qui poussent spontanément dans les friches sont récoltés. Le projet vise à être autonome du point de vue économique, mais ne l'est pas encore. Ainsi, en l'absence de convention avec l'université Paris X, les jardiniers continuent à tondre les pelouses du campus, et les vergers ne permettent pas encore de fournir entièrement la table d'hôtes. Mais l'Epadesa s'intéresse aux actions que nous menons car elles permettent d'animer et de gérer gratuitement cet espace.

Les moutons de la Ferme du bonheur à Nanterre

Une convention d'occupation a donc été conclue, mais les analyses de sol menées en février 2014 ont malheureusement montré une forte pollution aux métaux lourds, ce qui a remis en cause l'alimentation de la table d'hôtes. Le projet actuel consiste donc à mettre en place un laboratoire de recherche sur le transfert des polluants dans les productions agricoles, afin de déterminer les productions possibles, tout en expérimentant une phytoremédiation. Des tests seront menés pour rechercher comment transformer ces sols urbains sans mettre en œuvre le décapage, la pose de géotextile, etc. Le site ne serait donc pas tourné vers la production, mais vers la transmission des savoirs et vers la mise en valeur du paysage et du lien social. »

CHAPITRE 7

CORRIDORS ÉCOLOGIQUES, TRAME VERTE ET BLEUE : LA CONTRIBUTION DE L'AGRICULTURE URBAINE ET PÉRIURBAINE

Par Maxime Zucca[1]

Rendre la ville plus accueillante et plus perméable aux déplacements des animaux et des végétaux : voici l'objectif des volets urbains de la politique des trames vertes et bleues, déclinée dans chaque région par des Schémas régionaux de cohérence écologique (SRCE).

Du fait de sa forte densité d'urbanisation à l'échelle du territoire national, l'Île-de-France s'est dotée d'un SRCE dont le plan d'action insiste particulièrement sur les enjeux urbains. Au sein de la ville, ces enjeux portent en premier lieu sur la gestion des espaces « verts » existant, qui doit intégrer les enjeux écologiques et non uniquement les problématiques horticoles et esthétiques, la multifonctionnalité (services d'approvisionnement, de régulation, sociaux et culturels...) devant prévaloir. Il invite également à accroître la surface d'espaces verts, notamment au sein des nouveaux aménagements urbains, et à utiliser le bâti comme support de végétalisation.

1. Naturaliste à Natureparif.

Jardins potagers le long de voies de circulation réalisés par la communauté d'agglomération des Lacs de l'Essonne

Ce plan d'action recommande de valoriser les espaces verts privés au sein des entreprises, les espaces des bailleurs et, bien sûr, les friches, comme espaces d'accueil de la biodiversité. Il encourage enfin à désartificialiser, désimperméabiliser et renaturer les emprises et les délaissés de voirie qui le permettent.

Quelle place donner à l'agriculture urbaine dans ce paysage modelé par les humains mais que l'on souhaite voir tendre vers plus de cohérence écologique ? Il tient en trois mots, qui constituent la philosophie centrale de la politique des trames vertes et bleues : « partage de l'espace ».

Cultiver en ville, vecteur de partage de l'espace urbain

Les trames vertes et bleues se différencient de nombreuses politiques de conservation de la nature par l'absence de segmentation entre les activités humaines et les écosystèmes. Elles mettent l'accent sur leur interdépendance et intiment à notre société d'apprendre à se développer en laissant une place suffisante aux autres êtres vivants qui nous entourent, auxquels nous sommes si évidemment liés.

Ce partage de l'espace urbain, l'agriculture urbaine en est probablement le principal ambassadeur. Mais à condition de partager ! Désimperméabiliser pour cultiver a déjà en soi un impact positif sur la biodiversité. Il est cependant essentiel de ne pas cultiver tout l'espace : une place doit être laissée, par exemple à de la végétation prairiale, que l'on peut faucher une ou deux fois par an. Même sur de faibles surfaces, ce partage doit être la norme. Les invertébrés qui s'y développeront seront peut-être des parasites, peut-être des auxiliaires, probablement les deux. Souvent, une friche modifiée en espace cultivé conduira à une perte de biodiversité : moins de diversité florale, puisque l'on privilégie quelques espèces cultivées, donc moins d'insectes, et une fréquentation humaine accrue qui fera fuir une partie des oiseaux et des mammifères. C'est pourquoi il est fondamental de maintenir quelques espaces de la friche d'origine en les valorisant pour ce qu'ils sont.

La petite ceinture de Paris où cohabitent expérimentations potagères et biodiversité spontanée

L'agriculture urbaine sur les toitures peut contribuer aux trames vertes et bleues si la densité de végétation est suffisamment importante. S'il ne s'agit que d'alignements de cultures potagères, ou de bacs, hormis quelques insectes pollinisateurs, la biodiversité n'en bénéficiera presque pas.

Une occasion d'expérimenter la permaculture urbaine

L'agriculture urbaine est une formidable occasion d'expérimenter localement différentes techniques de permaculture, les surfaces étant relativement faibles. Car en Île-de-France, mais dans d'autres régions également, le principal enjeu des trames vertes et bleues se trouve en fait hors la ville, en milieu agricole : comment rendre ces espaces intensivement gérés plus accueillants pour la faune et la flore ? Et si les techniques de permaculture expérimentées dans les villes gagnaient ensuite progressivement les zones rurales ? Ce serait l'une des plus importantes contributions de l'agriculture urbaine aux trames vertes et bleues.

À Strasbourg (Bas-Rhin), reconversion de champ de maïs intensif en prairie pâturée et en 8 000 m^2 de permaculture avec l'association Brin de paille

Entre ces jardins urbains et ces grandes étendues rurales, un monde intermédiaire existe : le « périurbain ». En Île-de-France, il s'agit du milieu le plus contraint, le plus soumis à des projets d'aménagement du territoire : on s'y dispute le foncier pour y bâtir des logements, des équipements… Les forêts y sont désormais assez bien protégées. Mais les terres agricoles périurbaines sont les plus menacées, et s'arrachent à prix d'or. Elles ont pourtant une importance essentielle. Elles constituent souvent les dernières possibilités de circulation pour la faune entre deux massifs forestiers, par exemple. Elles participent aux continuités « non bâties » ralliant les milieux ruraux aux quelques espaces naturels préservés dans le cœur de l'agglomération. Et elles remplissent de nombreuses fonctions caractéristiques de l'agriculture urbaine : fréquemment maraîchères, leurs produits peuvent avoir vocation à être distribués localement.

Entourées d'habitation, les techniques intensives y sont de moins en moins possibles : les pesticides sont mal perçus par la population, et y développer les techniques de permaculture permettra aussi bien d'y maintenir une biodiversité agricole que de gagner l'adhésion des populations locales.

Les projets d'aménagement urbain seront alors beaucoup plus difficiles à mettre en œuvre. L'agriculture urbaine/périurbaine, sur ces espaces cultivés jusque-là de manière traditionnelle, peut devenir un vrai outil de préservation des terres agricoles sur le front de l'expansion urbaine.

Retour d'expérience

Le programme Mares

Communauté d'agglomération de Rouen-Elbeuf-Austreberthe

Particulièrement accueillantes pour la biodiversité, les mares, milieux en raréfaction, font partie intégrante du paysage bocager agricole normand.

L'objectif du programme Mares de la communauté d'agglomération de Rouen-Elbeuf-Austreberthe est de localiser, caractériser, inventorier les 900 mares estimées du territoire, et de sensibiliser leurs propriétaires. Des schémas de connectivité sont réalisés et mettent en évidence les zones où les continuités écologiques des mares sont interrompues.

L'enjeu consiste à proposer des créations et/ou restaurations de mares afin de conforter ce réseau. Il s'agit également de protéger les réservoirs et les continuités écologiques liés à ces habitats humides en les inscrivant dans les documents d'urbanisme (plan local d'urbanisme et schéma de cohérence territoriale). Cette dernière action constitue donc une démarche planifiée opérationnelle et novatrice puisque la trame verte et bleue proposée par le Schéma régional de cohérence écologique est affinée par des données locales plus précises.

Une mare sur le territoire de la communauté d'agglomération de Rouen-Elbeuf-Austreberthe

À ce jour, 350 mares parmi les 900 du territoire ont été caractérisées par des étudiants en master de l'université de Rouen. Chaque année, un secteur spécifique fait l'objet de prospections de terrain.

Celles identifiées comme étant écologiquement intéressantes, et dont les connaissances naturalistes sont insuffisantes, font l'objet d'inventaires flore, odonates et amphibiens réalisés par un bureau d'étude spécialisé. Des inventaires ont déjà été réalisés sur 155 mares.

Suite à ce travail de terrain, et depuis début 2014, une réunion avec chacune des communes où les inventaires ont eu lieu est organisée afin de restituer le travail accompli et de sensibiliser les élus et les habitants propriétaires de mares. Cela permet notamment de prévoir des actions de renforcement du réseau de mares, en lien avec l'ensemble des acteurs de la commune parmi lesquels les agriculteurs.

En parallèle, une mesure agro-environnementale (MAE) à enjeu localisé est en construction afin de soutenir financièrement les agriculteurs qui préservent les mares sur leurs parcelles agricoles. Ces éléments du paysage, en plus d'être des milieux écologiquement riches, sont des points d'eau très appréciés par les éleveurs qui peuvent y abreuver leur bétail.

Enfin, un projet de sensibilisation auprès des scolaires, « une mare / une école », a été lancé à l'automne 2014.

Retour d'expérience

Maraîchage et pâturage au cœur du Delta vert

Ville de Bègles (Gironde)

Un des grands projets de Bègles est de créer une continuité entre la Garonne et la limite est de Bègles en suivant les cours d'eau et la zone humide associée, ainsi que le boisement de Mussonville.

Baptisé « Delta vert », ce projet comprend :

- la reconquête des réservoirs de biodiversité et l'optimisation des liaisons entre ces réservoirs et le tissu urbain ;
- la reconquête d'espaces stériles tels que les friches ou sites d'activités économiques ;
- la protection des berges et ripisylves (forêts qui poussent au bord des fleuves et des cours d'eau) le long des esteys, qui est la partie d'un cours d'eau soumis au régime des marées ;
- la mise à disposition de 12 hectares de terrain pour du maraîchage ;

- la sensibilisation des habitants via des opérations telles que l'opération « trottoirs plantés » ;
- la révision du plan local d'urbanisme (PLU) en passant des zones constructibles en zones naturelles.

Un des points clés de ce projet repose notamment sur la réintroduction du maraîchage local qui permettrait d'approvisionner la cuisine centrale de la Ville et des associations pour le maintien de l'agriculture paysanne (Amap). Dans ce cadre, Bègles a passé une convention avec un bailleur (Domofrance) pour la mise à disposition de 9 hectares sur une durée minimum de 20 ans dans le secteur de Terre Sud. La signature d'une convention est en cours avec un maraîcher en agriculture biologique, repreneur de 3 hectares et l'ensemble de la zone a été classée A (agricole) au PLU. La ville recherche d'autres maraîchers pour le reste du terrain : la banque alimentaire fait partie des porteurs de projet potentiels à travers un jardin d'insertion pour production avec vente directe.

Par ailleurs, sur le secteur de Bastard de Crinay, la commune a acheté 2,5 hectares de prairie en bordure de Garonne à des particuliers. La zone est complètement inconstructible car classée N au PLU (Naturelle) et située dans le Plan de prévention des risques naturels d'inondation (PPRI). L'idée a donc été d'y implanter du pâturage en collaboration avec le conservatoire des races d'Aquitaine.

À Lorient, la sylviculture, atout économique et environnemental

Louise Seguin, Plante et Cité

La ville de Lorient a souhaité mettre en place dès les années 2000 une installation de chauffage au bois. Elle a d'abord équipé les serres municipales de ce système en utilisant les déchets ligneux du service Espaces verts, puis une deuxième chaufferie a été installée pour chauffer l'Hôtel de ville et plusieurs équipements communaux. Forte de cette expérience, la Ville a alors souhaité structurer une filière locale pérenne d'approvisionnement en bois de chauffage (regroupement connexe de scierie, bois agricole et bois d'opportunité). L'un des souhaits de la Ville était que ce projet puisse avoir un lien fort avec la biodiversité locale. Le bois agricole utilisé par Lorient provient donc notamment de l'entretien des haies et est acheté à un tarif plus avantageux auprès des agriculteurs afin de les encourager à les préserver.

Chaque année, la Ville réserve 300 tonnes de l'approvisionnement en bois à cette filière qu'elle s'est engagée à pérenniser car la conservation des haies a de multiples avantages : lutte contre la pollution des eaux de surface et l'érosion des sols, maintien de la biodiversité…

Mobilier urbain (abri à vélos) en cours de construction à partir de bois local à Lorient (Morbihan)

La Ville a aussi recours au bois issu de l'élagage qui représente 6 000 m^3 par an et emploie une partie de ses réserves pour fabriquer, en régie municipale, du mobilier urbain en bois.

Par ailleurs, la question de la plantation d'arbres s'est rapidement posée, notamment pour maîtriser au mieux les coûts. La ville a donc choisi un terrain jusqu'alors délaissé et ayant servi de décharge pour planter 2 200 arbres. Le sol est en cours de dépollution grâce à la culture de sarrazin et de moutarde. Les plantations seront diversifiées pour répondre à tous les besoins de la Ville : bois énergie (bois à croissance rapide tels le bouleau, le pin insignis), bois d'œuvre (tels le châtaignier, le robinier…), et du bois à vocation ornementale pour permettre de créer un parcours de sensibilisation et de loisir pour les habitants (tels l'érable, le chêne…).

Les plantations seront réalisées très serrées et les premières éclaircies sont prévues dans 7 à 10 ans pour récupérer du bois énergie, qui ne sera pas replanté. La volonté n'est donc pas uniquement de faire du rendement mais le projet a aussi une vocation ornementale pour une ville très dense. Ce boisement viendra renforcer la trame verte tout en offrant un espace de loisirs au nord de la ville.

Chapitre 8

Culture des villes et pollinisation

Par Marc Wollast[1]

Depuis une dizaine d'années, on observe un fort engouement pour l'apiculture en ville, un phénomène très positif. Il faut toutefois se garder de certains excès, puisqu'il existe déjà quelque 500 ruches répertoriées à Bruxelles (à Paris, on compte aujourd'hui environ 300 ruches, ndlr).

L'apiculture moderne est devenue très intensive depuis un siècle, l'abeille domestique apparaîr comme un intrant agricole parmi d'autres. L' objectif primordial demeure la production de miel, mais les professionnels se sont aussi spécialisés dans la production de reines ou d'essaims et dans la location de ruches pour la pollinisation. Face aux dangers auxquels est confrontée l'espèce, les apiculteurs passent en effet leur temps à reconstituer les colonies dont le nombre a augmenté au cours des années récentes.

1. Coordinateur général de l'association belge Apis Bruoc Sella.

Une récolte de miel dans le jardin partagé Ecobox, Paris, XVIIIe arrondissement

Concurrence entre abeille domestique et abeille sauvage ?

La Belgique connaît le plus fort taux de mortalité des abeilles en Europe. Les pesticides mais aussi les pratiques apicoles et les facteurs environnementaux sont en cause. Il faut donc favoriser une autre apiculture, douce, qui privilégie les races locales, et, à défaut, les abeilles présentes localement et qui sont bien adaptées. Le cycle de l'insecte doit être respecté et le type de ruches doit être en harmonie avec son habitat naturel. Dans ce contexte, les rendements annuels par ruche tombent alors de plus de 50 kg à quelque 10 kg ou 20 kg de miel.

L'apiculture doit aussi respecter les pollinisateurs sauvages. Plus de 360 espèces d'abeilles sauvages vivent en Belgique, la moitié étant considérée comme en voie de disparition. De 20 % à 40 % de ces espèces se retrouvent en ville, et un certain nombre de taxons menacés sont présents à Bruxelles.

Le syrphe, un pollinisateur sauvage

Bien qu'aucune étude systématique n'existe, l'observation directe permet de constater que l'abeille domestique, qui est généraliste, entre en concurrence avec certaines abeilles sauvages, notamment dans les espaces proches des ruches. L'Université libre de Bruxelles a été chargée de conduire une pré-étude scientifique à ce sujet.

Ne pas perturber les équilibres

En ville comme ailleurs, le potentiel mellifère et la présence d'abeilles domestiques et de pollinisateurs sauvages doivent être évalués avant d'installer toute ruche, chacune comptant 20 000 abeilles butineuses. De leur côté, les abeilles sauvages vivent seules et les colonies de bourdons ne dépassent pas 500 individus. Dès lors et afin de ne pas perturber les équilibres entre populations, il faut apporter de la nourriture lorsque l'on implante une ruche et prendre en compte cet aspect pratique dans la végétalisation de la ville.

Un hôtel à insectes qui accueille des pollinisateurs sauvages dans le jardin partagé Couleurs et Senteurs à Paris, XIXe arrondissement

L'abeille est un groupe d'espèces clé de voûte essentielle à la première étape de la chaîne alimentaire, et sa santé est un indice de celle des écosystèmes. Apis Bruoc Sella travaille donc afin que les milieux urbains soient végétalisés de façon intelligente et intensive. À Bruxelles, une pelouse a ainsi été remplacée par une prairie fleurie désormais fréquentée par au moins une trentaine d'espèces d'abeilles. L'association travaille beaucoup sur la végétalisation des pieds d'arbres et sur les plantes ornementales.

Globalement, la ville n'a pas besoin d'une apiculture intensive professionnelle, et la priorité doit être donnée aux apiculteurs amateurs, dont le nombre augmente. Il faut donc modérer la densité des ruches pour préserver les pollinisateurs sauvages, encourager une apiculture de loisir ou pédagogique et ne soutenir l'apiculture professionnelle qu'intégrée dans une agriculture urbaine cohérente. Les apiculteurs urbains ne devraient donc pas posséder plus de trois ruches. Il est enfin souhaitable de développer des cadastres apicoles pour éviter les surdensités.

PAROLE D'ACTEUR

La France compte plus de 1 250 000 ruches et quelque 70 000 apiculteurs amateurs

Henri Clément, porte-parole de l'Unaf

« L'apiculture existe en France depuis le Moyen-Âge et rassemble depuis toujours professionnels et amateurs au sein d'un métier qui reste artisanal. La France a toujours été marquée par la coexistence de professionnels, de pluriactifs (ayant plusieurs activités agricoles) et de petits producteurs, ce qui permet de disposer d'un réseau très bien déployé. C'est aussi une chance pour la communication autour de l'abeille. Les petits producteurs représentent 45 % de la production totale en 2012, pour 1 250 000 ruches et 70 000 apiculteurs amateurs. Le nombre de passionnés augmente et de très nombreux citoyens souhaitent posséder des ruches, y compris en ville : il est même devenu difficile de répondre aux demandes de formation.

Un apiculteur amateur à Paris

La filière dispose de nombreux atouts et les consommateurs sont sensibles aux bienfaits des produits apicoles. Les produits sont naturels et très diversifiés, à l'image des territoires français. Le pollen, la gelée royale ou la propolis sont très appréciés pour leurs effets sur la santé, et les laboratoires qui les utilisent sont de plus en plus nombreux, même s'il faut très souvent recourir aux importations. De nombreux apiculteurs français ne savent pas en effet encore prélever la propolis.

Mais les menaces sont aussi nombreuses tout comme les nouveaux agents pathogènes : parasites, pesticides, prédateurs... Les pesticides sont la principale source de mortalité. La diminution de la biodiversité est aussi un facteur d'affaiblissement, à tel point que Paris est plus riche en espèces végétales que la Beauce ou d'autres zones de grandes cultures. Ces menaces obligent les apiculteurs à jouer un rôle de plus en plus actif auprès de leurs ruches, qui sont par ailleurs atteintes par les changements globaux – au premier rang desquels figure le dérèglement climatique.

Pour autant, l'abeille continue à bien se porter sur de nombreux territoires et la profession tend actuellement à se rajeunir et à se diversifier. Le programme Abeille Sentinelle de l'environnement incite à implanter des ruches dans des sites emblématiques afin de sensibiliser toujours davantage les populations. »

L'Observatoire francilien des abeilles

Maxime Kayadjanian, Natureparif

L'Observatoire francilien des abeilles a été créé en 2010, en partenariat avec l'Association de développement de l'apiculture en Île-de-France (Adaif) et l'Union nationale de l'apiculture française (Unaf), afin de valoriser les services rendus par les abeilles en termes de production de miel et de pollinisation, de réaliser un état des lieux sanitaires des colonies en Île-de-France et de disposer d'indices sur la qualité de l'environnement. Il repose sur l'analyse pollinique des échantillons envoyés par les apiculteurs participants accompagné d'un questionnaire portant sur la localisation précise des ruchers, le nombre de ruches, la quantité de miel produit, le nombre de ruches productives, les dates de récolte, les données sur la mortalité et sur ses causes connues, les données sur les pratiques apicoles (traitements, nourrissages, nombre de visites, etc.)... En 2014, 251 apiculteurs ont participé à cette opération, ce qui équivaut à un total de 4 932 ruches et 354 ruchers.

En 2013, 85 % des apiculteurs ayant répondu sont des amateurs, 10 % sont pluriactifs (ayant plusieurs activités agricoles) et 5 % sont professionnels.

Abeilles domestiques

De 2010 à 2013, la quasi-totalité des ruches ayant produit plus de 35 kg se situent à Paris ou en petite couronne. Il y a en moyenne quasiment deux récoltes annuelles en Île-de-France. La productivité augmente avec le nombre de récoltes, mais tend à décroître en fonction du nombre de ruches par rucher. Avec le Muséum national d'Histoire naturelle, l'Observatoire francilien des abeilles s'est intéressé à l'impact de l'occupation du sol sur la productivité. La cartographie du sol a été étudiée dans un rayon de 1000 mètres autour de chaque rucher, afin de discerner la part des terres agricoles, urbaines ou autres. Il en ressort que la productivité est corrélée à la part de terres urbaines, ce qui traduit probablement l'impact des pratiques agricoles (emploi de pesticides notamment) dans les zones de grandes cultures sur la productivité apicole.

La pollinisation des villes conditionnée par les pratiques agricoles et la bonne gestion des espaces verts urbains

Serge Gadoum, naturaliste à l'Office pour les insecte et leur environnement (Opie)

80 % des espèces de fleurs sauvages de l'Union européenne utilisent les insectes comme vecteurs de pollen. Les communautés de pollinisation en modules emboités s'organisent autour de quelques espèces clés de voûte, ce qui assure la stabilité des systèmes de pollinisation et la persistance des communautés végétales. Les espèces généralistes y jouent un rôle très important. Les ressources florales modulent la diversité du pool d'espèces au niveau géographique local et affectent essentiellement les espèces dominantes (généralistes).

En France métropolitaine, les insectes floricoles présentent, à l'exception des abeilles et des guêpes, une affinité négative avec les espaces urbains et une affinité positive avec les espaces agricoles et naturels.

L'urbanisation réduit non seulement la richesse en espèces des communautés de pollinisateurs mais modifie aussi leur composition, en faveur des espèces généralistes. L'abondance des abeilles sauvages est négativement corrélée avec le gradient croissant d'urbanisation tandis que la richesse spécifique atteint un maximum pour un gradient d'urbanisation intermédiaire. L'intensification urbaine et l'intensification agricole seraient les modes d'utilisation de l'espace les plus nuisibles aux insectes floricoles. Mais les espaces agricoles peuvent aussi héberger des communautés très diversifiées de pollinisateurs et les espaces urbains peuvent fournir les ressources alimentaires et de nidification à des communautés complètes d'abeilles sauvages.

Abeille charpentière sur une fleur de la famille des Malvacées

De très nombreuses espèces cultivées (fruitières, maraîchères, de grandes cultures) en France dépendent des insectes pollinisateurs. Les insectes pollinisateurs sauvages sont plus efficaces que l'abeille domestique seule pour la pollinisation des cultures, l'efficacité maximale étant toutefois obtenue par l'interaction de l'abeille domestique et des pollinisateurs sauvages. Protéger et maintenir ces populations d'insectes pollinisateurs en bon état de conservation en milieu urbain contribue aux équilibres écologiques et rend service à la nature et à l'agriculture (syrphes auxiliaires aphidiphages par exemple).

L'habitat d'une population d'une espèce d'abeille sauvage doit offrir les trois éléments suivants pour qu'elle puisse se maintenir durablement :

- des ressources alimentaires, c'est-à-dire une offre en fleurs suffisante : certaines espèces sont oligolectiques, c'est-à-dire spécialisée sur quelques plantes ; les abeilles polylectiques ont cependant aussi des besoins spécifiques en pollen ;

- un lieu de nidification spécifique (tiges creuses, galeries dans le bois mort, substrats particuliers, anciens terriers, cavités des arbres, coquilles d'escargot vides, etc.) ;
- pour certaines espèces, des matériaux spécifiques pour la construction du nid (« urnes » en argile de certains mégachiles par exemple).

Les bourdons, actifs pendant plusieurs mois, ont besoin de floraisons diversifiées depuis la fin de l'hiver jusqu'à l'automne, ce qui est profitable aux autres pollinisateurs. La disponibilité en substrats de nidification ainsi qu'en ressources florales (nectar et pollen) dans les habitats (semi-)naturels influence fortement la diversité, l'abondance et la productivité des communautés d'insectes pollinisateurs à l'échelle du paysage. Ces ressources doivent être disponibles dans le faible rayon d'action des petites espèces d'abeilles. Il convient enfin de fortement réduire voire éliminer la menace toxicologique (pesticides) pour ces insectes.

Guêpe sur une fleur d'ail

Une planification intelligente de l'utilisation du sol permet, à faible coût financier, d'améliorer substantiellement, de manière concomitante, la conservation de la biodiversité et la valeur de l'activité économique de l'exploitant agricole. L'accent doit être mis sur des mesures portant sur des paysages plutôt que sur des mesures très ponctuelles. Si la proportion d'habitats semi-naturels et les distances entre ces habitats et les cultures sont des facteurs importants, la gestion des cultures peut influencer la diversité hébergée dans ces habitats semi-naturels.

Si quelques espèces d'abeilles sauvages peuvent être avantagées par certaines cultures, il faut avant tout préserver des ressources (alimentaires et de nidification) diversifiées et abondantes par le maintien et la création d'éléments semi-naturels et le développement de pratiques agricoles plus respectueuses de l'environnement. Les éléments les plus favorables aux communautés d'abeilles sauvages et de papillons dans les agroécosystèmes sont la quantité d'habitats de haute qualité autour et dans l'exploitation agricole en association avec une diversité des parcelles en agriculture biologique à l'échelle locale. Les plantes non graminéennes (entomogames) profitent plus de l'agriculture biologique que les plantes non entomogames. Plus les parcelles sont simplifiées (grandes monocultures), plus la quantité et la diversité des habitats dans le paysage environnant jouent un rôle majeur en faveur des abeilles sauvages.

Différentes pratiques de gestion (agriculture biologique, accroissement de l'hétérogénéité des habitats inter- et intra-champs) peuvent favoriser les pollinisateurs, même dans des paysages avec peu d'habitat naturel tant que l'habitat suffisant existe pour maintenir des populations source. Les parcs et jardins urbains servent de refuge s'ils sont fleuris tout au long de la période d'activité des abeilles sauvages. La faible abondance florale et le manque d'ensoleillement sont les principaux facteurs limitants de la diversité locale urbaine en abeilles sauvages et papillons.

Bombus sp. sur un panicaut

Offrant des habitats variés de nidification, les espaces urbains peuvent même fonctionner comme « source » pour les espaces agricoles environnants. Cependant, si les villes hébergent plus d'espèces de plantes que les surfaces rurales périphériques de mêmes dimensions, de nombreuses horticoles utilisées dans les jardins ne sont pas utilisables par les bourdons et autres pollinisateurs. La préservation du service de pollinisation fourni par les insectes à l'agriculture urbaine passe donc par une coordination et une mise en synergie des pratiques agricoles locales et de la gestion des espaces verts urbains publics et privés.

Chapitre 9

Le retour de l'élevage en ville

Par Alain Divo[1]

La proximité d'un élevage d'animaux de ferme joue, à l'évidence, un rôle considérable en milieu urbain. Le citadin recherche de plus en plus le contact avec la nature et une nourriture saine dont il connait la provenance. Pour être durable, l'exploitation en ville ou sa périphérie, se doit d'être innovante en termes d'agroécologie, de communication, d'intégration, et proposer des services délaissés par les exploitations traditionnelles ou industrielles.

Élever des animaux dans un milieu *a priori* hostile et non adapté nécessite de la part du porteur du projet beaucoup de ténacité et de dialogue avec les différents acteurs : élus, services techniques, chargés de mission, etc. Son projet devra prendre en compte de nombreux critères sociaux, économiques et environnementaux s'il souhaite le mener à bien.

La proximité de l'exploitation avec la vie citadine impose certaines règles très différentes d'une ferme traditionnelle installée en milieu rural (bruit, odeurs, horaires de travail, etc.). Son implantation doit donc être discrète et parfaitement adaptée au tissu urbain.

1. Fondateur d'Ecoterra.

Le projet se fait sur les bases d'un tryptique organique :

- Quel élevage choisir ? Mode d'élevage et techniques alternatives ?
- Comment répondre à l'absolue nécessité de restaurer ou préserver la biodiversité urbaine et périurbaine ?
- Comment communiquer, restaurer du lien social et participer à la vie de la cité ?

Adapter localement l'élevage au contexte économique, social et environnemental

Certains éleveurs préfèrent telle ou telle race et c'est avant tout la passion qui guide ce choix. Sans passion, et c'est important de le rappeler, l'élevage devient vite une contrainte, un facteur de désocialisation. Le choix de l'animal se fera en fonction des débouchés économiques, sociaux et environnementaux, propres à la vie citadine. Parmi les nombreuses installations de ces dernières années, un grand nombre d'éleveurs s'orientent vers des races patrimoniales françaises à petit effectif, que ce soit en ovins, bovins ou caprins. Quelques-uns développent l'héliciculture (élevage d'escargots) ou l'apiculture en race locale. À quand l'entomoculture (élevage d'insectes) urbaine ? Ce choix est souvent dicté par la qualité et l'innovation, plutôt que par la quantité à produire. Les surfaces disponibles ne sont pas infinies comme dans certains élevages intensifs que l'on répertorie un peu partout dans le monde. La vocation de ces races à petit effectif est de rendre productif des espaces urbains souvent délaissés, difficiles à entretenir ou d'un intérêt écologique certain.

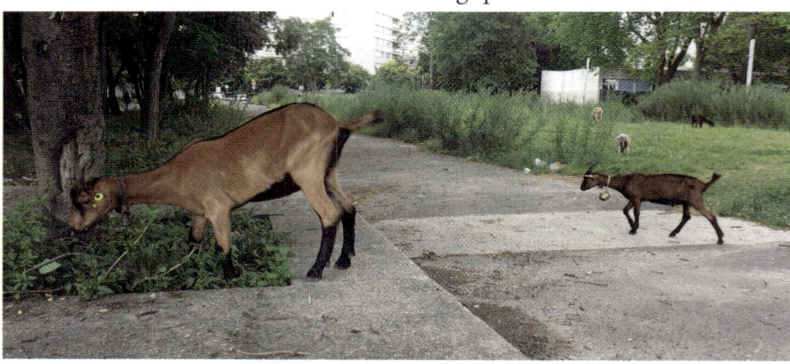

Les chèvres de l'association Sors de terre à Bagnolet (Seine-Saint-Denis)

Un autre avantage de ces animaux est de valoriser des fourrages grossiers, délaissés par les races dites « industrielles » : des végétaux comme les phragmites, les typhas, les buddleias, les ronces, les cirses et autres solidago du Canada sont très appréciés. La renouée du Japon, quant à elle, est pâturée et éradiquée en quelques années par la chèvre des fossés ou par la vache bretonne pie noir ou pie bleu. Dernier avantage et non des moindres, les productions de viande ou de lait sont souvent de qualité très supérieure aux autres races :

- la poule de La Flèche pour sa chair unique ;
- la vache nantaise pour sa viande goûteuse et parfumée ;
- la vache Froment du Léon pour ses qualités de beurrière exceptionnelle ;
- la vache bretonne pie noir pour sa rusticité et sa chair fine et délicate ;
- la chèvre des fossés pour la finesse de sa chair et son fromage ;
- la chèvre du Rove pour son fromage, le brousse du Rove.

Toutes ces races patrimoniales sont parfaitement adaptées à nos terroirs et chacun développera l'élevage en fonction de ses goûts et de sa région.

Races patrimoniales à utiliser en élevage urbain

Région Française	Races patrimoniales
Alsace Franche-Comté Lorraine	vache vosgienne ; chèvre de Lorraine
Aquitaine	mouton landais ; vache marine landaise ; vache bordelaise ; mouton Manech tête noire ou Manech tête rousse ; chèvre pyrénéenne ; vache béarnaise
Auvergne Limousin Bourgogne	chèvre du Massif central ; mouton bizet ; vache ferrandaise
Provence-Alpes-Côte-d'Azur	chèvre provençale ; mouton brigasque ; mouton Mourerous ; chèvre du Rove
Rhône-Alpes	chèvre de Savoie ; mouton Thônes et Marthod ; vache Villard de Lans
Picardie Nord-Pas-de-Calais	chèvre des fossés ; mouton boulonnais ; mouton solognot ; vache bleue du Nord ; vache flamande
Poitou-Charente Pays-de-Loire	vachemMaraichine ; chèvre poitevine ; vache nantaise ; vache saosnoise
Bretagne Haute-Normandie Basse-Normandie	chèvre des fossés ; mouton de Belle-Île ; vache bretonne pie noir ; vache nantaise ; mouton Landes de Bretagne ; vache armoricaine ; Froment du Léon

Région Française	Races patrimoniales
Midi-Pyrénées	vache Casta ; vache lourdaise ; vache mirandaise ; mouton castillonnais ; mouton lourdais ; mouton Aure et Campan ; mouton barégeois ; chèvre des Pyrénées
Languedoc-Roussillon	chèvre de Rove ; mouton Caussenarde des garrigues ; mouton Raïole ; mouton Rouge du Roussillon
Ile-de-France Centre	chèvre des fossés ; mouton Landes de Bretagne ; mouton solognot ; d'Ouessant ; vache nantaise
Champagne-Ardennes	mouton Mérinos précoce
Corse	chèvre corse

L'élevage urbain et sa contribution à la diversité faunistique et floristique

Le retour de l'animal en ville permet d'augmenter ou de restaurer la biodiversité faunistique à condition de respecter certaines règles d'agroécologie :

- pratiquer un pâturage extensif et adapter un chargement à l'hectare en fonction de la problématique des sites ;
- pour pratiquer l'apiculture, il est important de prévoir de petits ruchers répartis sur différents sites plutôt qu'un rucher important sur un seul site, ceci afin de ne pas rentrer en concurrence avec les insectes polinisateurs sauvages (voir chapitre 8).

Concevoir la ferme comme un « biotope » en travaillant sur l'organique et l'économie circulaire, c'est aussi favoriser la plantation de plantes hôtes sous forme de haie ; mettre en place des nichoirs (oiseaux, insectes, chauve-souris, etc.) ; créer des mares et des sites muricoles (mur adapté à l'accueil d'espèces) ; permettre la reproduction des reptiles (orvets, couleuvres, crapauds) par la réalisation des sites de reproduction ; réaliser des meules à insectes pour l'hibernation de la microfaune. L'expérience montre qu'un grand nombre d'espèces animales tirent parti des ressources et des matières premières de ce type d'élevage, respectueux de la faune indigène. L'hirondelle rustique, la bergeronnette grise, le rouge queue noire et bien d'autres, trouvent leur provende (provision de vivres) dans ces lieux.

Des moutons en pâturage à Lille

La restauration et la préservation de la biodiversité floristique passent par un sens aigu de l'observation comme le font les naturalistes. Un site pâturé en milieu urbain se modifie en fonction de la pression animale qui résulte de plusieurs facteurs, qui parfois interagissent :

- les déjections : la présence de crottes, bouses et autres excréments entraînent une augmentation de la vie du sol (bactéries, amibes, microfaune, insectes coprophages, etc.) et réactivent ce dernier ;
- le pâturage en lui-même : les animaux ne pratiquent pas une « tonte » homogène, les endroits non broutés sont appelés refus et permettent le retour de certaines plantes annuelles ou vivaces. Ce même pâturage permet de réduire les taches de prolifération d'une seule plante non désirée, ouvrant ainsi un biotope favorable aux espèces végétales moins abondantes et moins sociables ;
- le piétinement : à condition qu'il soit léger (ne pas mettre un nombre trop important de bêtes à l'hectare), il permet de réveiller la dormance de certaines graines du sol favorisées par ces nouvelles conditions ;

- exportation et transformation de la matière organique : le pâturage en ville est souvent une alternative au broyage ou à la fauche des espaces délaissés. Ces deux techniques favorisent les espèces nitrophiles (qui poussent dans les terrains riches en azote). La présence des animaux inverse cette tendance pour revenir à un caractère mésophile (milieux moyennement humides) favorable à la biodiversité.

Cochon dans une ferme pédagogique d'Île-de-France

Dans le contexte urbain, l'éleveur s'éloigne de la simple conception économique et introduit des notions sociales. Il parle de solidarité organique par analogie avec son métier. Comme le complexe argilo-humide, lié par le calcium, le magnésium, l'éleveur urbain permet la cohésion (élevage partagé, association pour le maintien de l'agriculture paysanne…). Il développe des techniques alternatives et utilise les réseaux sociaux. Grâce aux éco-animations et au développement d'une ferme organique et harmonique, il devient acteur de la découverte du milieu, de la faune et de la vie animale domestique.

À Plaine Commune, le pastoralisme comme révélateur des capacités agricoles du territoire

Ségolène Darly, enseignante-chercheuse et Clinamen, association de pastoralisme urbain

Les dynamiques spatiales et socioéconomiques du territoire de Plaine Commune en Seine-Saint-Denis sont profondément marquées par leur passé industriel et ouvrier. Rarement associés à cet héritage historique, les espaces de nature y sont pourtant trois fois plus importants que dans la ville limitrophe de Paris. Préoccupés durant des décennies par les problématiques d'intégration sociale et de difficultés économiques des populations locales, les pouvoirs publics ne s'intéressent que récemment aux modalités d'appropriation et de gestion de cette nature urbaine, qui apparaît comme une spécificité territoriale précieuse et valorisante.

La production de connaissances autour de ces espaces naturels et la réalisation d'un diagnostic des potentiels agricoles sur le territoire a amené Clinamen à proposer de répondre de façon originale à cette réflexion. Cette association, qui développe le pastoralisme urbain, est implantée en Seine-Saint-Denis depuis 2012. C'est ainsi qu'est née l'idée de réaliser un Atlas Paysan, projet auquel s'est associé l'Atelier professionnel du master de géographie de l'université Paris 8 Vincennes-Saint-Denis. Nous restituons ici les principaux éléments de réflexion et de méthodologie qui ont animé cet atelier.

L'activité menée par l'association sur Plaine Commune démontre que la conduite d'un troupeau en parcours urbain se révèle à la fois faisable et particulièrement utile à la production de connaissances sur les capacités agricoles de la ville. Le parcours permet d'acquérir, par les observations empiriques d'experts, une connaissance fine de la composition des couverts végétaux et des pratiques qu'ils supportent.

En effet, afin d'assurer une bonne gestion du troupeau, les bergers portent une attention particulière à la qualité des sols, à la composition floristique et faunistique des espaces pâturés que le troupeau enrichit au passage (par des apports de graines dans les fèces animales et le développement de la faune coprophage). Il permet aussi d'étendre largement le périmètre d'inventaire (les limites spatiales deviennent celles de la capacité de déplacement quotidien des moutons) et de saisir leurs dynamiques dans le temps (puisqu'ils y reviennent fréquemment).

Le mouton facilite des interactions sociales au sein de la population. Il impulse des échanges d'informations et révèle le potentiel d'appropriation des espaces parcourus par des activités de jardinage des habitants. Le troupeau est aussi support d'activités de services (entretien d'espaces verts, pédagogiques, culturelles, etc.), dont la rémunération permet de supporter, en partie, les coûts d'élevage.

Enfin, la conduite d'un troupeau en parcours urbain est particulièrement bien adaptée au contexte de pression foncière sur les espaces non construits à l'intérieur des tissus urbanisés : l'accès aux ressources de pâturage ne nécessite pas la détention de titres de propriété et l'itinéraire du parcours du troupeau peut être redéfini au jour le jour en fonction des dynamiques de recomposition de la ville sur elle-même.

Les moutons de la Ferme du bonheur à Nanterre (Hauts-de-Seine)

Les étudiants et leurs moniteurs ont, à ce titre, été mobilisés dans le cadre de l'atelier autour de l'Atlas Paysan pour proposer une méthodologie d'organisation et de valorisation des levées d'information effectuées sur le terrain lors des parcours du troupeau dans la ville. Quelques contraintes, inhérentes à la gestion d'un troupeau, ont dû être prises en compte au préalable : les animaux ont besoin d'un site pour l'implantation d'une bergerie où ils sont installés en dehors des temps de parcours (la nuit et certains jours). On peut les déplacer sur de grandes distances par véhicules motorisés pour certaines prestations de services, mais la fréquence de ce type de déplacements doit rester limitée et on favorise essentiellement le déplacement par la marche, en restant dans le périmètre d'une aire de proximité, tout en maximisant l'accès à des ressources fourragères et le contact avec les habitants.

Un atelier professionnel (début 2013) a permis de rassembler des données cartographiques, produites par différents services techniques à l'échelle régionale (Institut d'aménagement et d'urbanisme d'Île-de-France) et intercommunale (Plaine Commune), regroupées en quatre thématiques jugées importantes pour l'évaluation des capacités agricoles en ville : l'occupation du sol, sa maîtrise foncière, les risques de pollution, les réseaux de circulation.

À partir de ces données de bases, produites et mises à jour par les collectivités, une méthodologie de relevés de données de terrain a pu être formulée.

- Le territoire de Plaine Commune a tout d'abord été découpé en *aires cohérentes de parcours*, délimitées par les coupures urbaines infranchissables pour le troupeau (voies rapides, canal et fleuve, voies ferrées), au sein desquelles seront organisées les opérations de relevés. Pour chacune des aires définies, un site d'implantation de la bergerie est pré-identifié à partir des critères fournis par l'association (un minimum de surface en herbe, une surveillance du site 24 h sur 24), des points de passage d'un quartier à l'autre et les itinéraires de liaison entre bergeries sont identifiés à cette échelle.
- Pour chacune des aires de parcours sont identifiés les terrains sur lesquels a été localisé, par photo-interprétation, un couvert végétal, ainsi que le réseau de voirie qui permet de les relier. À l'aide des données existantes, un ensemble d'informations jugées pertinentes sont attribuées automatiquement à chaque terrain : vocation principale du site, pérennité du caractère non bâti, risque de pollution, type et nom du gestionnaire du terrain. Le croisement de ces données permet de produire une première typologie des parcelles « supports de nature » dans la ville.
- Sur la base de ces informations, des relevés de données de terrain sont organisés. Un carnet de terrain est édité à destination des bergers qui mènent les troupeaux en parcours dans la ville. Dans ce carnet, chaque feuille correspond à un terrain référencé dans la base de données des aires cohérentes de parcours. Les informations recueillies sur le terrain devront permettre à la fois de définir les usages et les pratiques dont les parcelles font l'objet, mais aussi les types d'usages et de pratiques agricoles qui pourraient y être développés et pérennisés.

À l'automne 2013, l'association et les moniteurs de l'atelier professionnel ont réalisé un atelier de bilan sur une semaine, afin de classer et d'analyser les informations produites sur un quartier de Saint-Denis, pour tester une forme de rendu compréhensible par tous et reproductible partout. Pour ce faire, des critères de notation de terrains ont été inventés pour s'adapter à la technologie SIG. La présentation de ce travail à la mairie de Saint-Denis qui a financé entièrement cette première étape a été accueillie avec enthousiasme quant à la qualité et le réalisme du rendu. Le projet d'Atlas Paysan n'a pour le moment pas été poursuivi mais cette première ébauche a permis malgré tout d'acquérir des données précieuses pour mieux identifier les capacités agricoles et donc écopastorales du territoire de Plaine Commune et accompagner la mise en œuvre d'une dynamique d'usage.

Pour en savoir plus :
www.clinamencomptoir.tumblr.com/post/44857069250/atlas-paysan

Parole d'acteur

Dynamiser les territoires urbains par les pratiques paysannes en commençant par le pâturage en Seine-Saint-Denis

Julie Lou Dubreuilh, association Clinamen

« Je suis l'une des bergères et bergers bénévoles de l'association Clinamen, qui existe depuis début 2012 et qui a souhaité adapter l'élevage de moutons à la ville en mettant en œuvre des démarches intuitives et expérimentales. Clinamen compte une dizaine de bénévoles actifs et gère 72 moutons en Île-de-France.

Au départ, huit moutons ont été introduits à Saint-Denis en 2012. L'association s'est adressée à la mairie, qui l'a mise en relation avec une entreprise industrielle à côté de notre domicile qui dispose d'un site sécurisé où ont été placés les animaux la nuit, et nous les sortions la journée en liberté pour paître dans les quartiers à proximité.

Le cheptel est rapidement passé en cours d'année à 14, puis à 25 bêtes ; Clinamen a alors remporté un appel d'offres du ministère de la Défense et a porté le troupeau à 72 animaux en partie pour entretenir les terrains de la base militaire du commandant Millé située à Houilles (Val-d'Oise). Clinamen possède un troupeau de vingt moutons basé à l'université de Paris XIII-Villetaneuse, et qui broute un peu partout sur le territoire de Plaine Commune (Seine-Saint-Denis).

L'association tire l'essentiel de ses revenus du ministère de la Défense et de quelques prestations de service. Mais il s'est avéré que la gestion de l'association et le pastoralisme nécessite quotidiennement l'implication de cinq bénévoles et que le bénévolat pur n'était pas durable : les moutons sans bergers ne vont pas loin.

La structure Bergers urbains a été mise en place par l'intermédiaire de la coopérative Coopaname, et prouve que des montages économiques sont possibles dans ce domaine, et qu'il pourrait être créateurs d'emplois, non pas d'insertion, ou subventionnés, mais par vocation et du fait de la réelle demande du marché. L'association Clinamen est devenue la cellule de recherche et développement de Bergers urbains qui applique économiquement les expériences réussies de Clinamen. Plusieurs projets sont en cours de développement chez Clinamen.

À travers le projet « Broute Saint-Denis », il s'agit de mesurer le désir des habitants pour les projets agricoles, et de favoriser leur implication graduelle. Le poulailler-composteur et la banque de graines naturalisées de Saint-Denis sont d'ores et déjà de belles réussites.

Le projet Atlas Paysan vise à cartographier les espaces urbains potentiellement utilisables pour l'agriculture : dans cette perspective, les ovins sont l'un des moyens d'observer la ville, car ces animaux ont la capacité de déceler des terrains ou des détails de l'espace que l'homme ne sait pas forcément (ou plus) apercevoir.

Le projet Usufruit est développé avec l'université Paris XIII-Villetaneuse, où se trouvent de très anciens pommiers, poiriers et cerisiers, puisque les bâtiments ont été construits sur d'anciens vergers. Il s'agit dans ce cas d'utiliser les brebis pour remettre les sols en vie grâce à leur fumier : elles sont ainsi l'un des éléments d'une polyculture globale. Aujourd'hui, 80 ares de ces terrains fertilisés pendant deux ans vont devenir des vignes patrimoniales associées à des plantes potagères et sauvages en culture participative.

À ce jour, les volontaires de l'association accumulent des points de travail dits TU à chaque heure de volontariat, ce qui servira de base pour partager les récoltes proportionnellement à la participation fournie.

Enfin, l'Opération Luzerne a pour but de gérer des terrains militaires installés sur des pelouses calcaires sèches de 15 hectares à Houilles. Le site a longtemps été girobroyé (débroussaillage et broyage mécanique des végétaux) de manière systématique. Grâce au pâturage en parc, celui-ci permettra un entretient en prenant soin de la flore très spécifique de ce milieu d'anciennes carrières : même si le contrat ne portait pas initialement sur les aspects esthétiques, nous travaillons de sorte que le site soit beau et exprime sa biodiversité propre en compagnie des moutons.

Enfin, l'association souhaite mettre en place une coopérative de matériel agricole et prévoit d'investir en ce sens afin de contribuer à la mise en place d'une agriculture urbaine en réseau à l'échelle d'un ensemble de communes. Depuis plus de trois ans, elle expérimente au jour le jour et adapte son action à chaque nouvelle situation. Elle commence ainsi à disposer d'un savoir de terrain important. »

Parole d'acteur

Réintroduction des poules en milieu urbain pour la gestion des déchets

Sylvette Amestoy, adjointe au maire de la Ville de Courdimanche (Val-d'Oise)

« Je suis maire-adjointe déléguée à la transition durable et à l'économie sociale et solidaire. Située dans le Val-d'Oise, notre commune compte 6 600 habitants, fait partie de la communauté d'agglomération de Cergy-Pontoise et se situe à proximité du parc naturel régional du Vexin français.

Depuis 2008, une politique globale en faveur de l'environnement et de la biodiversité est mise en œuvre. La commune n'emploie plus de produit phytosanitaire depuis cette date et a ensuite entrepris une série d'actions pour adapter sa gestion, le point le plus difficile à régler étant le nouvel aménagement du cimetière. La gestion différenciée a été étendue sur toute la commune en faisant appel au pâturage ovin, par des moutons Solognot et il est prévu d'utiliser des chèvres des fossés pour lutter contre la renouée du Japon.

Des vergers (dont un verger conservatoire) et un rucher pédagogique ont été installés, une action très bien reçue par la population grâce à une communication adaptée, une série d'événements, et à la création d'une École de la nature ouverte à tous.

Un poulailler de quartier à Pantin (Seine-Saint-Denis)

Les poules ont été introduites dans le cadre de la politique de réduction des déchets et permettent aussi de resserrer les liens entre les habitants et de soutenir la biodiversité. Le premier poulailler a été ouvert avec quatre poules dans le centre de loisirs des Croizettes, ce qui plaît beaucoup aux enfants qui le gèrent eux-mêmes avec un animateur.

Des poulaillers avec deux poules ont aussi été implantés gratuitement en juin 2013 chez cinq foyers témoins et dix autres se sont vus offrir des composteurs et des lombricomposteurs. Une charte très simple a été conclue afin d'encadrer les relations avec les poules tout en prévenant les éventuels conflits de voisinage. Il n'y en a d'ailleurs pas eu sachant que les plus grandes réticences sont venues de quelques élus.

Une association dispose aussi sur le centre de loisirs des Croizettes d'un espace de formation à la permaculture, qui est ouvert aux scolaires et aux habitants des environs. Ce lieu bénéficie des poules présentes qui apportent des fertilisants tout en recyclant les déchets organiques.

La collecte et le traitement des déchets coûtent de 450 000 à 500 000 euros par an à la commune et les poulaillers participent à la réduction de leur volume. Ainsi, l'une de nos écoles sert 170 repas et produit 25 kg de déchets alimentaires par jour, dont 2 kg sont mangés par les poules, qui sont aussi alimentées par des céréales. Chaque foyer témoin élimine en moyenne 2,83 kg de déchets par semaine grâce aux poules.

Le potentiel de réduction est évalué à 3,2 % sur l'ensemble de la commune : équiper 310 logements (20 % du total) de poulaillers permettrait donc à la commune de réaliser des économies substantielles et la municipalité commence à y réfléchir après une année de test. Les poules participent au lien social, puisque les voisins s'organisent pour s'occuper des animaux quand leurs propriétaires sont absents. La volaille n'a jamais tout à fait disparu du centre du village et ses habitants n'ont pas eu besoin de s'y habituer ; mais cette gestion coopérative fonctionne également dans les nouveaux quartiers construits depuis les années 1980.

Il est prévu d'établir un bilan de l'expérience avec les cinq ménages témoins. La commune ne sait pas encore si elle offrira d'autres poules, mais une liste d'attente s'est déjà constituée. »

Retour d'expérience

À Lille, pâturage rime avec retour de la biodiversité et production de viande locale

Depuis 2007 et afin d'optimiser la gestion sur des sites difficiles d'accès (haut de remparts), de lutter contre les espèces invasives (comme la renouée du Japon au Triangle des Rouges Barres) ou de limiter les ligneux (arbres et arbustes) et restaurer la biodiversité prairial (faune et flore), Lille a mis en place l'accueil de troupeaux sur différents sites. Partant de zones de type friches à caractère écologique mais fermées au public, les bêtes sont également installées sur des espaces à forte fréquentation.

Des troupeaux sont ainsi accueillis sur 12 hectares répartis sur quatre sites en pâturage extensif, dans le cadre d'un conventionnement avec un éleveur local installé en bio (ferme Beau Pays), ce qui permet de développer une agriculture biologique en circuit court et de sensibiliser le public aux pratiques écologiques.

Les moutons du parc de la Citadelle à Lille

La direction des Parcs et Jardins de Lille a installé des cheptels différents selon les sites :

- vaches Highland Cattle à la Citadelle ;
- moutons Soay sur les remparts de la Citadelle (dans la zone militaire), sur le verger haute tige du parc des Buissonnets et sur l'espace naturel du Triangle des Rouges Barres ;
- chèvres poitevines au Triangle des Rouges Barres.

Afin de ne pas surpâturer les prairies, l'équipe et l'éleveur font un calcul précis de la charge pastorale en fonction des besoins du site. Les sites, ouverts au public, ont été aménagés pour garantir la sécurité et le confort des animaux et du public grâce à la pose d'enclos, l'installation de passerelles d'accès, d'abris et de points d'abreuvage. Les bêtes font l'objet d'un suivi vétérinaire entrant dans le cahier des charges en agriculture biologique et selon les préconisations de la Ville, sans utilisation de vermifuges vulnérant pour l'entomofaune (partie de la faune constituée par les insectes comprenant les aptérygotes, se caractérisant par l'absence d'ailes, et les ptérygotes, possédant des ailes).

La viande de mouton est proposée sur le territoire lillois avec la vente sur le marché de Lille-Wazemmes.

La Ville valorise cette action de manière transversale, en faisant notamment le lien avec la dimension patrimoniale de lieux comme le parc de la Citadelle. Une transhumance avec les troupeaux et les chiens de berger est organisée dans le cadre du printemps de la Citadelle et la mise en place d'une signalétique informative sur les sites explique la démarche du pâturage.

Cette expérience permet déjà d'observer les effets sur la biodiversité locale. Au niveau de la Citadelle, on assiste au retour des coléoptères coprophages (insectes se nourrissant des excréments des autres animaux, tel le bousier). Deux territoires de gobe-mouches gris (espèce disparue du territoire depuis plusieurs années) ont à nouveau été observés sur la zone pâturée de la Citadelle.

La pulicaire dysentérique

Cette dynamique de reconquête, se vérifie également avec la réapparition de prairies humides à pulicaires dysentériques, jonc glauque et jonc à tiges comprimées. Sur les remparts, le rorippe des bois et le séneçon à feuille de roquette sont à nouveau présents. Sur le Triangle des Rouges Barres (friche ferroviaire), les ronciers et massifs de vigne vierge sont remplacés par des prairies au cortège floristique diversifié avec l'astragale à feuilles de réglisse (*Astragalus glycyphyllos*). Enfin, la renouée du Japon a reculé de 60 % sur la zone pâturée.

Le rorippe des bois

Le pigeon en ville

Gilles Lecuir, Natureparif[1]

Depuis le néolithique, le pigeon biset a été domestiqué par l'homme, pour être mangé, servir de pigeon messager ou pour être sélectionné sur des critères de beauté. En France, les restes archéo-zoologiques attestent d'une cohabitation du pigeon et des hommes au moins depuis l'époque gallo-romaine, même si son statut reste encore peu clair : a-t-il été domestiqué de suite, ou était-il maintenu en captivité simplement pour être consommé ?

Ce qui est sûr, c'est que des individus domestiques se sont toujours échappés des élevages et ont progressivement colonisé les villes du monde entier. On parle de populations « marronnes » (en référence aux esclaves noirs échappés de captivité, les Noirs « marrons »), ou de populations férales, par anglicisme.

Les pigeons biset existent donc actuellement sous trois statuts :

- des populations sauvages : ils occupent des habitats riches en falaises leur permettant de nicher, tels que les côtes maritimes et les montagnes. Ils ont pratiquement disparu en France, il est probable que seules subsistent quelques populations en Corse ;
- des populations domestiques, élevées et sélectionnées comme pigeons de chair (destinés à la consommation), pigeons de course (colombophilie)

1. D'après Anne-Caroline Prévot, Muséum national d'Histoire naturelle, Dalila Bovet, université Paris Ouest, Nanterre La Défense et Didier Lapostre, université Paris VIII, Association Aerho.

ou comme pigeons de concours (colombiculture). Il existe actuellement plus de 500 races de pigeons domestiques ;

- des populations urbaines marronnes, présentes essentiellement dans les milieux urbains.

Pigeons biset sur le parvis de Notre-Dame à Paris (photo de Laurent Geslin extraite de l'exposition Natureparif « Architecture et biodiversité »)

En France, son élevage pour des besoins alimentaires fut promu au XIXe siècle où les agriculteurs ont été sollicités pour développer le pigeon de chair comme salaire de complément. Geoffroy Saint-Hilaire publia ainsi en 1849 un texte montrant l'intérêt alimentaire de l'espèce, dix ans avant de participer aux grandes campagnes de lutte contre l'hippophagie (consommation de viande de cheval).

À la fin du XIXe siècle, des urbanistes, des architectes et des scientifiques recommandent toujours la création de pigeonniers dans les greniers de Paris, à l'exemple du journal du Conservatoire national des arts et métiers, *La Nature*, qui en fait la promotion active.

Pour en savoir plus :
www.natureparif.fr/attachments/forumdesacteurs/pigeonenville/Guide-Pigeons-Natureparif-web.pdf

Chapitre 10

Diversité agricole, biodiversité potagère et fruitière, et semences en ville

Par Christophe Bonneuil[1]

Si dans des domaines comme les disciplines naturalistes ou l'astronomie, de vigoureuses pratiques amateurs ont survécu à la professionnalisation amorcée au milieu du XIXe siècle et prospéré au XXe siècle, la génétique végétale et les savoirs sur les semences constituent, dans les décennies qui suivent la seconde guerre mondiale, un champ de savoir et de pratiques quasi entièrement monopolisé par des institutions publiques et entreprises privées spécialisées. Elle est emblématique d'un type de « science confinée » que Michel Callon et ses collègues ont opposé à un type « science de plein air »[2].

1. Chercheur au CNRS (Centre A. Koyré d'histoire des sciences et des techniques), directeur de la collection « Anthropocène » aux éditions du Seuil.
2. Michel Callon *et al.*, 2001.

Dans le contexte d'urbanisation, de recul de l'agriculture urbaine et périurbaine et d'un modèle de développement agricole productiviste et d'affirmation d'une recherche agronomique professionnalisée, les savoirs et pratiques des jardiniers et agriculteurs relatifs à la conservation et l'utilisation de la variabilité génétique furent alors disqualifiés[1]. L'après-guerre inscrit ces visions dans la réglementation des semences et des variétés.

Réappropriation citoyenne des savoirs sur les semences et de la biodiversité alimentaire

En France, avec le décret du 11 juin 1949, seules peuvent être commercialisées les semences issues d'une variété inscrite au Catalogue officiel. Cette réglementation raye de la carte un grand nombre de variétés agricoles et potagères, qui disparaîtront bientôt des paysages agricoles et ne subsisteront dans les jardins que grâce à d'innombrables jardiniers passionnés. La biodiversité cultivée connait alors un déclin massif et mondial au XXe siècle.

Des semences paysannes à Bourg-lès-Valence (Drôme), avec Jardin'Envie

Aujourd'hui, de grandes multinationales redoublent d'efforts pour renforcer leur monopole global sur l'alimentation et les semences. Deux géants (Monsanto et Dupont) possèdent à eux seuls plus de brevets végétaux que l'ensemble des institutions publiques dans le monde. Et l'Office européen des brevets vient d'autoriser (mars 2015) le brevetage de tout gène existant dans la nature dès lors qu'une entreprise en établit le lien avec un trait agronomique donné. Dans le même temps l'approvisionnement alimentaire des milliards d'urbains de notre planète est de plus en plus industrialisé, en circuit long et il montre aujourd'hui ses limites en termes d'empreinte écologique (effet de serre notamment) et de résilience[2].

1. Pour une histoire des semences en France depuis la fin du XIXe siècle, voir Christophe Bonneuil, Olivier Petitjean et Frédéric Thomas, *Semences : une histoire politique*, ECLM, 2012.
2. Pablo Servigne, *Nourrir l'Europe en temps de crise*, Éditions Nature & Progrès, 2014.

Face à la standardisation du vivant du modèle « révolution verte », face à son appropriation par des monopoles privés, et face à la perte du lien direct avec le vivant et de l'autonomie alimentaire en milieu urbain, s'est levé un puissant et multiforme mouvement de réappropriation citoyenne des savoirs sur les semences et de la biodiversité alimentaire et de relocalisation alimentaire.

Comme l'illustre le cas du Jardin'Envie à Bourg-lès-Valence, né notamment du refus des OGM et de l'urbanisation de terres agricoles, la vigueur des résistances (lutte anti-OGM, refus du brevet sur le vivant, dénonciation des affres de l'agriculture productiviste et de la mondialisation alimentaire...) s'est alliée la créativité des initiatives (bio dans les cantines, semences paysannes, jardins partagés et agricultures urbaines, sciences citoyennes, Amap...).

Un phénomène social et culturel majeur

Le mouvement de conservation/diversification de la biodiversité cultivée par des amateurs (avec notamment les Croqueurs de pommes, créés dès 1978, suivis d'associations plus récentes tel Kokopelli) ou des territoires (conservatoires locaux ou régionaux, tels le verger conservatoire de Pau ou le potager conservatoire du parc floral d'Orléans présentés dans cet ouvrage), le réseau Semences Paysannes né en 2003 dans le monde agricole, et la relance des « jardins » (ouvriers, partagés, productifs en AAP, etc.) en ville constituent un phénomène social et culturel majeur[1]. Ces initiatives instaurent aussi de nouvelles horizontalités dans les façons de produire et partager les savoirs sur le vivant, des innovations « par en bas », de nouveaux communs. En ville, elles ont bouleversé les paradigmes « modernisateurs » des élus traditionnels amenés à repenser la place de la production alimentaire en ville, du « bio » et du « local » dans les cantines.

Dans le contexte actuel de crise profonde de la biodiversité à l'heure de l'Anthropocène (depuis la révolution industrielle du XIXe siècle, l'Humanité est devenue une force géologique à l'échelle de la planète influençant et modifiant les écosystèmes terrestres) et de risques multiples d'effondrement, l'importance de ces initiatives en termes de résilience biologique et économique pourrait bientôt également se révéler.

1. Pour une étude pionnière de ce retour du jardin et de la diversité, voir François Dubost. *Vert patrimoine. La constitution d'un nouveau domaine patrimonial*, Éd. MSH, 1994. Voir aussi Christophe Bonneuil, Elise Demeulenaere, Frédéric Thomas, Pierre-Benoît Joly, Gilles Allaire et Isabelle Goldringer, « Innover autrement ? La recherche face à l'avènement d'un nouveau régime de production et de régulation des savoirs en génétique végétale », *Dossiers de l'Environnement,* n°30, Inra, 2006.

Le pôle d'agriculture urbaine R-Urban à Colombes

Le pôle d'agriculture urbaine R-Urban de l'association l'Atelier d'architecture autogérée (AAA) soutenu par la ville de Colombes (Hauts-de-Seine), illustre le retour de la production alimentaire dans la petite couronne parisienne. L'agriparc du Mas de Nouguier à Montpellier, évitant que 25 hectares de vigne ne restent en monoculture avide de pesticides ou ne se transforment en ZAC, diversifie le domaine (arboriculture, plantes aromatiques…) et y élabore un vin biologique, sous la conduite d'une régie municipale et avec un établissement et service d'aide par le travail (les Compagnons de Maguelone) : action sociale, reconquête des biens communs municipaux et transformation écologique vont ici de pair… Mais on aurait pu présenter des centaines d'initiatives similaires tant celles-ci ont fleuri ces dernières années à travers la France !

PAROLE D'ACTEUR

L'enjeu de la préservation des semences et l'indispensable maintien des variétés anciennes

Gilles Debarle, directeur du domaine de La Grange-la Prévôté, Centre régional des ressources génétiques d'Île-de-France

« Au fil des siècles, les hommes ont développé une biodiversité cultivée adaptée à leurs territoires. Celle-ci décline depuis la révolution industrielle avec la baisse des coûts des transports, l'urbanisation, les pratiques favorisant le mieux-disant économique et social. Toutefois, cette spirale régressive est remise en cause :

comme si la perte de goût et de couleurs, l'uniformisation des paysages, des modes de vie, le passage à une société numérique entraînaient une réaction en faveur de pratiques comme le jardinage et la cuisine. Le retour à une vie plus naturelle devient une nécessité et la santé alimentaire, une priorité.

Le patrimoine naturel devient un vecteur d'attractivité et un relais de croissance : agriculteurs, jardiniers, restaurateurs et producteurs indépendants, collectivités, associations, offices du tourisme, animateurs de jardins partagés, ou « consom'acteurs » construisent ce nouveau modèle. Des marchés de niches répondent à cette demande : un terreau favorable est constitué. Reste à choisir les plantes qui lui correspondent.

Le centre de Savigny-le-Temple et son jardin-potager

Or, les variétés ont été continuellement améliorées par les agriculteurs. Les plus anciennes étaient rarement conservées. Plusieurs furent créées selon des techniques difficiles à remettre en œuvre ou pour des sols dorénavant urbanisés. Seuls certains producteurs ont conservé leurs graines et des collections ont été établies par des établissements de semences. Aujourd'hui des variétés nouvelles sont adaptées à une agriculture biologique et urbaine. De plus, le coût de maintien d'une variété est élevé. Dès lors, pourquoi maintenir les anciennes variétés ? Voici quelques arguments :

• Un argument pédagogique

La diversité des formes, des couleurs, des goûts est issue d'un travail séculaire. La diversité génétique au sein d'une espèce montre qu'une plante peut évoluer sans cesse (ainsi les milliers de variétés de haricots adaptés depuis les Andes jusqu'en Suède). Elle constitue un formidable support pédagogique pour éveiller les sens : à Savigny-le-Temple, le domaine de la Grange-la Prévôté produit dans sa nouvelle serre de semis 500 plants de tomates, transférés ensuite dans celle du maraîcher voisin qui les cultive pour le prestataire qui les livre aux cantines des centres de loisirs l'été. Le but ? Faire goûter des variétés locales (Saint-Pierre, Améliorée de Monthléry), ou de différentes couleurs.

• Un argument patrimonial
Les variétés locales deviennent des références – asperge d'Argenteuil, épinard Monstrueux de Viroflay, navet de Viarmes (mauve, long comme une carotte), récupéré par le parc naturel régional et conservé par un centre Inra, par l'intermédiaire du domaine. La variété devient un marqueur de territoire. La promotion des variétés locales constitue ainsi l'un des trois piliers constitutifs de l'Association des jardins-potagers de France.

• Un argument cultural
Plurielle, l'agriculture urbaine se tourne vers les nouvelles formes de culture où les variétés locales peuvent trouver des conditions appropriées, telle la permaculture, pratiquée au domaine. Ainsi la carotte « marché de Paris », adaptée aux jardinières, ou le haricot Crochu de Montmagny qui se cultive en tipi : nul besoin de se baisser pour le récolter comme un haricot nain.

• Un argument commercial
Par ces influences, le marché devient moins uniforme. Du marché unique, on passe au marché multiple avec différents réseaux de distribution. En réaction, l'hypermarché propose même une plus grande diversité, ainsi la courge sucrine du Berry repérée dans l'un d'eux…

• Recenser et valoriser les variétés locales
La sensibilité (« l'élasticité ») au prix varie en fonction du type de demande. Si les variétés anciennes sont prisées pour leur qualité, le client est prêt à payer davantage. C'est le cas pour les restaurateurs ou les adeptes des circuits courts, qui permettent de réduire les frais intermédiaires.

Combien reste-t-il de variétés, comment les préserver et les mettre en valeur ? Avec le soutien de la région Île-de-France et de nombreux partenaires, la Ville de Savigny-le-Temple a monté un programme en réseau avec d'autres régions. La biodiversité est présentée dans un potager et deux vergers. L'opération « Goûtons notre patrimoine » en septembre les fait découvrir au public avec des recettes concoctées par un lycée hôtelier. L'étape suivante est la multiplication des variétés retrouvées pour les réintroduire. »

Participez au recensement des variétés d'Île-de-France en demandant la fiche à lagrangelaprevote@savigny-le-temple.fr.

À Bourg-lès-Valence, Jardin'Envie cultive les semences paysannes

Gilles Lecuir, Natureparif

Après avoir renoncé à l'urbanisation d'une partie des terres agricoles au nord de la ville en 2006 via son plan local d'urbanisme, Bourg-lès-Valence (Drôme) a récemment racheté des terrains agricoles à la foncière en vue de construction, afin de les louer à des agriculteurs pour une culture biologique ou en conversion.

Serre de production avec circuit d'eau chaude sous le substrat

C'est de ce dispositif dont bénéficie Jardin'Envie, producteur de semences paysannes porté par le collectif d'habitants Terre Avenir Ville, au travers d'un bail précaire de 10 ans, pour 19 000 m^2 loués au prix du marché, ce qui lui permet d'augmenter la surface de l'exploitation.

Le collectif produit et distribue déjà à Bourg-lès-Valence et dans les environs (au sein du réseau Semences Paysannes) depuis quelques années des semences paysannes de fruits, légumes, céréales, oléagineux, mais aussi messicoles… Issus de la mobilisation contre les OGM (organismes génétiquement modifiés) et de la recherche d'alternatives à partir de 2002, le collectif a acquis une formation agricole en 2007 puis ouvert la ferme au public en 2009.

Le bail va lui permettre d'étendre son activité et son champ d'action une fois que la préparation des sols, autrefois cultivés en agriculture conventionnelle, aura été réalisée. Celle-ci prendra, grâce à la culture de différentes plantes, deux à trois ans pour la dépollution et leur redonner une structure adaptée.

Le principe fondamental de culture de Jardin'Envie est fondé sur la sélection massale, avec l'objectif d'augmenter la biodiversité génétique des espèces cultivées, tout en proposant des semences adaptées et capables de produire malgré des événements climatiques, maladies ou prédateurs. Les modes de cultures sont plus stricts que ceux de l'agriculture biologique, puisque aucun intrant extérieur à l'exploitation n'est utilisé (pas de souffre ni de cuivre). Les intrants éventuels sont issus des productions de l'exploitation (préparations à base de messicoles, huiles essentielles).

Récolte manuelle de graines

Semences, plants, fruits, légumes et produits transformés (farine, huile, confitures…) sont vendus en vente directe à la ferme et sur des points de ventes directes sur l'agglomération. L'objectif du collectif est d'atteindre la rentabilité économique.

Retour d'expérience

À Pau, la plantation d'un verger conservatoire fait revivre 47 espèces fruitières

Ville de Pau (Pyrénées-Atlantiques)

Depuis 2013, un lieu emblématique du quartier Berlioz au nord de Pau (Pyrénées-Atlantiques) est l'objet d'un projet autour des jardins de l'utile et de l'agréable, composé de plusieurs îlots : un jardin en cours de réalisation avec l'appui de l'architecte japonais Kinya Maruyama dans le cadre d'un projet de création collective « tremblements » ; un espace de production maraîchère et un jardin d'insertion ; enfin, un verger conservatoire de 47 espèces fruitières du conservatoire végétal d'Aquitaine, en cueillette libre. La zone concernée se situe sur d'anciennes terres agricoles enclavées et en friche dans une zone d'urbanisation de plus en plus dense.

L'objectif du verger conservatoire, planté en novembre 2013, est de participer à la conservation de la biodiversité cultivée et d'espèces fruitières anciennes et locales et d'offrir un support d'éducation à l'environnement et d'activités collectives en ville.

De plus, sa plantation sur 2 500 m² en agriculture biologique est l'aboutissement d'un partenariat entre la Ville de Pau, le conservatoire végétal d'Aquitaine, la maison des jeunes et de la culture Berlioz (MJC), le Centre d'initiatives pour valoriser l'agriculture et le milieu rural (Civam) et un mécène privé, négociateur en vin local, Lionel Osmin.

Les variétés ont été choisies en fonction de leur origine géographique, de leur résistance et de leur mode de valorisation. Il comprend quatre espèces de pommiers, trois de poiriers, quatre de cerisiers, quatre de pêchers et trois de pruniers.

La plantation des fruitiers, provenant de la pépinière du conservatoire végétal d'Aquitaine, a été l'occasion d'organiser un chantier participatif avec près de 200 personnes.

Depuis, des formations-actions sont périodiquement menées sur le verger par le Civam pour un public varié (adhérents de la MJC, autres associations investies dans des projets de jardins, habitants...) pour transmettre les techniques de conduite d'un verger en agriculture biologique (greffage, taille, art de planter). Le site a été équipé de panneaux pédagogiques dans le cadre d'un atelier de jeunes encadré par la MJC.

Le verger conservatoire implanté au cœur du quartier Berlioz à Pau

Retour d'expérience

À Orléans, le parc floral de la Source, oasis potager pour variétés anciennes de légumes

Ville d'Orléans (Loiret)

Le territoire d'Orléans (Loiret) compte une multitude d'espaces de nature, privés comme publics, ce qui lui confère un caractère de « ville-jardin ». Le parc floral, labellisé jardin remarquable depuis 2009, est identifié comme un des noyaux de biodiversité de la trame verte urbaine car ses 35 hectares sont d'une grande attractivité pour la faune sauvage. Dans le cadre du plan biodiversité d'Orléans, un suivi régulier de la diversité biologique est mis en place au parc floral depuis 2010. Les sites sont gérés sans pesticides et de manière à préserver la biodiversité locale (gestion différenciée, installation de nichoirs, régénération naturelle en sous-bois et conservation d'arbres à cavités pour accueillir les chiroptères, gestion des espaces en eau...).

Le parc floral développe aussi un projet original de valorisation culturelle des variétés légumières régionales, avec l'Association des parcs et jardins en région Centre et l'Union pour les ressources génétiques du Centre. La structure s'est engagée à la mise en culture de ces légumes régionaux dans un potager ouvert au public et fait partie des quatre sites du Loiret à avoir signé la charte du Patrimoine légumier du Centre en 2013. Les objectifs sont la conservation d'un patrimoine en danger de disparition, la culture des variétés régionales et faire du parc floral d'Orléans la Source un réel ambassadeur de la richesse légumière régionale auprès du public. Le potager conservatoire du parc floral achète donc des graines (semis directs ou semis sous serre réalisés par le Centre de production horticole de la ville) et des plants qui sont cultivés et entretenus par les jardiniers du parc floral, sans pesticides, comme sur l'ensemble du site, avec des cultures « classiques », des variétés oubliées et des légumes dont le mode de croissance est peu connu des visiteurs (aubergine, chou, carotte, courge, lentilles, épinard, laitue, maïs, melon, tomates, stevia, radis...).

Ainsi, au titre de la charte Patrimoine légumier du Centre, sont cultivées six variétés régionales : des citrouilles de Touraine, des courges Sucrine du Berry, des haricots Barangeonnier, des haricots Comtesse de Chambord, des melons Sucrin de Tours et des navets Globe Saint Benoit. Ces cultures font l'objet d'un suivi de culture et d'une signalétique spécifique à destination du public, installée en juin 2014.

Citrouille de Touraine au parc floral d'Orléans

Afin de mettre en valeur cette spécificité du parc et les variétés légumières régionales, de nombreuses animations sont proposées sur les thématiques de la biodiversité, de l'agriculture et des pollinisateurs. Elles sont assurées par les associations locales Sologne Nature Environnement et L'Abeille olivetaine et sont principalement destinées aux groupes d'enfants (281 classes par an), et des classes en libres visites. Un livret pédagogique est édité chaque année avec le descriptif des animations.

Retour d'expérience

À Montpellier, un conservatoire viticole au cœur de l'agriparc du Mas Nouguier

Ville de Montpellier (Hérault)

En 2007, Montpellier (Hérault) acquiert le Mas Nouguier, un ancien domaine agricole d'environ 25 hectares dans le cadre d'une zone d'aménagement concerté. Une part du domaine voit la construction d'un écoquartier tandis que l'autre partie est consacrée à la création de l'agriparc. Il s'agit d'un conservatoire viticole en agriculture biologique réalisé en partenariat avec la chambre d'agriculture. L'objectif est de retrouver une production de vin local, le tout étant géré par le biais d'une régie municipale. L'exploitation est depuis 2014 classée sur plusieurs parcelles en appellation d'origine contrôlée « Grès de Montpellier ».

L'agriparc du Mas Nouguier à Montpellier

Aujourd'hui le site est composé de 12 hectares de vigne, de 6 000 m^2 d'oliveraie de différentes variétés locales, d'un jardin aromatique avec 70 espèces différentes. La gestion du domaine est réalisée en partenariat avec l'établissement et service d'aide par le travail de Villeneuve-lès-Maguelone (spécialisé en viticulture) à qui l'entretien de la vigne a été confié depuis 2013. La vinification est réalisée par une cave coopérative. Le domaine permet une production annuelle de 30 000 bouteilles. Des animations sont réalisées sur le site autour de la vigne, de l'olivier, des techniques de culture, du rucher et de la biodiversité. Une partie des vendanges est aussi réalisée avec les enfants des centres de loisir montpelliérains.

Ce projet s'inscrit également dans le projet de la communauté d'agglomération qui souhaite développer l'agriculture urbaine, notamment en créant une pépinière agricole qui permettra d'installer de nouveaux agriculteurs issus du milieu urbain en expérimentant leur projet innovant. Ainsi, la régie agricole de la Ville ne s'occupe aujourd'hui que de vin mais il existe un projet de maraîchage d'insertion avec vente de paniers de fruits et légumes aux quartiers prioritaires. D'autres projets sont en cours sur le site comme la création d'un verger et jardin partagé de variétés anciennes et méditerranéennes.

SECTION 3

REPENSER LES SYSTÈMES ALIMENTAIRES LOCAUX AVEC L'AGRICULTURE URBAINE

Page de gauche :
Plants de pommes de terre dans un jardin partagé du XVIIIe arrondissement de Paris

Chapitre 11

Cultiver la ville pour réduire son empreinte alimentaire et écologique

Par Sabine Barles[1]

Connaître les flux d'énergie et de matières qui permettent le fonctionnement des villes est essentiel pour étudier le métabolisme urbain. Actuellement, celui-ci est essentiellement linéaire : les ressources neuves puisées dans la biosphère et la lithosphère (enveloppe solide de la Terre constituée par la croûte et le manteau supérieur, ndlr) sont dégradées et généralement rejetées à d'autres endroits que leur lieu d'origine.

La ville est née d'une spécialisation sociospatiale qui, initialement, s'appuie sur des habitants occupés à autre chose qu'à la production des biens de première nécessité. Ainsi, comme le signalait François Ascher (économiste et sociologue français, spécialiste des phénomènes métropolitains, décédé en 2009, ndlr), une ville est par définition un lieu où les habitants ne produisent pas leur nourriture. Cela n'empêche pas qu'il ait toujours existé

1. Université Paris I Panthéon-Sorbonne, UMR 8504 Géographie-Cités.

des productions alimentaires en ville, par exemple jusqu'au XIXe siècle à Paris. Mais même si l'on considère les zones périurbaines, les produits concernés sont essentiellement les fruits et légumes qui ne représentent qu'une partie limitée de la ration alimentaire des citadins.

Jardins familiaux à Valenton (Val-de-Marne)

Si l'on adopte une vision territoriale plus large que celle de l'agglomération-centre, l'Île-de-France est marquée par un paradoxe : il s'agit d'une grande région agricole produisant essentiellement des céréales à partir d'un modèle agro-industriel intensif destiné au marché mondial et non à l'agglomération. Ceci, alors que la région importe sa consommation alimentaire grâce à un réseau d'approvisionnement lui aussi mondialisé et quasi totalement déconnecté du premier. Quelques rares liens locaux se nouent en parallèle, par exemple au travers des associations pour le maintien de l'agriculture paysanne. Dans ce contexte, l'agriculture urbaine jouerait un rôle d'autant plus pertinent qu'elle s'inscrirait dans le cadre d'une réforme totale de la production et de l'approvisionnement au niveau de la région et du bassin de la Seine.

Actuellement, la surmédiatisation des rares initiatives d'agriculture urbaine ne doit pas cacher le fait que le principal enjeu consiste à remettre en cause l'agriculture industrielle propre notamment au Bassin parisien et à ses régions limitrophes, qui produit des désastres écologiques majeurs à l'échelle de la planète. Or, il a été montré dans le cadre du Piren-Seine (Programme interdisciplinaire de recherche sur l'environnement de la Seine) qu'à condition de modérer les consommations de protéines animales, le bassin de la Seine demeurerait exportateur du point de vue alimentaire si toute sa surface était convertie en polyculture-élevage biologique[1]. Le potentiel agricole de la région est donc absolument considérable, même dans une ambition de réelle durabilité écologique.

Dans cette optique, la production urbaine et périurbaine peut parfaitement jouer un rôle d'appoint par rapport à celui du grand bassin d'alimentation de l'Île-de-France. Il faut néanmoins veiller à conserver un foncier de proximité à cet usage, ce qui n'est pas forcément perdu d'avance, puisque l'agriculture urbaine, dans le cadre de l'expansion de l'agglomération francilienne, a jusqu'ici été utilisée précisément par les acteurs chargés de l'urbanisme pour limiter l'étalement urbain. Cette tendance initiale doit désormais être renforcée, ce qui suppose l'intervention des collectivités afin de favoriser la reprise des exploitations. Le maintien du classement agricole des parcelles dans le cadre des documents d'urbanisme est aussi une dimension importante notamment lors de la révision ou de la modification des plans locaux d'urbanisme (PLU). Pour construire une politique de développement robuste de l'agriculture urbaine, il est également indispensable d'imaginer les moyens pour boucler les flux organiques liés à la consommation alimentaire et à la présence des citadins.

Récupération d'eau de pluie et compost urbain dans le jardin partagé de Banane Pantin (Seine-Saint-Denis)

1. G. Billen, J. Garnier, V. Thieu, M. Silvestre, S. Barles et P. Chatzimpiros, « Localising the nitrogen imprint of the Paris food supply : the potential of organic farming and changes in human diet », *Biogeosciences,* n° 9, 2012.

Jusqu'à une période récente, le débat public et la recherche ont surtout porté sur la relocalisation de la production, mais ont longtemps négligé le fait que les villes constituent des gisements de matières organiques de première importance sur lesquels l'agriculture locale pourrait se fonder. Les enjeux sont considérables compte tenu des volumes en cause. Un certain nombre d'initiatives concernent les déchets d'origine alimentaire qui terminent actuellement leur vie dans les poubelles en limitant les gaspillages alimentaires en amont et en s'efforçant de récupérer ces déchets de façon spécifique. Mais il faudrait pouvoir mener une réflexion d'ensemble associant les questions des gaspillages alimentaires, de l'agriculture urbaine et de la production d'engrais d'origine organique locale, qui font aujourd'hui l'objet de politiques sectorielles trop séparées. Du point de vue du métabolisme urbain, la récupération des urines et des excréments humains représente un gisement colossal, mais se heurte à des obstacles techniques, sanitaires et culturels. Ceci étant, le Syndicat interdépartemental pour l'assainissement de l'agglomération parisienne (Siaap) commence à s'intéresser à la collecte des urines. Compte tenu du fait que le débit de la Seine est relativement modeste, le syndicat part du constat que le passage de la population de l'Île-de-France à un total de 14 millions d'habitants (contre 12 millions aujourd'hui) entraînerait une hausse du volume d'eaux usées qui ne pourra pas être traité au moyen des équipements actuels à des coûts économiques raisonnables.

Dans ces conditions, le Siaap recherche des solutions pour diminuer ses charges futures, et s'intéresse aux moyens de limiter la pression pesant sur le fleuve, ce qui pourrait conduire à récupérer les urines à la source et à produire des engrais minéraux, puisque la concentration en azote, en phosphore et en potassium est forte dans les urines. Cela suppose de les séparer au début du processus des matières fécales, afin de maîtriser les risques de contamination de la chaîne alimentaire, en raison des germes pathogènes, parasites et autres substances indésirables qu'elles contiennent et qui peuvent notamment contaminer les travailleurs agricoles lorsque les eaux d'égout sont utilisées telles quelles pour fertiliser les champs périurbains. Il faudrait ainsi, en cas de construction neuve ou de rénovation importante, installer des systèmes de toilettes adéquats permettant de récupérer les urines à l'échelle de l'immeuble ou de l'îlot avant de les acheminer vers les usines de production d'engrais. Pour la première fois, une thèse cofinancée par le Siaap est engagée sur ce type de recherches (projet Ocapi), ce qui est en soi une immense avancée en raison des tabous à lever pour adapter les pratiques des citadins.

Les recherches opérationnelles sur les différents procédés en *ecological sanitation* (systèmes écologiques fonctionnant en boucle fermée, ndlr) se développent par ailleurs partout dans le monde. Ce mouvement renouerait avec les pratiques historiques de récupération des excreta urbains (composts, boues, excréments), qui a atteint son maximum au XIXe siècle dans les pays développés, ce qui est généralement ignoré. Aujourd'hui, les toilettes sèches se développent avant tout dans les villes pauvres sans assainissement, mais possédant des surfaces ouvertes permettant le compostage local de la ressource. Alors que le mot d'ordre de l'urbanisme hygiéniste des XIXe et XXe siècles a consisté à éliminer le vivant des espaces urbains à l'exception des espaces verts et des arbres d'alignement, l'agriculture urbaine participe d'une forme de reconquête de la ville.

Toilettes sèches dans un jardin partagé

Il faut néanmoins tenir compte d'un certain nombre de limites :

- la pollution des sols urbains qui peut localement être élevée ;
- l'accaparement des espaces publics en zone dense au seul profit de l'agriculture, les espaces publics ne devant pas être tous privatisés ;
- la place à laisser à la nature spontanée.

L'agriculture urbaine a donc un rôle à jouer en s'intégrant dans une logique d'occupation partagée du territoire et de bouclage des flux sachant que les acteurs ne devront pas négliger les enjeux sanitaires qui y sont associés. Enfin, elle participe pleinement au renforcement de la diversité écologique et sociologique de villes qui ont longtemps été monofonctionnelles et minérales.

Parole d'acteur

Le collectif Babylone imagine des « tiers-lieux » consacrés à l'agriculture urbaine

Sébastien Goelzer, collectif Babylone

« Le collectif Babylone est composé de personnes et structures issues de disciplines et de réseaux multiples liés au monde de l'agriculture urbaine ou des *makers* (bricoleurs, ndlr). Il réuni notamment Vergers urbains, V'île Fertile, Toits vivants, l'Association française de culture hors sol et BocoLoco, Zone-AH !, Miel de quartier, Dant, Diwo, l'école du Compost ou Solar Coop. Les projets de cet écosystème d'acteurs consistent à créer des « tiers-lieux » : ce sont des espaces collaboratifs d'échelles variées, fondés sur le partage de compétences et d'outils pour développer des projets communs, notamment consacrés à l'agriculture urbaine et à la résilience.

La logique de l'*open source* (partage des données et des informations en libre accès, ndlr) est mise en œuvre : de la même façon que les Fab Lab (laboratoires ou espaces de travail ouvert à tous et consacrés à la fabrication d'objets de toutes sortes, ndlr) travaillent sur la production d'objets ou sur les outils numériques, le concept de Lab'AU (Laboratoire d'agriculture urbaine) est en cours de développement. Ces futurs laboratoires d'agriculture urbaine visent à créer des lieux d'échange de savoirs, de rencontres et d'expérimentation de différents types d'agriculture sur des supports divers.

Un premier projet porté par le collectif vise à développer la résilience urbaine à l'échelle de la zone industrielle verticale Mozinor située à Montreuil : le Zaum pour zone agriculture urbaine Mozinor. Le site est exceptionnel en Europe, car son toit, déjà en partie végétalisé, atteint une surface de plus de 1,5 hectare accessible aux semi-remorques par un double accès. Proche des Murs à pêches, site emblématique d'agriculture urbaine en Île-de-France, ce projet vise à produire des aliments et des objets, notamment à partir de déchets issus des industries et des activités situées dans le bâtiment. Le projet doit aussi s'appuyer sur la collecte des déchets organiques produits sur place ou dans le quartier pour créer le substrat de culture et s'étendra jusqu'à la distribution et la valorisation des récoltes – y compris grâce à de futurs lieux de restauration sur place.

Photomontage illustrant le projet Babylone

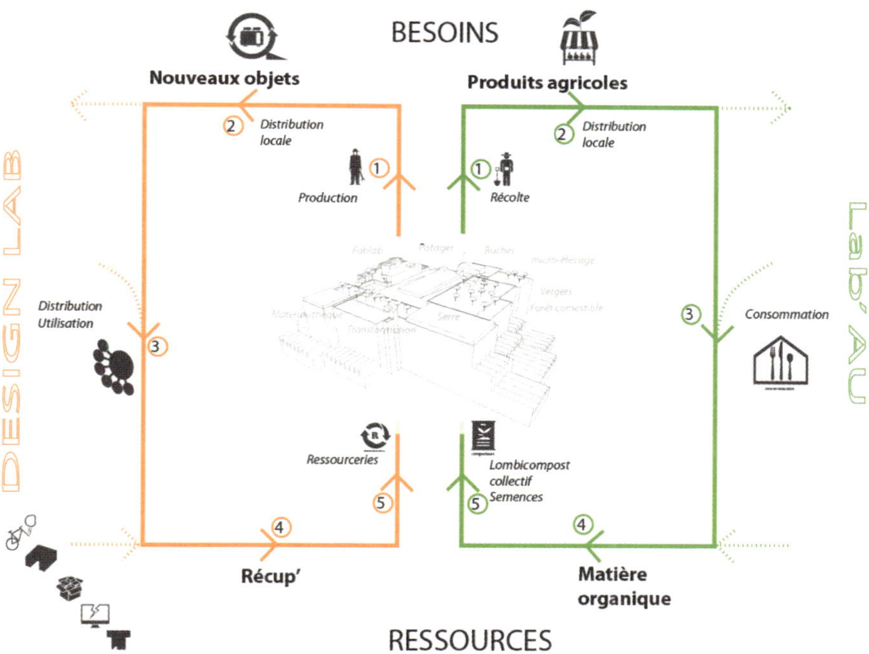

Schéma du principe de fonctionnement de Babylone

À Mozinor, le projet porté par le collectif Babylone vise à créer du lien avec les quartiers environnants. Il mettra en œuvre différents types d'agriculture et de modèles économiques. Certains espaces seront développés en jardins collectifs destinés aux habitants du quartier ou en jardins d'insertion tandis que d'autres seront orientés vers la production pure et simple.

Il s'agit aussi de proposer un lieu de démonstration et d'expérimentation, qui comportera entre autres une serre collective. Une matériauthèque-ressourcerie sera aussi mise en place en lien avec l'EcoDesign Lab, et il est prévu d'installer des ruches, des vergers, voire même des projets d'aquaponie. Certains exploitants vivront en résidence sur le site dont l'autonomie sera renforcée à travers une unité de production d'énergies renouvelables et grâce à la collecte des eaux pluviales.

Actuellement, des contacts ont été pris avec la Semimo (Société d'économie mixte de Montreuil), propriétaire du toit, et avec la Ville de Montreuil, qui entame des réflexions sur ses usages possibles. Pour le moment, le projet est en phase d'étude et ne dépend d'aucune subvention.

La démarche développée initialement sur le site Mozinor est actuellement adaptée sur le site de l'ancien lycée hôtelier Jean Quarré près de la place des Fêtes dans le XIXe arrondissement de Paris. Ce lieu comprend deux bâtiments et de nombreux espaces extérieurs ainsi que des toits plats en bordure. Le projet est dénommé « Le Cube » en écho à la forme d'un des deux bâtiments. L'idée est d'articuler agriculture urbaine et espaces de travail collaboratifs en connexion étroite avec les habitants du quartier. Il s'agit de proposer un « tiers-lieu » avec une composante mobile qui comprendra un café-restaurant associatif (géré par le collectif BocoLoco) et des ateliers partagés pour le travail du bois, du métal ou la transformation des produits alimentaires… mais aussi des unités de production agricole (maraîchage, verger, aquaponie, culture de champignons, apiculture, etc.).

Le potentiel du site est donc fort. La Ville de Paris, propriétaire des lieux, prévoit d'y installer une médiathèque dans cinq ans environ, mais les associations locales souhaitent y développer un lieu collectif durant ce laps de temps. Les usages qui y seront créés pourront à terme être articulés à la future médiathèque dans la logique des lieux hybrides, qui se multiplient actuellement. En l'attente de la création d'une structure spécifique, le projet est porté juridiquement par Toits vivants et a fait l'objet d'une demande de budget participatif auprès de la mairie de Paris, ce qui permet d'officialiser la proposition. »

Anticiper des chocs majeurs, vers une politique alimentaire de résilience

Pablo Servigne, ingénieur agronome et docteur en biologie

Nul n'ignore que les conséquences du réchauffement climatique sur l'agriculture mondiale seront catastrophiques. L'Europe n'est pas en reste. Ce qui est moins connu, c'est l'imminence de la fin de l'ère des énergies fossiles (pas pour 2050 ou 2100, mais dans quelques années), couplée à l'effondrement de la biodiversité, une pollution généralisée et rémanente, ainsi que la fin de la classe sociale des agriculteurs (difficultés à transmettre leurs fermes, suicides, épidémie de cancers, etc.). Ce qui est en revanche totalement ignoré, c'est que, dans un avenir proche, tous ces facteurs combinés déstabiliseront gravement l'ensemble du système alimentaire industriel, précisément celui qui nourrit la majorité de la population des pays industrialisés[1]. Autrement dit, nos régions, celles qui n'ont connu que l'abondance depuis la fin de la seconde guerre mondiale, pourraient bien voir rapidement leur sécurité alimentaire vaciller et faire face à des risques de famine.

En effet, la mondialisation a fabriqué des chaînes alimentaires extrêmement rapides, longues et complexes, et a poussé des régions entières à se spécialiser dans une ou deux cultures, provoquant ainsi une érosion massive de la diversité génétique et culturelle. Finalement, ce que ce système industriel mondialisé a gagné en efficacité, il l'a perdu en résilience[2]. Il ne peut plus encaisser les chocs – qu'ils soient financiers, économiques, sociaux, politiques, climatiques ou biologiques – sans risquer une contagion globale, voire un effondrement[3]. Les scientifiques parlent de l'émergence (pour la première fois dans l'histoire) d'un *risque systémique global*, potentiellement déclenché par des petites étincelles appelés *femtorisques*[4], en référence à l'insignifiance apparente des causes sur les effets potentiels (femto = 10^{-15}).

La résilience pour atténuer les chocs

Dans un futur proche, bien avant 2030, il est donc très probable qu'il faille continuer à produire beaucoup de nourriture avec moins de terres fertiles, des sols et de l'eau pollués, des zones de pêche très réduites, des conditions climatiques parfois extrêmes, et avec une industrie en panne à cause de la

1. Pablo Servigne, *Nourrir l'Europe en temps de crise. Vers des systèmes alimentaires résilients*, Nature et progrès, 2014.

2. La résilience peut être définie comme la capacité d'un système à absorber un changement perturbant et à se réorganiser en intégrant ce changement, tout en conservant essentiellement la même fonction.

3. Pablo Servigne et Raphaël Stevens, *Comment tout peut s'effondrer. Petit manuel de collapsologie à l'usage des générations présentes*, Seuil, 2015.

4. A.B. Frank *et al.*, « Dealing with femtorisks in international relations », *PNAS*, vol. 111, 2014.

diminution des approvisionnements en énergie[1]. Il est trop tard pour construire un développement durable, il faut désormais se préparer aux chocs[2].

Une fois ce scénario posé, on peut voir les choses de deux manières : soit nous l'anticipons (en tentant de nous adapter grâce à des politiques fortes), soit nous le subissons. Si l'Europe choisit aujourd'hui des politiques de *statu quo*, il est probable que les perturbations sur le système alimentaire industriel soient si déstructurantes que nous verrons en quelques années apparaître *spontanément et dans l'urgence* des petits systèmes aux marges, qui auront finalement les mêmes caractéristiques que les principes généraux proposés ci-dessous : ils seront résilients, mais par nécessité. La science de la résilience des systèmes socioécologiques[3] est basée sur l'idée que les changements sont inévitables, et qu'il faut s'y préparer. Mais la résilience globale d'un système (ou « résilience générale ») ne signifie pas grand-chose. Il faut préciser de quel système on parle, par rapport à quoi il doit être résilient : crise financière, pénurie d'énergie, climat, etc. S'adapter à une montée des prix du pétrole n'est pas la même chose que subir une rupture d'approvisionnement. Pour une plante, subir une forte sécheresse ne requiert pas les mêmes qualités que pousser sur un sol pollué ou en présence de ravageurs. Les perturbations qui déstabilisent les systèmes alimentaires sont qualitativement différentes, et il faudra les intégrer toutes simultanément. Voici les caractéristiques des futurs systèmes alimentaires résilients.

Can Masdeu à Barcelone (Espagne), lieu autogéré et tourné vers l'autoproduction alimentaire en lien avec son quartier

1. H. Charles Godfray, « Food security: the challenge of feeding 9 billion people », *Science*, n° 327, 2010.

2. Dennis Meadows, « Il est trop tard pour le développement durable », dans Agnès Sinaï (dir.), *Penser la décroissance. Politiques de l'anthropocène*, Presses de Sciences Po, 2013.

3. Il existe d'autres champs scientifiques d'étude de la résilience, notamment en physique ou en psychologie. Les définitions et les concepts varient d'un champ à l'autre.

Locaux

Avec moins d'énergie, les distances de transports seront réduites. Les systèmes redeviendront spontanément locaux, et le commerce international sera cantonné presque exclusivement au transport maritime. Anticiper la relocalisation ne signifie pas abandonner le commerce, mais le repenser. Les moyens de transports efficients en énergie (train, bateau, animaux, vélo, etc.) se développeront, et le transport routier et aérien disparaîtra, ou sera fortement réduit. Les échanges commerciaux internationaux devront être réservés aux denrées qui ne peuvent pas être produites localement. Mais abandonner totalement le commerce serait toutefois peu résilient car en cas de catastrophe localisée sur une région (sécheresse, inondation, maladie, etc.), cette dernière ne pourrait bénéficier de l'aide des régions voisines.

Diversifiés

La relocalisation des systèmes alimentaires aura une conséquence directe : la diversification agricole des régions. Pour gagner en autonomie, les politiques alimentaires régionales devront développer une grande diversité des productions agricoles. Les systèmes agricoles d'avenir seront donc logiquement tournés vers de la polyculture, combinant plusieurs espèces végétales (associations culturales), des grandes cultures et des arbres (agroforesterie), et même un mélange de cultures, d'arbres et d'animaux (polyculture/élevage, agroécologie et permaculture).

Modulaires et décentralisés

La diversification a aussi une conséquence, elle permet de compartimenter les systèmes régionaux, et d'éviter ainsi une contagion des chocs. Chaque module (sous-système, par exemple région ou ville) reste ainsi protégé des chocs venant des voisins. Cela est valable aussi bien à l'échelle régionale qu'à l'échelle de la ferme. La décentralisation implique de casser la structure hyperhiérarchique des systèmes alimentaires, autrement dit, de réduire le pouvoir d'une élite et redonner aux régions et aux collectivités locales le pouvoir de décider ce qu'elles veulent mettre en place. Avec la décentralisation du système, on perdra certainement des économies d'échelles[1], il faut donc s'attendre à une baisse du niveau de vie global, mais c'est au profit d'une plus grande résilience.

Cycliques

Au début de la chaîne industrielle, le système alimentaire doit s'approvisionner en grandes quantités de matières premières, et à l'autre bout de la chaîne, il rejette beaucoup de déchets. Pour résoudre ces deux problèmes à la fois, il suffit d'abandonner la vision linéaire des choses et de fermer les cycles : le déchet de quelqu'un est la ressource d'un autre. L'idée de fonctionner en cycles est d'autant plus banale qu'elle a été appliquée durant des siècles par tous les paysans de

1. Joseph A. Tainter *et al.*, « Resource transitions and energy gain : contexts of organization », *Conservation Ecology*, n° 7, 2003.

la terre. Plus largement, « par le passé, les cités étaient trop conscientes de la valeur de la nourriture et de ses sous-produits pour se permettre de les gaspiller. S'ils brisaient les cycles naturels, c'est parce qu'ils ne disposaient pas des connaissances nécessaires pour comprendre les conséquences à long terme de leur consommation. Nous n'avons plus de telles excuses »[1].

Basés sur les collectivités

Ce qui importe le plus dans la période trouble qui nous attend, c'est moins de conserver les structures physiques d'un système alimentaire moribond que de maintenir la cohésion sociale des collectivités. Car en cas de choc, seule cette cohésion sociale permet de rebondir et de recréer de nouvelles choses. La *résilience des communautés* est donc ce qui importe le plus : le monde peut bien s'écrouler physiquement, tant que des liens sociaux forts existent, tout est possible. Ainsi, les systèmes qui se maintiendront malgré les chocs seront les systèmes favorisant une implication des citoyens, c'est-à-dire un système qui leur laisse assez d'autonomie pour qu'ils développent eux-mêmes des innovations *par la base*.

Transparents

Si aujourd'hui nous avons un rapport si pauvre avec nos aliments, et si nous ne connaissons pas le système alimentaire qui nous nourrit (surtout en ville), c'est parce que la chaîne alimentaire nous est invisible et inaccessible. Retrouver une puissance d'agir, et donc un contrôle sur son alimentation, implique de maintenir une proximité avec l'ensemble des étapes du système alimentaire dont nous dépendons. Les systèmes alimentaires devront être moins complexes, plus petits et plus transparents. Plus nous sommes proches du lieu de l'action, plus nous pouvons réagir vite au moindre souci, et moins nous sommes vulnérables.

L'agriculture du futur sera « réparatrice », « solaire » et « urbaine »

Vers une agriculture de réparation

Aujourd'hui, les écosystèmes et les sols sont si dégradés et la biodiversité si fragilisée que nous mettons en danger notre propre capacité de survie. Mais dans quelques années, dans le silence du monde postindustriel, nos écosystèmes auront-ils toujours la capacité de répondre à nos besoins lorsque nous ferons pousser des céréales sans tracteurs, sans semences hybrides, sans pesticides, sans engrais de synthèse, sans industries de transformation de masse, sans chaînes de distribution mondialisée, et avec un climat imprévisible ? Pourrons-nous compter sur eux ? Auront-ils aussi la capacité en plus de se régénérer ?

Nous devons admettre qu'une activité agricole d'avenir est condamnée à être responsable non seulement de la production alimentaire, mais aussi de la *régénération* des fonctions des écosystèmes. Le métier d'agriculteur sera un métier de réparation : par ses pratiques, il devra produire en quantités suffisantes, et aura pour tâche de dépolluer et relancer la vie des sols, tamponner le climat,

1. Carolyn Steel, *Hungry city: how food shapes our lives,* Random House, 2008.

stocker du CO_2, et même *enrichir* la biodiversité de ses agroécosystèmes. Notre survie en dépend !

Vers une agriculture solaire

D'un point de vue énergétique (en joules), un plein d'essence équivaut à environ quatre ans de travail humain. Lorsqu'on connait les limites de la production d'énergies fossiles, on prend conscience de l'ampleur de la tâche qui nous attend. La transition vers une sortie *totale* des énergies fossiles (nucléaire inclus) ne sera pas aisée, mais c'est la seule possibilité à long terme que nous ayons. Nous n'avons que très peu de marge de manœuvre, l'agriculture de demain devra se contenter de l'énergie solaire, en y ajoutant des énergies renouvelables telles que le vent ou la méthanisation (la méthanisation est un processus naturel de dégradation biologique de la matière organique) à partir de biomasse, ainsi que du travail humain et animal[1].

Rester dans les limites du flux « solaire » est donc un principe de l'agriculture de demain. Le défi sera alors de maximiser la captation solaire par unité de surface. On verra donc apparaître des agroécosystèmes multiétagés (agroforesterie par exemple) et qui ne laissent jamais la terre nue. À défaut d'énergies fossiles, ce sera une agriculture *intensive en main-d'œuvre et en connaissances !*

Vers une agriculture urbaine

Aujourd'hui, les grandes villes ne dépendent plus de milliers de petits producteurs qui apportaient leur récolte et la distribuaient eux-mêmes, mais de quelques *« firmes qui contrôlent le système alimentaire du gène à l'étagère du supermarché »*[2]. C'est un facteur de vulnérabilité immense. Plus généralement, dans les villes modernes, il n'y a presque plus de stocks de nourriture à cause de la gestion en flux tendus.

Comme le souligne l'architecte Carolyn Steel dans son formidable livre sur les systèmes alimentaires urbains, *« la plupart de la nourriture que vous et moi allons manger la semaine prochaine n'est pas encore arrivée au pays »*[3]. En 2011, par exemple, la ville de Londres a importé de l'étranger plus de 80 % de ses aliments (40 % pour le pays entier)[4]. Si tous les flux s'arrêtent, les grandes villes tiennent, paraît-il, deux ou trois jours avec ce qui se trouve dans les rayons des supermarchés. Il apparaît dès lors évident que ces prochaines années, l'agriculture urbaine[5] prendra un essor considérable dans les pays industrialisés.

1. Le pétrole est aussi une énergie solaire, mais renouvelable à un rythme bien trop lent pour nos sociétés. Il est donc considéré comme non renouvelable.
2. Selon les mots du sociologue américain Bill Heffernan.
3. Carolyn Steel, *Hungry city, op. cit.*
4. www.newstatesman.com/society/2011/06/food-growing-urban-london-city.
5. On peut la définir comme « *l'agriculture localisée dans la ville (intra-urbaine) ou à sa périphérie (périurbaine), mais dont les produits sont majoritairement destinés à la ville* » (Alain Mbaye et Paule Moustier, *L'agriculture urbaine dakaroise*, document préparé pour ETC/GTZ, 1999).

Serre dans la ville de Detroit (États-Unis), ville sinistrée par la crise économique

En fait, malgré des contraintes juridiques urbaines beaucoup plus fortes, et moins de nécessité, ce grand mouvement a déjà commencé. À Montréal, New York, Londres, Berlin ou Tokyo, les initiatives foisonnent et rejoignent le cortège des nombreuses villes du globe qui vivent *déjà* d'agriculture urbaine. À Shanghai par exemple, en 2000, 60 % des légumes (soit 1,3 million de tonnes) et 90 % des œufs consommés étaient produits en ville. Au Viêt Nam, au Nicaragua, au Népal, à Dakar, à Hanoï, au Ghana et à Madagascar, plus de 70 % des ménages urbains pratiquent l'agriculture. Au total, selon la FAO, en 2005, plus de 800 millions de personnes à travers le monde auraient été engagées dans des activités d'agriculture urbaine[1]. L'agriculture urbaine et périurbaine n'est plus l'apanage d'une petite minorité associative, elle concerne désormais les entreprises et le monde politique… et plus précisément ceux qui ont compris les enjeux de demain. Certes elle ne permettra pas de nourrir les villes, mais sera un complément alimentaire intéressant, voire vital, ainsi qu'un moyen d'atténuer la vulnérabilité et d'améliorer les conditions sociales des citadins. Ces systèmes alimentaires urbains doivent dès à présent être développés et consolidés, en parallèle d'une politique agricole « post-pétrole » cohérente, massive et radicale dans les campagnes. Cette transition est un immense chantier à mettre en place immédiatement, *en temps de crise et sans garantie de succès*. Mais la résilience est à ce prix.

1. Luc J.A. Mougeot (éd.), *Agropolis. The social, political and environmental dimensions of Urban Agriculture*, Earthscan, 2005.

Retour d'expérience

Strasbourg, une ville jardinée à toutes les échelles

Strasbourg (Bas-Rhin)

La construction urbaine de Strasbourg est étroitement liée à la présence des jardins nourriciers et guérisseurs qui, dès le Moyen Âge, jalonnaient le cœur même de la ville donnant aux quartiers leur identité et leur nom. Au fil des années, Strasbourg a su préserver son lien à la terre avec le développement des jardins familiaux et l'édification au début du XXe siècle de la cité jardin du Stockfeld. Aujourd'hui, Strasbourg compte plus de 4 800 jardins familiaux, des jardins partagés, des potagers urbains collectifs, des fruits et des abeilles en ville, des terres maraîchères... Ces entités jardinées prennent donc des formes variées, à différentes échelles et pour différents usages, chacune présentant des atouts spécifiques. Ce pluralisme des modèles est vu par tous comme un facteur clé de succès car il permet de s'adapter aux attentes de chacun. Par ailleurs, les espaces polymorphes sont plus « mutables », ils résistent mieux aux crises et s'adaptent souplement à la fabrique urbaine.

4 800 jardins familiaux

La ville de Strasbourg peut s'appuyer sur un patrimoine historique de 4 800 jardins familiaux représentant 170 hectares dont l'origine remonte au début du XXe siècle. Leur gestion en régie ou par des associations s'appuie sur le respect de l'environnement, le maintien de leur vocation nourricière et le soutien à une vie associative qui aide à transcender les barrières culturelles et sociales.

16 jardins partagés (et 5 en cours), soit 9 500 m²

À l'initiative d'habitants regroupés en association, la Ville met à disposition gratuitement des parcelles (4 à 6 ares) nécessaires à la création de jardins partagés. Cultivé à plusieurs, ce type de jardin est prétexte à échanger des graines et à l'apprentissage du jardinage au naturel. Pour amener les participants à l'autonomie, un accompagnement durable prône le souci du collectif et veille au respect de la mixité.

2 potagers urbains collectifs (et 4 en cours), soit 1 600 m²

À partir d'un terrain plus limité, environ 500 à 1 000 m², le potager urbain collectif se différencie par sa finalité strictement vivrière, par des microparcelles de 20 à 50 m² et par la structure juridique (locations de parcelles individuelles). L'absence de barrières entre ces microparcelles et l'installation d'une unique cabane à outils incitent au partage, à la discussion et à la convivialité. Un animateur joue un rôle de facilitateur au départ, puis de conseil de jardinage au naturel et de médiation.

Potager urbain collectif à Strasbourg

Des pieds d'arbres et des trottoirs jardinés

Certains quartiers pionniers en la matière ont ouvert la voie dès 2010. Deux associations d'habitants ont pris l'initiative du fleurissement de leur quartier, par la plantation et l'entretien des pieds d'arbres.

Des fruits et des abeilles en ville

La collectivité installe des petits fruitiers et des vergers dans les parcs et écoles. Trois vergers collectifs ont été créés et servent de support pour des animations pour les écoles des quartiers.

18 jardins pédagogiques d'école (et 5 en cours)

Basé sur une démarche volontaire portée par l'équipe enseignante, cadrée et matérialisée par la signature d'un engagement tripartite entre ville, inspection académique et école candidate, celui-ci a abouti à la création de plus de 20 jardins d'école depuis 2011.

Retour d'expérience

Dans le Doubs, le Grand Besançon crée une pépinière d'activités maraîchères

Grand Besançon (Doubs)

Pour contribuer à l'installation de maraîchers, le Grand Besançon (Doubs) va créer sur une zone d'activité économique une pépinière d'activités maraîchères en agriculture biologique, sur le modèle des couveuses d'activités économiques. La pépinière d'activités maraîchères doit devenir un levier pour l'installation pérenne de maraîchers en productions diversifiées sur le territoire de l'agglomération ou à proximité. Ses principaux objectifs seront de permettre aux maraîchers en pépinière :

- de se tester sur tous les aspects (responsabilité de la production, gestion et commercialisation) ;
- de poursuivre leur recherche de foncier d'installation tout en pratiquant le métier ;
- de s'insérer dans les réseaux locaux : agricoles, de consommateurs et autres ;
- d'initier, sur ce lieu, une réflexion sur l'organisation entre maraîchers, voire la mutualisation d'outils (production de plants, systèmes collectifs de commercialisation, de livraison...).

L'activité maraîchère a souvent vocation à se développer sur des zones classées en « Agricole » ou « Naturel » dans les plans locaux d'urbanisme. Une implantation temporaire sur des terrains classés « À Urbaniser » est proposée par le Grand Besançon. Le travail se poursuit en parallèle du projet de pépinière afin de mobiliser du foncier pour l'installation pérenne de maraîchers en zone agricole.

Maraîchage à Besançon

Les aménagements prévus pour le projet permettent l'installation de la pépinière, ainsi que la mutualisation des espaces de stockage de matériel et de récoltes avec les Jardins de Cocagne.

Les aménagements suivants sont prévus :

- un bâtiment de 600 m^2, dont 177 m^2 chauffés comprenant trois bureaux, une salle de réunion, des vestiaires et sanitaires pouvant accueillir 40 personnes en insertion, un magasin de vente, des espaces de stockage et conditionnement de légumes, un garage et des espaces de stockage pour le matériel ;
- 3 000 m^2 de tunnels non chauffés pour la pépinière ;
- un système d'irrigation (forage, pompe, bassin de stockage, tuyaux...) ;
- une serre de 150 m^2 pour la production de plants.

La pépinière accueillera trois porteurs de projet en test pendant 1 à 3 ans sur une activité de production maraîchère en agriculture biologique, commercialisée essentiellement en vente directe. Ces personnes doivent auparavant avoir déjà réalisé une formation technique à la production maraîchère (formation théorique et expérience pratique) et disposer des bases nécessaires à la gestion d'entreprise.

Elles bénéficieront de la mise à disposition d'un outil de production (bâtiment, matériel) et d'un hébergement juridique.

Inventer un nouvel urbanisme en cultivant la ville : un urbanisme nourricier

Éric Duchemin, Uqam

Si nous parlons depuis la fin des années 1970 de l'agriculture urbaine (AU), la large diffusion du concept s'est surtout concrétisé vers 2005 et a pris de l'ampleur depuis. Toutefois, l'agriculture urbaine dans la ville se conjugue encore majoritairement en une distribution spatiale, plus ou moins cohérente, de projets ayant souvent des objectifs différents, sinon divergents. Ne s'installant pas (ou peu) dans des continuums spatiaux et fonctionnels, les initiatives en agriculture urbaine sont généralement éparses et très peu connectées entre elles et avec l'urbanisme. Cette approche sous forme d'acupuncture urbaine permet certainement une forte dissémination de l'agriculture urbaine à travers la trame urbaine, permet une large diversité d'initiatives et donne une liberté d'action favorisant l'innovation sociale. Toutefois, si l'agriculture urbaine vise la justice alimentaire, l'écologisation de la ville et une pratique environnementale, un cadre global est essentiel.

À Seattle (États-Unis), un espace consacré à l'agriculture urbaine

L'intégration de l'agriculture urbaine à l'urbanisme a été initiée depuis plusieurs années par le concept de paysage urbain productif continu[1], qui fut suivi par l'urbanisme agricole[2] et plus récemment par l'urbanisme alimentaire[3]. Les concepts de paysage urbain productif continu et d'urbanisme agricole sont des illustrations de l'intégration du design et de l'agriculture pour repenser les schémas d'aménagement urbain. Ces modes d'aménagements visent à créer des réseaux d'espaces verts productifs dans la ville : le long d'axes de déplacements ou le long de gradient, à différentes échelles dans les quartiers. Que ce soit des projets à vocation commerciale ou non.

De son côté, l'urbanisme alimentaire vise à intégrer un système alimentaire local dans un territoire urbain circonscrit. Cet urbanisme promeut la jonction entre le développement de l'agriculture urbaine et les paramètres urbanistiques, tels que le transport/mobilité active, la gestion des matières organiques et des résidus verts, la gestion de l'eau, les espaces verts et récréatifs, en clair, les enjeux environnementaux et sociaux (bruits, îlots de chaleur, émission de gaz à effet de serre, qualité de l'air, biodiversité, etc.).

En ce qui concerne le système alimentaire local, il se définit dans cette approche par l'ensemble de ses composantes, soit la production (auto-alimentation, production associative, production commerciale), la transformation (commerciale ou non, cuisines collectives, séchage, lavage, congélation, cannage, etc.), ainsi que la distribution (transport et entreposage) et la mise en marché (marchés, coopératives, paniers/ASC).

Que ce soit le concept de paysage urbain productif continu (*Continuous Productive Urban Landscape*), d'urbanisme agricole (*Agricultural Urbanism*) ou d'urbanisme alimentaire (*Food Urbanism*), ces trois approches servent de base aux paramètres d'aménagement que nous proposons dans la réflexion présentée ici. Cependant, nous nous inspirons avant tout de l'urbanisme alimentaire, prenant dans les deux autres l'idée de la continuité par un axe et de gradient dans l'implantation différenciée de l'agriculture urbaine selon les territoires et les usages. Notre approche peut ainsi se résumer par le diagramme ci-contre.

L'agriculture urbaine se veut l'interconnexion de divers projets sur un même territoire, dans la complémentarité des initiatives, des acteurs. Cette interconnexion doit se faire autant au niveau agronomique et alimentaire (semis, production, transformation) qu'environnementale (déchets verts, compost, eau). Elle ne peut non plus se faire sans une considération de la production périurbaine qui reste un élément important d'un système alimentaire voulant valoriser la solidarité et la justice.

1. André Viljoen, Katrin Bohn et Joe Howe, *Continuous Productive Urban Landscapes*, Architectural Press, 2005.
2. Janine de La Salle et Mark Holland, *Agricultural Urbanism: Handbook for Building Sustainable Food Systems in 21st Century Cities*, Green Frigate Books, 2010.
3. Jason Grimm, *Food Urbanism : A Sustainable Design Option for Urban Communities*, 2009.

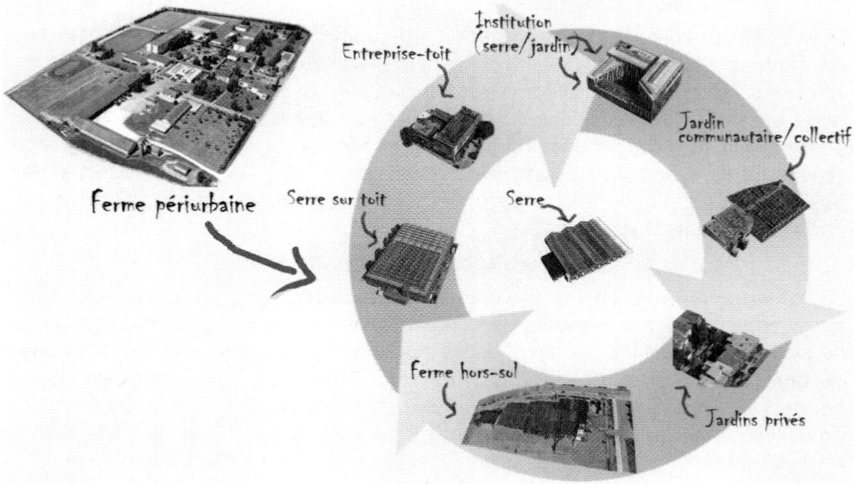

Fonctionnement d'un quartier nourricier

Planification d'un quartier nourricier

Comme dans le cadre de plusieurs initiatives de planification urbaine, la planification d'un quartier nourricier se définit en 3 grandes étapes qui sont :
1/ l'identification des activités sur territoire (typologie) ;
2/ l'identification et la cartographie des paramètres d'un urbanisme alimentaire sur le territoire désigné ;
3/ les projections et propositions de projets pilotes.

Afin de faciliter la mise en œuvre du quartier nourricier, cette planification se doit, bien entendu, d'être accompagnée d'un processus de consultation des acteurs sociaux du quartier ou territoire visé. L'idée derrière ses différentes étapes est de (re)contruire un « foodshed », un territoire alimentaire. Ce travail peut se faire à différentes échelles spatiales, allant du quartier au régional. Jouer avec les diverses échelles permet de bien saisir les possibilités et les défis associés de chaque niveau.

1. Typologie de l'agriculture urbaine

Le succès d'un plan d'aménagement d'un quartier nourricier dépend d'une très bonne connaissance des initiatives présentes sur le territoire, mais aussi des volontés des acteurs portant ceux-ci, ou encore les acteurs voulant s'impliquer dans la création d'un tel plan de développement. L'agriculture urbaine ne peut exister que par l'implication de fermiers urbains, de citoyens et d'organismes. La connaissance des initiatives existantes permet d'identifier les forces et de marquer les opportunités afin de réaliser des scénarios prospectifs.

Volonté des acteurs

La volonté des acteurs dans la création d'un quartier nourricier est, bien entendu, un élément essentiel au développement d'un système alimentaire local. Une volonté d'éducation et d'autonomisation populaires peut ne pas se retrouver dans un projet de production intensif et avec des infrastructures des serres urbaines de grande dimension. Il faut savoir établir la volonté, les expertises et ressources des acteurs. Cela peut aussi vouloir dire de trouver les acteurs absents, mais essentiels à la réussite du projet, par exemple pour la formation et l'accompagnement des projets.

Projets en agriculture urbaine (typologie locale)

L'autre étape primordiale dans la création d'un quartier nourricier est d'identifier les différents projets présents sur le territoire et de déterminer les caractéristiques de ceux-ci. Souvent les projets présents sont le reflet des acteurs et des missions dévolues à l'agriculture urbaine dans le territoire. Cette caractérisation permettra d'identifier les forces, les faiblesses et les opportunités à développer potentiellement. Les caractéristiques des projets sont le type de site, la dimension/échelle, le type d'organisation, les acteurs porteurs et les objectifs. Chacune de ses caractéristiques peut être découpée :

- Type de sites : friches industrielles, terrains vacants, balcons, cours arrière/avant, espaces asphaltés (stationnements), logements sociaux municipaux, ruelles, stationnements, toitures, parc/espaces verts, institutions (hôpitaux, enseignements, entreprises), emprise (ferroviaire, lignes électriques et autres), boulevard, bâtiment industriel, etc.
- Dimension : moins de 10 m^2, 10 à 200 m^2, 200 à 500 m^2, de 500 m^2 à 1 hectare, plus de 1 hectare.
- Type d'organisation : jardins collectifs, jardins communautaires, jardins publics (friches, trottoirs), jardins privés (cour, espace avant, balcon, toit), jardins institutionnels, fermes (sol et toit), serres (sol et toit), ruchers, poulailler collectif, cueilleurs urbains.
- Acteurs : producteurs : associations, citoyens, municipaux, agriculteurs. D'autres acteurs de projets associés à l'agriculture urbaine dans une perspective de système alimentaire urbain local : formateurs, mobilisateurs, transformateurs, distributeurs.
- Objectifs : sécurité alimentaire (justice alimentaire, désert alimentaire, production), environnementaux (verdissement, gestion matière organique, gestion de l'eau), éducation/autonomisation (formation pratique et théorique, éducation populaire, insertion sociale), économique (création d'emplois, formation, insertion économique, innovation).

Afin d'identifier les caractéristiques des projets présents ou celles souhaitées par les acteurs, il est possible d'utiliser les rosettes pages 237 et 238 (Auteur : Éric Duchemin, ndlr). Ce sont des outils caractérisant des projets existants ou à venir, imaginés ou souhaités par les acteurs d'un territoire déterminé, dans le cadre d'une consultation.

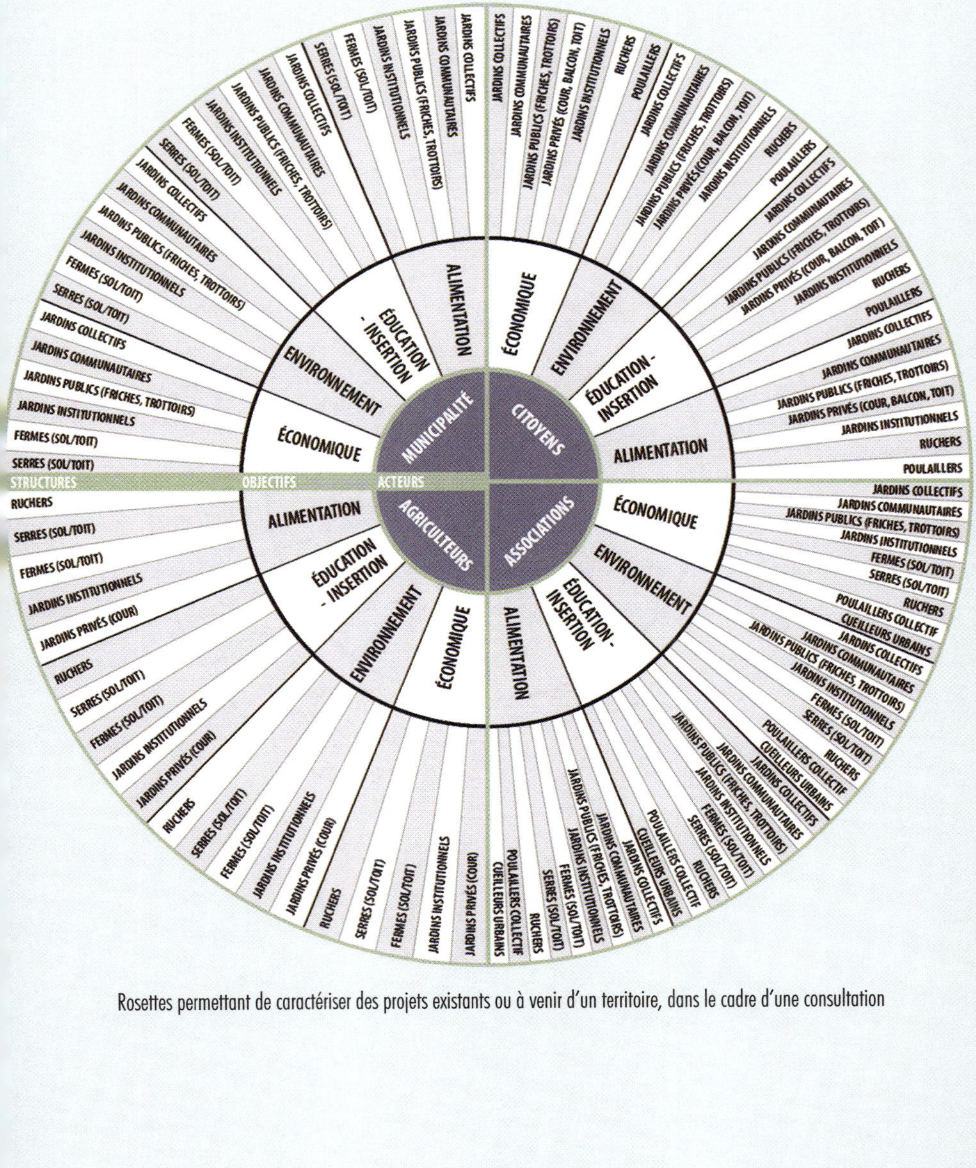

Rosettes permettant de caractériser des projets existants ou à venir d'un territoire, dans le cadre d'une consultation

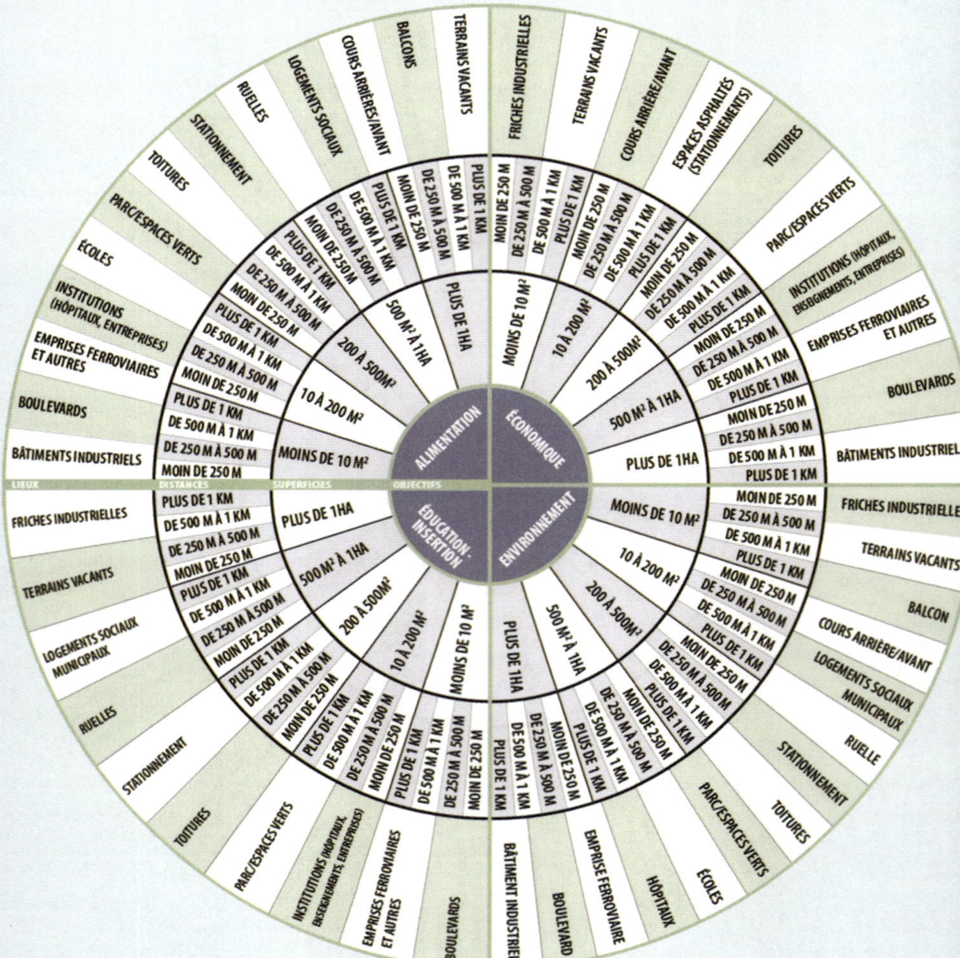

LIEUX
DISTANCES
SUPERFICIES
OBJECTIFS
ALIMENTATION
ÉCONOMIQUE
ÉDUCATION - INSERTION
ENVIRONNEMENT
MOINS DE 10 M²
10 À 200 M²
200 À 500M²
500 M² À 1HA
PLUS DE 1HA
MOIN DE 250 M
DE 250 M À 500 M
DE 500 M À 1 KM
PLUS DE 1 KM
BÂTIMENTS INDUSTRIELS
BOULEVARDS
EMPRISES FERROVIAIRES ET AUTRES
INSTITUTIONS (HÔPITAUX, ENTREPRISES)
ÉCOLES
PARC/ESPACES VERTS
TOITURES
STATIONNEMENT
RUELLES
LOGEMENTS SOCIAUX
COURS ARRIÈRES/AVANT
BALCONS
TERRAINS VACANTS
FRICHES INDUSTRIELLES
TERRAINS VACANTS
COURS ARRIÈRE/AVANT
ESPACES ASPHALTÉS (STATIONNEMENTS)
TOITURES
PARC/ESPACES VERTS
INSTITUTIONS (HÔPITAUX, ENSEIGNEMENTS, ENTREPRISES)
EMPRISES FERROVIAIRES ET AUTRES
BOULEVARDS
BÂTIMENTS INDUSTRIELS
FRICHES INDUSTRIELLES
TERRAINS VACANTS
BALCON
COURS ARRIÈRE/AVANT
LOGEMENTS SOCIAUX MUNICIPAUX
RUELLE
STATIONNEMENT
TOITURES
PARC/ESPACES VERTS
ÉCOLES
HÔPITAUX
EMPRISE FERROVIAIRE
BOULEVARD
BÂTIMENT INDUSTRIEL
BOULEVARDS
EMPRISES FERROVIAIRES ET AUTRES
INSTITUTIONS (HÔPITAUX, ENSEIGNEMENTS, ENTREPRISES)
PARC/ESPACES VERTS
TOITURES
STATIONNEMENT
RUELLES
LOGEMENTS SOCIAUX MUNICIPAUX
TERRAINS VACANTS
FRICHES INDUSTRIELLES

2. Contexte du plan d'aménagement, paramètres pour un urbanisme agricole intégré

Le succès d'un plan d'aménagement d'un quartier nourricier dépend aussi d'une très bonne connaissance du territoire et d'une identification des forces et faiblesses sur le terrain. Un urbanisme agricole intégré doit aussi s'envisager dans la perspective du développement ou du maintien d'infrastructures urbaines, telle une trame verte et bleue, des réseaux de mobilité active, la gestion des matières résiduelles fertilisantes, organiques ou autre.

Une cartographie des différents paramètres permet de mettre en relation les différents éléments d'un urbanisme alimentaire, afin de mieux cibler les actions à entreprendre selon les objectifs visés par les acteurs du territoire en question.

Analyse spatiale – infrastructure :

Trame verte

Si l'agriculture urbaine vise la production alimentaire, elle est aussi un élément du verdissement dans une grande partie des types de projets. Ainsi afin de viser un aménagement d'un quartier nourricier viable et écologique, il est important d'insérer les initiatives dans la trame verte du territoire. Cette intégration peut permettre de joindre le développement du quartier nourricier à des efforts visant des objectifs environnementaux déjà entrepris par d'autres acteurs urbains. La lutte contre les îlots de chaleur et la création de corridors de biodiversité, en sont des exemples. En outre, une bonne compréhension de la trame verte peut offrir des opportunités de développement de projets de nature citoyenne, de formation, etc.

La petite ceinture parisienne, un élément de la trame verte de la capitale où se pratique de l'agriculture urbaine

Par exemple, la périphérie (ou certains espaces sous-utilisés) d'un parc peut être utilisée pour des initiatives de jardins ouverts à tous. Les espaces verts peuvent aussi accueillir des initiatives éphémères visant à animer l'espace public. De multiples autres espaces de petites superficies peuvent aussi servir pour des initiatives en agriculture urbaine telles que celles des Incroyables comestibles qui développent de petits jardins de quartier.

Eau

L'eau est un élément essentiel à l'agriculture urbaine. Que ce soit pour les initiatives de production maraîchères sur substrat, en hydroponie et en aquaponie, la production tout comme la transformation (dont le lavage nécessite des quantités relatives d'eau). Si actuellement une grande majorité des projets s'appuient sur l'eau municipale, des systèmes d'évacuation et de réutilisation de l'eau se doivent d'être développés dans le cadre d'un quartier nourricier écologique. Par exemple, l'eau évacuée par le drain des toits verts peut être déviée vers des zones (bassins) filtrantes pouvant permettre sa réutilisation. Les serres sur les toits collectent l'eau de pluie, des systèmes de récupération d'eau de pluie (des toits d'un quartier) pourront alimenter l'ensemble du cycle de production. Cet élément d'un quartier nourricier peut s'appuyer sur les systèmes hydrographiques existants, ou disparus lors de l'urbanisation du territoire, permettant ainsi une valorisation de la trame bleue locale ou régionale.

Sols/substrat

En agriculture urbaine, on parle beaucoup des sols contaminés. Effectivement, cette question est d'actualité lorsqu'il s'agit de développer des projets de fermes urbaines en pleine terre. Dans un tel cas, une cartographie des zones potentiellement contaminées est effectuée. Toutefois, dans les centres urbains, où la qualité des sols est généralement sous les normes pour cultiver, il est préférable de faire de la culture hors sol. Par contre, un tel choix demande l'apport de substrat, si la culture n'est pas hydroponique. Des exemples de ce type sont maintenant bien connus, ce qui rejoint les contraintes de la culture sur toit. Afin de créer un système écologique, une cartographie des lieux pouvant fournir des ressources à la création de substrat urbain est une base. En plus de cette cartographie, une mise en place d'un système de production de substrat est essentielle, afin d'en éviter un apport massif depuis l'extérieur des limites urbaines. Par contre, les connaissances dans le domaine sont encore embryonnaires et demanderont de nombreuses recherches.

La contamination aérienne des sols/substrats est une autre forme de pollution qui se doit aussi d'être examinée spatialement. En effet, la présence de voies de transport importantes peut avoir un impact sur les territoires à proximité de celles-ci. Toutefois, cet impact touche avant tout les légumes, et peu les arbres ou arbustes fruitiers. En outre, une barrière physique bloque cette contamination aérienne. Il est en outre possible de contourner cette problématique en réalisant de la culture hors sol et en protégeant le sol des dépôts atmosphériques.

Matière organique/nutriments

En plus de l'eau et du substrat (support aux racines), la culture maraîchère nécessite des intrants nutritifs équilibrés contenant de l'azote, du phosphore et du potassium. Le compostage des résidus de verts et des déchets de tables en constitue une part de ressources. Un quartier peut fournir une quantité plus que suffisante pour alimenter en intrants organiques un système agricole complexe. Les défis sont avant tout la collecte, la transformation et la distribution de cette matière. En agriculture urbaine, ces actions doivent répondre à des enjeux agronomiques, mais pas uniquement sous forme solide. En effet, les systèmes hydroponiques peuvent être alimentés par des solutés provenant du compostage des matières organiques urbaines.

Cette utilisation de la matière organique urbaine doit s'inscrire dans des politiques municipales visant à réduire l'utilisation de l'enfouissement des déchets, mais aussi dans une perspective de conservation du phosphore qui est une ressource non renouvelable.

Transport

Les systèmes de transports actifs sont au cœur du fonctionnement d'un quartier nourricier. Que ce soit pour le transport des produits des fermes vers les marchés ou aux lieux de transformation, des semis des serres vers les fermes, le transport des substrats ou des intrants organiques vers les jardins, etc., l'utilisation des axes de transport actif, particulièrement le vélo, est essentielle. Un quartier nourricier écologique se doit de valoriser la mobilité par un tel réseau sécurisé, et ce, afin de faciliter entre autres le transport à vélo avec des remorques.

Que ce soit par le positionnement des lieux de production ou des lieux de mise en marché, afin de rejoindre les consommateurs des productions maraîchères, un quartier nourricier se doit de s'inscrire dans les réseaux de déplacement des citoyens sur le territoire. À cela s'ajoute une intégration au réseau de transport collectif régional (métro, autobus, train) ou à des grandes artères de mobilité, afin de favoriser les distributions des productions transformées ou non vers l'extérieur du territoire visé par le quartier nourricier. Ou encore l'importation de ressources (substrat, compost, etc.) lorsque le quartier nourricier n'est pas en mesure de fournir des lieux de production pour ceux-ci.

Usages (résidentiel, commercial, industriel)

Les différents usages sur le territoire d'intervention doivent être clairement identifiés pour favoriser l'identification des secteurs propices aux différents projets d'agriculture urbaine. Ainsi, si des fermes urbaines de petites dimensions peuvent s'intégrer dans des zones résidentielles, il en va autrement des serres commerciales sur les toits, des projets d'aquaponie ou des fermes urbaines de grandes dimensions, dont certaines caractéristiques ou contraintes conviennent mieux aux zones commerciales ou industrielles.

Agriculture urbaine sur les toits à Montréal (Québec)

Cette cartographie permet aussi de mieux arrimer les propositions aux règlements municipaux qui varient d'une zone d'usage à l'autre. En outre, cela peut permettre de tracer aussi une cartographie des déplacements internes aux territoires qui se dessinent dans le système alimentaire local en création, donc de prévoir des couloirs de mobilité facilitée, si le modèle veut favoriser les déplacements actifs.

Densité

Tout comme dans le cadre de la cartographie des usages, la densité de population donne des indications pour la mise en œuvre de certains types de projets dans le cadre d'une initiative de quartier nourricier. Elle vise à éviter les nuisances potentielles des projets pour la population, mais aussi à permettre l'identification de zones pour l'installation de points de vente, qui devront être jumelées à la cartographie des déplacements actifs dans le territoire visé. Une analyse de la densité peut permettre d'appréhender les caractéristiques architecturales des différentes zones du territoire, bien qu'une analyse architecturale précise soit préférable. Ce travail peut permettre de définir la présence de balcons, toits-terrasses, de toits plats pouvant accueillir des projets de jardins ou fermes, etc.

Initiatives en agriculture urbaine sur le territoire d'études

Les initiatives en agriculture urbaine ont été préalablement identifiées dans l'étape de la typologie agricole du territoire. Mais la cartographier permet de mieux appréhender sa distribution spatiale, d'identifier les différentes zones de densité et les caractéristiques socioéconomiques des différentes zones du territoire. Chaque initiative a son importance pour la construction d'un quartier nourricier. Par exemple, les jardins individuels, collectifs ou communautaires, en plus d'assurer une certaine autosuffisance alimentaire, peuvent permettre aux citoyens d'être des pourvoyeurs de fruits et légumes pour les banques alimentaires.

Lieux de distribution et transformation alimentaire (réseau spatial alimentaire)

Un quartier nourricier ne peut que s'appuyer sur des lieux de production. Un système alimentaire est composé tout autant de la production (voir paramètre « *Initiatives en agriculture urbaine* »), de la transformation, de la distribution (voir paramètre « *Transport* »), que de la mise en marché des aliments. Une cartographie des lieux de distribution et de transformation alimentaire permettra de mettre en place un réel réseau spatial alimentaire. Elle identifiera aussi les zones alimentaires fortes dans le territoire et les zones plus faibles, ou avec une absence d'initiatives de la transformation et de mise en marché.

Inventaire des espaces disponibles (toit et au sol)

Parmi les paramètres essentiels au développement d'un plan d'urbanisme alimentaire, on retrouve bien entendu l'identification des espaces disponibles pour les projets : friches, lieux minéralisés, toits pouvant potentiellement accueillir des serres ou des fermes. Afin de prioriser des actions et des projets à favoriser, cet inventaire est à mettre en relation avec l'ensemble des autres paramètres mentionnés ci-dessus.

Analyse spatiale – sociale et environnementale

Les analyses spatiales biophysiques doivent être accompagnées d'analyses spatiales des conditions socioéconomiques du territoire. En plus des projets de fermes urbaines, un urbanisme alimentaire dans une perspective de développement viable se doit d'intégrer une appropriation de l'espace par les citoyennes et citoyens, d'une mobilisation sociale et s'inscrire dans une perspective de justice alimentaire. Pour ce faire, il importe de cartographier les acteurs présents ou potentiels ainsi que la distribution des secteurs défavorisés pour la réalisation de quartiers nourriciers (précédemment identifiés dans le cadre de la typologie de l'agriculture urbaine du territoire). Une bonne connaissance de la distribution spatiale de paramètres sociaux peut orienter les actions prioritaires d'aménagement ou de politique d'intervention. Des analyses cartographiques environnementales (par exemple des îlots de chaleur) peuvent aussi permettre de mieux intervenir dans le cadre de l'initiative.

Gouvernance et mobilisation

Les différentes analyses spatiales ne seraient pas complètes sans une bonne définition de la gouvernance visée dans le cadre du quartier nourricier. La mise en place d'une ou d'instances favorisant la mobilisation et la coordination des efforts est indispensable.

Elle doit viser la régulation des activités par une politique municipale active et la création ou l'adaptation de règlements d'urbanisme encadrant les activités agricoles. En clarifiant les activités et les zones potentielles d'intervention pour les divers types d'initiatives, ses règlements visent à faciliter le développement de l'agriculture urbaine sous toutes ses formes. Actuellement, les réglementations municipales existantes dans diverses villes s'intéressent avant tout à la question des petits animaux de ferme (poules pondeuses, autres volailles, chèvres, moutons, lapins), à l'apiculture urbaine, à la présence de serres (sol et toit), à la vente directe sur la voie publique, à l'occupation et l'usage des friches et terrains vacants pour l'agriculture urbaine et aux paramètres pour l'usage agricole en zone résidentielle ou commerciale.

Fête de quartier autour de l'écologie et de l'urbanisme dans le VIIe arrondissement de Lyon, place Mazagrande (Rhône-Alpes)

Cette structuration de la gouvernance d'un quartier nourricier doit s'accompagner d'outils favorisant la mise en relation des acteurs en alimentation du territoire et la mobilisation de l'ensemble des citoyens. Il existe de nombreuses initiatives développées au cours des dernières années. Celles-ci sont soit des portails visant à faire connaître les acteurs et les projets en agriculture urbaine (par exemple : Agriculture Montréal[1]), des sites qui connectent les citoyens et citoyennes pour le partage de ressources ou de sites à développer (par exemple : PlantCatching[2], 596acres[3]), ou facilitant le lien entre producteurs et restaurateurs ou autres acteurs (par exemple : Provender[4]). Le développement et l'interconnexion de telles plateformes peuvent permettre le réseautage des divers acteurs de l'agriculture urbaine du quartier, que ce soient les producteurs des arrière-cours, les serriculteurs, les jardiniers, les cueilleurs d'arbres fruitiers urbains, etc.

Dans l'ensemble, le défi est certainement de réussir l'organisation des relations entre citoyens et porteurs de projets afin de créer une dynamique sociale et solidaire sur l'ensemble du territoire, tout en visant une justice alimentaire locale.

1. www.agriculturemontreal.com
2. www.plantcatching.com/fr
3. www.596acres.org
4. www.provender.com

3. Scénario et propositions de projets pilotes

La dernière étape pour la planification d'un quartier nourricier est de réaliser un scénario et de proposer des projets pilotes s'appuyant sur les analyses préalables des forces et des volontés du territoire visé. Des objectifs réalistes doivent être identifiés, en termes de superficies cultivées, du nombre de personnes à nourrir, d'emplois à créer, etc. Ces objectifs sont essentiels pour les propositions de projets pilotes.

Scénario

Partant de l'identification des activités sur territoire (typologie), de l'identification et la cartographie des paramètres d'un urbanisme alimentaire sur le territoire désigné, le scénario se traduit par une projection spatiale et temporelle pour le développement du quartier nourricier. Pour ce faire, afin de faciliter sa rédaction et sa réalisation future, il est certainement adéquat de déterminer un cœur au projet. Par exemple, une serre de production de semis (au printemps) pour l'ensemble des participants.es au projet de quartier nourricier, allant du citoyen dans son jardin résidentiel ou partagé à l'agricultrice urbaine et sa ferme sur le toit d'un bâtiment industriel. Mais cela peut tout autant être une ferme urbaine de grande ampleur ou un *hub* alimentaire.

Cet élément central sur lequel se développent les autres projets peut permettre d'organiser plus facilement le système alimentaire sous-jacent à un scénario de quartier nourricier à développer. Le cœur est généralement une force existante dans le quartier (un projet, un organisme, etc.).

S'appuyant sur l'analyse de projets inspirants (une bibliothèque de projets[1] peut être créée durant l'étape d'identification des activités sur le territoire) et des lieux d'intervention identifiés, ce scénario propose des projets pilotes à favoriser. Les critères, pour décider quels types de projets à prioriser, reposent avant tout sur les acteurs (ressources humaines et financières, volontés) et sur les lieux identifiés (rien ne sert de prévoir en projet pilote une ferme sur toit si l'espace n'est pas disponible).

Propositions de projets pilotes

Une fois le scénario rédigé et proposé, il reste à réaliser une analyse et une présentation précise des projets pilotes avec des projections financières. Cette étape de la part de promoteurs d'un quartier nourricier revient à donner des éléments partagés à de futurs promoteurs qui prendront la responsabilité de la réalisation des projets. Elle permet aussi d'identifier en phase préparatoire les contraintes réglementaires pour la mise en œuvre du projet pilote. Ainsi, il est possible de lever les barrières avant même d'amorcer la construction ou le travail du sol.

---

1. Pour ce faire, il existe de nombreuses ressources, mais le site *Carrot city* est certainement un point de départ (www.ryerson.ca/carrotcity). Il est important de faire cette bibliothèque en tenant compte des caractéristiques du territoire d'intervention.

Inventer un nouvel urbanisme en cultivant la ville

L'intégration de l'agriculture urbaine à la trame urbaine et le développement de systèmes alimentaires locaux intégrés sont encore des interventions en phase exploratoire. Il existe, bien entendu, les Food Policy Councils[1] qui se sont développés, particulièrement en Amérique du Nord, durant la dernière décennie. Il y aussi des initiatives visant à favoriser le développement de fermes urbaines[2]. Toutefois, des initiatives de villes nourricières ou plus modestement de quartiers nourriciers sont, à notre connaissance, peu nombreuses. Elles ne sont pas fonctionnelles et peu prises en considération dans leur ensemble par les décideurs municipaux ou gouvernementaux. L'agriculture urbaine restant encore cantonnée dans l'esprit de ceux-ci à des fonctions sociales, environnementales et de loisir.

Comme nous avons tenté de le montrer, l'agriculture urbaine insérée dans un urbanisme intégré peut devenir un moteur d'écologisation de la ville, de développement économique et d'innovation sociale. Avec une volonté de développement de systèmes alimentaires locaux, elle vient bouleverser celui mis en place depuis plus 60 ans. De même, l'agriculture urbaine modifie aussi la perception de l'aliment qui n'est plus une marchandise, mais un vecteur de changement social.

---

1. Molly M. Hatfield, *City Food Policy and Programs: Lessons Harvested from an Emerging Field*, 2012.
2. *The Urban Farming Guidebook: Planning for the Business of Growing Food in BC's Towns & Cities*, EcoDesign Resource Society, 2013.

Retour d'expérience

À Mouans-Sartoux, un plan local d'urbanisme pour garantir l'autonomie alimentaire

Mouans-Sartoux (Alpes-Maritimes)

Le dernier plan local d'urbanisme (PLU) de Mouans-Sartoux (Alpes-Maritimes) a été adopté en décembre 2012 et est accolé à l'Agenda 21. Élaboré en partenariat avec un bureau d'étude et le Conservatoire d'espaces naturels de Provence-Alpes-Côte d'Azur (CEN Paca), il a permis de lutter contre l'étalement urbain. Pour cela l'accent a été mis sur la localisation de la plupart des services en centre-ville, à proximité des infrastructures de transport et en protégeant les espaces naturels et agricoles.

Aujourd'hui, ce sont 500 hectares de zones naturelles et agricoles qui sont classés. Entre l'ancien et le nouveau PLU, les zones classées A (Agricole) ont été triplées pour atteindre 120 hectares soit 8,8 % du territoire. Ce chiffre a été calculé pour se rapprocher le plus possible des 130 hectares nécessaires à la production maraîchère qui permettrait à Mouans-Sartoux de subvenir en autonomie à ses besoins afin de tendre vers une relocalisation de la production et de la consommation. La délimitation des zones nouvellement classées en A a été faite en négociation au cas par cas avec les propriétaires des terrains. Les parcs naturels urbains en centre-ville ainsi que la forêt communale ont également été protégés, de même que les coulées vertes, prolongées en centre ville par des voies piétonnes végétalisées.

Le PLU de Mouans-Sartoux comprend des obligations fortes comme le maintien des « restanques »

Les restanques sont aussi inscrites et font l'objet d'un projet de remise en état comme le précise l'article 11 du PLU : « Les murs de restanque situés hors emprise des constructions, voies et accès privatifs, ne pourront être détruits...en cas de destruction ou dégradation accidentelle, ils seront reconstruits à l'identique (forme hauteur, appareillage...) ».

Le PLU préconise également un choix d'essences végétales dans son article 13 : « Les plantations existantes d'essences locales... doivent être choisies parmi les espèces méditerranéennes économes en consommation d'eau, exceptées les palmiers... les oliviers doivent être conservés dans leur totalité... les oliviers situés sur l'emprise des voies et construction seront transplantés ou remplacés à l'identique... les espèces invasives doivent être évitées (mimosas...)... Les espèces locales seront favorisées... le long des vallons, les essences favorables au maintien des ripisylves devront constituer 80 % du couvert végétal (cf. relevés siaqueba - maison régionale de l'eau) ».

Parole d'acteur

La biodiversité urbaine : une salade à composer

Anne-Sophie Carnuccini, directrice de la Gestion des espaces verts de la comunnauté d'agglomérations des Lacs de l'Essonne

En commençant à travailler fin 2008 sur la biodiversité du territoire de l'agglomération des Lacs de l'Essonne, qui aurait pensé que cela conduirait à planter salades, choux, tomates et blettes sur l'espace public ? Engagé dans une étude de gestion des espaces de nature en ville confiée à Gilles Clément et à l'atelier paysagiste Coloco, le territoire est arpenté, scruté sous toutes ses coutures afin d'en déterminer la substantifique trame, celle qui verte et bleue permettrait de favoriser les échanges faunistiques et floristiques dans un maillage plus large à l'échelle de la région.

Alors la question s'est posée : en ville, en espace urbain dense, comment fait-on, coincé entre la route nationale 7, l'autoroute A6 et la voie de chemin de fer du RER C ? Chaque carré de verdure, rond-point, accotement, terre-plein central aussi bien que les parcs et jardins, deviennent alors des îlots à réinvestir pour appuyer le dessin de ces trames. Les jardiniers sont investis d'une mission, celle de favoriser la diversité dans leurs plantations, leurs massifs et dans leur gestion. La suppression des produits chimiques dans les espaces publics urbains est un premier pas de géant.

Rond-point potager à Grigny

Puis les idées germent, bousculant les habitudes. Au départ, l'idée de mettre en place des potagers correspondait au fait de venir prendre le contre-pied de ces simples décors verts, ces espaces joliment fleuris et décorés de verdure au centre de Viry-Châtillon ou de Grigny, les deux communes composant l'agglomération. Une idée qui répond également à cet objectif de favoriser la biodiversité. Un premier potager est implanté en 2010 à quelques pas de la gare de Grigny et d'un quartier d'habitat social dense. Et si, dans cette densité urbaine, on pouvait aussi imaginer une « biodensité » naturelle retrouvée, travaillée par l'Homme aux services des autres, les jardiniers au service des habitants de leur territoire ? Ce premier test est largement réussi et suivi d'autres tentatives, applaudies par les habitants à leur mise en œuvre en plein centre ville. On plante des variétés anciennes, on mixe prairies fleuries et légumes dans des plates-bandes tant esthétiques que nutritives.

Ces potagers sont parfois développés avec les habitants, c'est le cas dans le quartier de l'Ellipse de la Grande Borne ou à la résidence pour personne âgées Husson à Viry-Châtillon où un morceau de pelouse est remplacé par des carrés jardinés. Ces réalisations permettent également à chacun de se sentir acteur de quelque chose de nouveau, d'insolite mais tellement utile. La nature en ville reste une nature cultivée, dense et productive mais diversifiée ou chacun retrouve du sens dans sa relation à l'autre, son voisin, sa voisine qui partage le même espace public. Une relation idyllique ? Un rêve dont nous avons besoin, c'est certain.

PAROLE D'ACTEUR

Le territoire métropolitain de Bordeaux possède un grand potentiel agricole

Alain de Framond, chef de projet Agriculture urbaine, Bordeaux Métropole

« La définition d'une politique agricole de la métropole a été précisée grâce à la création de la direction de la Nature de la communauté urbaine de Bordeaux, en 2011. Son président, Vincent Feltesse, avait exprimé la volonté d'intégrer les espaces agricoles et les espaces naturels dans un projet urbain cohérent, en particulier en prenant en compte la question de la sécurité alimentaire. En 2010, l'expertise de Philippe Quèvremont, du ministère de l'Écologie, du Développement durable et de l'Énergie, avait en effet montré que le territoire produit annuellement moins d'une journée de la consommation des habitants de l'agglomération. La situation de Bordeaux Métropole est atypique, puisque 50 % du territoire de ses 28 communes est constitué d'espaces naturels et agricoles, souvent inondables. Sur une superficie de 58 000 hectares en tout, 6 000 hectares environ sont aujourd'hui cultivés, et les forêts sont assez présentes. Les friches sont nombreuses et un potentiel foncier, aujourd'hui identifié, est inexploité. Les marges de progression agricole sont donc réelles. Les productions actuelles sont d'abord viticoles, mais des éleveurs utilisent les nombreuses prairies humides et les grandes cultures (maïs, tournesol, etc.) sont également présentes. Le maraîchage reste concentré essentiellement dans la vallée des Jalles. L'agriculture biologique représente actuellement 3,5 % de la surface agricole utile (SAU), ce qui est proche de la moyenne nationale. Alors qu'il est prévu d'accueillir 250 000 habitants supplémentaires pour atteindre le million en 2050, l'urbanisation devrait désormais surtout se déployer sur les espaces déjà construits et la Métropole souhaite conserver l'essentiel des lieux non bâtis actuels pour disposer d'espaces de qualité dans l'agglomération. Dans cette optique, le plan local d'urbanisme intercommunal, actuellement en révision, garantira la pérennité de la destination agricole pour la quasi-totalité des espaces aujourd'hui classés en zone agricole (A). Cela peut créer parfois des tensions au sein des territoires, au vu des plus-values foncières envisageables sur les terrains non inondables, mais l'option prise par Bordeaux Métropole est aujourd'hui partagée avec les communes et permet de dépasser ces difficultés.

Le caractère inondable de nombreuses zones proches de la Gironde peut être considéré comme un atout, car il a permis de les préserver de l'urbanisation. Il est en revanche une faiblesse pour les agriculteurs, qui doivent alors travailler dans des espaces classés dans le plan de prévention des risques d'inondation, ce qui les empêche dans de nombreux cas d'atteindre un développement économiquement viable. Dans ce contexte, l'action de la collectivité se concentre sur plusieurs priorités. Il faut d'abord recréer le lien entre l'agriculture et la ville, donc relocaliser les circuits de distribution des productions existantes, qui sont à ce jour le plus souvent vendues à l'extérieur du territoire. Ceci est d'autant plus pertinent que les circuits courts permettent de soutenir la rentabilité des exploitations en supprimant un certain nombre d'intermédiaires. Depuis 2011, plusieurs outils ont été créés dans cette logique. Le *drive* fermier existe depuis 2012 : les producteurs sont régulièrement regroupés en marchés fermiers organisés dans des exploitations pour proposer aux habitants de multiples produits issus du territoire (vins, fruits et légumes, fromages, lait, etc.).

Par ailleurs, bien que placé sous la responsabilité de la métropole, le marché d'intérêt national (MIN) de Bordeaux ne possédait plus de « carreau » de producteurs locaux depuis longtemps. Celui-ci a été recréé récemment sous la forme de la coopérative SCIC Loc'Halle Bio, avec le soutien de la Métropole qui a pris des parts dans son capital. Elle distribue de plus des produits locaux issus de l'agriculture biologique et se développe rapidement. C'est la première fois qu'un MIN propose des produits biologiques provenant d'une distance de moins de 150 kilomètres. Par ailleurs, la Métropole agit de façon générale pour promouvoir l'agriculture durable et la conversion en bio est encouragée et accompagnée. Mais il est essentiel de travailler en amont sur la viabilité économique des exploitations avant d'envisager leur transformation. Bordeaux Métropole intervient notamment en faveur de l'agriculture biologique par le biais de la restauration collective de ses quelque 2 600 agents et qui sert désormais 20 % de produits bio. Avec l'interprofession Arbio, un label « Territoire Bio Engagé » a été créé. Il est décerné aux communes qui comptent plus de 6 % de leur SAU en agriculture biologique, ou qui servent au moins 20 % de produits biologiques dans leurs cantines : Bègles, Bordeaux ou Mérignac, entre autres, ont ainsi vu leurs efforts récompensés.

La métropole encourage des actions innovantes. Une expérience d'agroforesterie faisant appel à plusieurs essences d'arbres a été initiée sur l'exploitation d'un agriculteur produisant des grandes cultures sur des terres de 90 hectares appartenant à la métropole. À Mérignac, Bordeaux Métropole soutient l'action d'une association qui promeut la permaculture afin de sensibiliser et de former les acteurs locaux, jardiniers, particuliers et peut-être un jour, agriculteurs et porteurs de projets sensibles à ce nouvel ensemble de pratiques. La principale difficulté reste aujourd'hui de recruter les porteurs de projets de maraîchage, puis de les accompagner avant de les mettre en relation avec des propriétaires souhaitant valoriser leur patrimoine foncier agricole. Bordeaux Métropole a pour cela noué un partenariat avec la chambre d'agriculture et la société d'aménagement foncier et d'établissement rural (Safer), ainsi que la Fédération régionale des Centres d'initiatives pour valoriser l'agriculture et le milieu rural (FRCIVAM) et son système de couveuse agricole SAS Graines. Le potentiel agricole existe sur le territoire métropolitain, mais il faut identifier le foncier correspondant aux projets et faire connaître notre désir d'attirer de nouveaux agriculteurs qui, de plus en plus souvent, ne sont plus d'origine rurale. Il importe aussi de bien faire comprendre aux porteurs de projets les spécificités liées au métier d'agriculteur urbain, qui diffère de celui des exploitants ruraux. C'est pourquoi la Métropole et la chambre d'agriculture déploient un accompagnement très spécifique et attentif dans le temps jusqu'à l'installation, afin d'éviter les déconvenues de part et d'autre. Mais l'heure est à la confiance et à l'optimisme : tout porteur de projet – notamment maraîcher – est invité à prendre contact avec la Métropole (adeframond@bordeaux-metropole.fr) ! »

PAROLE D'ACTEUR

Présentation du projet Paris sous les fraises

Yohan Hubert, Association française de culture hors sol

« Le projet Paris sous les fraises est né suite à l'appel à projets Végétalisation innovante de la Ville de Paris en 2013, et émane de l'Association française de culture hors sol, créée il y a plus de dix ans à Grenoble. Celle-ci promeut la culture biologique hors sol de végétaux alimentaires avec le souci du recyclage des déchets urbains organiques et minéraux. Depuis le début du projet, nous avons intégré un axe de travail sur le recyclage des contenants en plastique.

Le travail est fondé sur la production biologique de milieux vivants associant les bactéries, les champignons et la rhizosphère (zone du sol voisine des racines des plantes où se concentrent les micro-organismes) sur la base de supports synthétiques. Les expériences menées ont dans un premier temps montré que les jardinières garnies de substrats recyclés pouvaient conduire à de très bons résultats.

Le fait de disposer d'une serre bioclimatique à Grenoble permet de mener des expériences multiples en termes d'alimentation des plantes. Certains dispositifs composites (généralement à base de plastiques réemployés ou recyclés) peuvent être extrêmement légers et permettent de produire des plantes à partir d'éléments solubles d'origine organique circulant dans un substrat inorganique. Un autre de ces systèmes de culture fait par exemple appel à des poissons et toute une série de moyens de production individuels peuvent être développés.

Le travail de l'Association française de culture hors sol à Grenoble (Isère)

À condition qu'ils ne fassent appel à aucun intrant chimique et de bien choisir les matières plastiques utilisées, les systèmes hydroponiques ne sont donc absolument pas négligeables : ils s'appuient sur un circuit fermé d'eau alimenté par les eaux de pluie pour compenser les quantités consommées par les plantes,

Un travail important est mené sur la création de substrats à partir de multiples matières organiques urbaines tels les marcs de cafés, etc., mais aussi à partir des terres de jardinières urbaines généralement jugées difficiles à valoriser, alors que nos expériences montrent qu'il est possible de les revitaliser. Un partenariat a été mené avec la ville de Grenoble à cette fin.

Un jardin de 500 m^2 a pu être mis en place sur un toit en exploitant les barquettes provenant d'un restaurant servant des moules-frites et qui sont légèrement transformées pour accueillir un substrat provenant de déchets. Il a ainsi été possible de produire 3 000 kilogrammes de légumes vendus à des restaurateurs récoltants pour une dépense de moins de 1 000 euros.

Généralement, les systèmes installés en hauteur doivent être assez légers afin de pouvoir intervenir aisément sur les structures bâties en cas de besoin. L'ensemble de ces expériences a été compilé dans le livre *Cultiver ses légumes hors sol* publié par Ulmer en mars 2014.

À Paris, le projet « Sous les fraises » a obtenu toutes les autorisations administratives nécessaires, et la première installation sera bientôt mise en place. Elle se fondera sur la technologie des membranes hydrobiologiques, qui permet de produire des légumes bio en ville à partir d'un dispositif pesant moins de 16 kg/m^2 et utilisant des déchets. « Sous les fraises » est une société coopérative qui proposera à tous les volontaires de l'agriculture urbaine un modèle économique validé s'appuyant sur l'entraide et la transmission de compétences. »

Retour d'expérience

Le développement des circuits courts à Lorient

Lorient (Morbihan)

La restauration municipale de Lorient (Morbihan) est gérée grâce à une cantine centrale qui s'engage en faveur d'une alimentation de qualité. Dès 1998, le conseil municipal refuse à l'unanimité les organismes génétiquement modifiés et en 1999, la restauration se tourne vers les filières de qualité (agriculture biologique, labels rouges, Bleu blanc cœur, poisson frais…).

Aujourd'hui, la restauration municipale emploie 41 agents pour 4 300 repas par jour (cantines scolaires, cantine municipale et maison de retraite) pour un budget d'achats alimentaires de 1,4 million d'euros dont 400 000 euros consacrés à l'achat « qualité ».

31 % des produits sont bio et 8,5 % sont issus de circuits courts. Les poulets sont par exemple achetés à 120 jours en circuits courts (alors que la norme d'agriculture biologique n'impose que des poulets de 80 jours). Lorsque c'est possible, la Ville établit un cahier des charges pour les marchés, favorisant les circuits courts : pour les yaourts par exemple, la Ville achète de grosses contenances que les producteurs industriels ne fournissent pas.

Le personnel des cuisines ou du restaurant municipal est aussi invité à participer à la visite des exploitations locales. Pour les inciter à développer aussi ces filières, la ville de Lorient présente ses actions en restauration aux autres villes de la communauté d'agglomération qui va également créer un réseau de filières locales agricoles.

Maraîchage à Lorient

La ferme du Cosquer (Kozker)

La ferme de 8 hectares, en dehors de la ville de Lorient, a été léguée à la Ville en 1978 par un particulier qui a précisé qu'il fallait trouver à cet espace une destination sociale ou en rapport avec la protection de la nature.

En 1983 est créée une ferme éducative, véritable institution de la ville de Lorient. Le départ à la retraite du directeur de la ferme en 2009 associé à une nécessité de rénovation du bâtiment, qui n'est alors plus aux normes, amène la Ville à commander une étude à un cabinet qui préconise de remettre l'exploitation en culture via un bail passé avec des agriculteurs.

En 2011, la Ville signe une convention avec la chambre d'agriculture, dans le cadre du programme européen Leader (qui permet de soutenir des projets valorisant les activités agricoles et rurales du territoire) de Lorient Agglomération pour la rénovation de l'exploitation. 800 000 euros seront investis par la collectivité, principalement pour la rénovation du bâtiment avec des critères environnementaux : création de bassins de phytoépuration en partenariat avec un artisan d'un réseau d'écoconstruction local, installation de panneaux solaires thermiques réalisés par les services techniques après une formation de 5 jours, installation d'un poêle à bois.

En avril 2013, le jury a choisi les deux agriculteurs qui se sont installés sur l'exploitation avec un bail rural environnemental de

9 ans. Les jeunes agriculteurs sont deux ingénieurs agronomes, formés en partie en Nouvelle-Calédonie et ayant un projet de culture biologique et de vente à la ferme.

Ils ont pu démarrer immédiatement en bio car le terrain est resté en prairie pendant 50 ans. Les premières plantations sur 5 hectares ont été réalisées en mars 2014 avec de premières récoltes fin mai 2014.

La vente à la ferme est ouverte les mercredi matin et vendredi après-midi et propose des produits issus de l'exploitation mais aussi de six autres producteurs bio et locaux (charcuterie, tisane, pain, produits transformés à base de pommes...). La ferme livre également certains Biocoop de la région et des petites cantines à proximité.

D'autres actions sont en projet : transformation des légumes d'été en conserves par l'établissement et services d'aide par le travail pour des ventes plus diversifiées en hiver, arboriculture fruitière diversifiée et livraison de paniers bio.

Soutien aux associations

La Ville associe les Associations pour le maintien à l'agriculture paysanne à chaque manifestation pour leur trouver de nouveaux débouchés. Elle met également à disposition des locaux communaux (centre social par exemple) pour les distributions d'Amap dont trois sont situées en secteurs de grands ensembles. Il existe aussi une inter-Amap sur le pays de Lorient qui a notamment développé un site internet commun.

La Ville soutient également les associations de jardins familiaux en leur fournissant des terrains, une politique qui a permis la création de 240 jardins.

Chapitre 12

Maraîchage et élevage urbains : quelle contribution à la justice alimentaire ?

Par Jeanne Pourias[1]

Peu de données existent pour éclairer la part de l'agriculture urbaine dans les systèmes alimentaires urbains. En 1996, le Programme de développement des Nations unies estimait que, dans le monde, plus de 200 millions de fermiers urbains produisaient de la nourriture pour le marché urbain, tandis que 600 millions d'autres urbains étaient engagés dans des formes d'agriculture pour leur propre subsistance[2].

Une autre estimation montre que 15 à 20 % de la nourriture mondiale est produite dans des aires urbaines[3]. Toutefois, en dehors de ces estimations très globales, peu de données quantitatives sont disponibles

1. Docteur en agronomie et science de l'environnement, spécialiste de l'agriculture urbaine.
2. Jac Smit, Joe Nasr et Annu Ratta, *The Urban Agriculture Network. Urban agriculture: food, jobs and sustainable cities*, United Nations Development Programme, 1996.
3. Margaret Armar-Klemesu, *Urban agriculture and food security, nutrition and health*, dans Nico Bakker, Marielle Dubbeling, Sabine Guendel, Ulrich Sabel-Koschella, Henk

sur l'agriculture urbaine et il est donc difficile de connaître son importance dans l'approvisionnement alimentaire des villes. Si la part des exploitations agricoles situées en zone urbaine ou périurbaine peut être connue facilement, il n'en est pas de même en ce qui concerne la destination des produits de ces exploitations. Or, si l'on se réfère à la définition de Mbaye et Moustier[1], l'agriculture urbaine n'est pas une agriculture située dans la ville, mais plutôt une agriculture tournée vers la ville, c'est donc bien la destination des produits et les circuits de commercialisation qu'il importe de connaître.

La communauté d'agglomération du Grand Besançon (Doubs) a engagé le projet Sauge (Solidarité agricole et urbaine pour des gains économiques environnementaux et en termes d'emplois)

La carte de France des exploitations agricoles impliquées dans des circuits courts montre que les zones où l'on retrouve le plus de producteurs en circuits courts coïncident souvent avec les aires urbaines[2,3]. Une possibilité pour estimer les quantités de produits fournies par l'agriculture urbaine serait donc de se référer aux produits commercialisés via des circuits courts. Toutefois, cela exclut les productions des formes d'agriculture urbaine non professionnelles comme les jardins associatifs urbains ou les jardins privés.

de Zeeuw (éd.), *Growing Cities, Growing Food, Urban Agriculture on the Policy Agenda,* Deutsche Stiftung fur Internationale Entwicklung (DSE), Zentralstelle, 2000.

1. Alain Mbaye et Paule Moustier, *Market-oriented urban agricultural production in Dakar*, dans *Growing Cities Growing Food: Urban Agriculture on the Policy Agenda: A Reader on Urban Agriculture*, Deutsche Stiftung fur Internationale Entwicklung (DSE), 2001.
2. Un producteur sur cinq vend en circuit court (Agreste Primeur, 2012).
3. IGN, Insee. Les aires urbaines métropolitaines et les grandes aires, disponible ici : www.insee.fr/fr/themes/document.asp?ref_id=ip1333&page=graph

Par ailleurs, le poids accordé à la fonction alimentaire varie beaucoup d'un type d'agriculture urbaine à l'autre. La multifonctionnalité reconnue de l'agriculture urbaine contribue ainsi à associer au service d'approvisionnement alimentaire bien d'autres fonctions qui dépassent le cadre d'analyse des systèmes alimentaires : services de soutien aux écosystèmes urbains, loisirs, éducation, etc.

Les formes entrepreneuriales

En Europe, les exploitations maraîchères professionnelles ont traditionnellement accompagné le développement des villes. Cependant, au cours du XXe siècle, la montée en puissance du système agro-industriel, caractérisée notamment par l'internationalisation des marchés alimentaires, le développement de structures industrielles d'approvisionnement et la progression des transports de longue distance (ferrés puis routiers) ont progressivement fait décroître l'approvisionnement des villes par l'agriculture de proximité[1]. Ce qu'il reste des anciennes ceintures maraîchères périurbaines connait pourtant aujourd'hui un regain d'intérêt dû à l'émergence des circuits alimentaires de proximité.

Plus généralement, une part de plus en plus importante des productions agricoles est commercialisée via des circuits courts. Ainsi, en France, 21 % des exploitations commercialisent au moins une partie de leur production via des circuits courts ; chez les producteurs de miel et de fruits et légumes, cette proportion s'approche de 50 % (Agreste, 2012). Dans l'Union européenne, ce sont 15 % des fermes qui vendent plus de la moitié de leurs productions localement[2].

Parmi les diverses formes de vente directe, les associations entre producteurs et consommateurs se distinguent par la volonté d'inscrire la relation commerciale entre agriculteurs et consommateurs dans une relation solidaire. En France, en 2009, on estimait à 1200 le nombre d'Association pour le maintien de l'agriculture paysanne (Amap) : des associations formalisées ou non, fondées sur un engagement mutuel entre un groupe de consommateurs et un agriculteur.

Le principe est né au Japon à la fin des années 1950, sous le nom de « teikei » qui « exprime l'esprit d'un système de vente directe de produits

---

1. Christine Aubry et Yuna Chiffoleau, *Transformation des systèmes de relations entre production et consommation alimentaires*, AgriFood Systems, 2009.
2. Dacian Ciolos, *Local farming and short supply chains: enhancing the local dimension of the common agricultural policy*, 2012 (disponible ici : www.europa.eu/rapid/press-release_SPEECH-12-283_en.htm).

fermiers locaux tel qu'il a été forgé dans la société japonaise »[1]. Dans le même temps, des associations similaires voyaient le jour en Suisse et en Allemagne, puis à partir de 1985 dans le Massachusetts aux États-Unis sous le terme de Community Supported Agriculture (CSA). Le nombre de ces groupes est estimé à environ 1300 sur l'ensemble du territoire américain. On trouve également des mouvements comparables en Grande-Bretagne, en Australie, en Nouvelle-Zélande, ou encore au Canada[2].

S'éloignant petit à petit des milieux militants d'origine, d'autres formes de « paniers fermiers » ont vu le jour. Le principe de solidarité ne fait plus toujours partie de ces systèmes de vente : paniers vendus sur internet ou dans les lieux publics, cueillettes chez le producteur... Ces systèmes de commercialisation impliquent toujours une relation directe entre producteurs et consommateurs, mais avec un engagement moins fort entre les deux parties.

Il existe également des formes de vente « indirecte » dans les circuits de proximité. Par exemple, des initiatives comme La Ruche qui dit oui, en France, ou les marchés de solidarité régionale au Québec permettent aux consommateurs de composer des paniers à partir d'une offre de produits locaux.

La vente directe des produits du producteur aux grandes et moyennes surfaces de distribution (GMS) en fait également partie : certaines enseignes et de nombreuses supérettes jouent la carte de l'approvisionnement direct et local, ce qui peut s'accompagner d'une ouverture vers des petits fournisseurs de produits frais ou rares, avec parfois un assouplissement des règles au niveau de la négociation des prix et des conditions de livraisons[3]. Cette recombinaison de formes anciennes de distribution des produits agricoles et de formes plus récentes témoigne d'une réaffirmation de la fonction d'approvisionnement alimentaire de proximité de l'agriculture périurbaine.

---

1. Patrick Mundler et Albane Audras, *Le prix des paniers. Analyse de la formation du prix du panier dans 7 Amap de la région Rhône-Alpes*, AgroCampus-Ouest (Rennes), 2010 (disponible ici : www.sfer.asso.fr/content/download/3682/32833/version/1/ file/ A4%20-%20Mundler.pdf).

2. Patrick Mundler, *Les Associations pour le maintien de l'agriculture paysanne (Amap) en Rhône-Alpes, entre marché et solidarité*, Ruralia, 2007 (disponible ici : http://ruralia.revues.org/1702).

3. Yuna Chiffoleau, « Les circuits courts de commercialisation en agriculture : diversité et enjeux pour le développement durable », dans Gilles Maréchal, *Les circuits courts alimentaires*, Éducagri Éditions, 2008.

Une structure de vente directe à la Motte-Servolex (Savoie)

En dehors de ces formes d'agriculture professionnelle « historiquement présentes », de nouvelles formes d'agriculture urbaine de type entrepreneurial voient le jour dans les villes des pays industrialisés. Celles-ci peuvent être à but lucratif (exploitations professionnelles) ou non lucratif (organismes communautaires, entreprises de réinsertion)[1]. Ce sont par exemple des « toits potagers », ou d'autres formes de culture innovantes, qui s'apparentent à une véritable « reconquête » des villes par l'agriculture. En Allemagne, le projet ZFarm (Zero-Acreage Farming) a été très favorablement accueilli par la ville de Berlin. L'objectif de ce projet de recherche est « de transférer et d'utiliser dans les villes les technologies agronomiques pouvant fournir des récoltes stables, et de mettre à proximité les consommateurs des produits frais cultivés, voire même de les impliquer dans le processus de culture ». À Montréal (Canada), les fermes Lufa produisent depuis 2011 des fruits et légumes frais dans une serre chauffée, cultivés en hydroponie, sur le toit d'un immeuble de bureaux. À Paris (France), plusieurs entreprises en agriculture urbaine ont vu le jour en 2012 ; l'une d'entre elles a reçu un prix de la région Île-de-France récompensant des projets d'entreprenariat innovants. Aux États-Unis, en 2000, Kaufman & Bailkey recensaient 70 projets d'agriculture urbaine entrepreneuriale. Dans les villes américaines touchées par la désindustrialisation, l'abondance d'espaces vacants et la migration des entreprises et de l'activité économique vers les banlieues ont créé un créneau propice à la création d'entreprises agricoles intra-urbaines (Kaufman & Bailkey, 2000).

1. Jerry Kaufman et Martin Bailkey, *Farming inside cities: Entrepreneurial urban agriculture in the United States*, Lincoln Institute of Land Policy, 2000.

Le problème crucial d'accès à l'alimentation est inégalement abordé dans les différents projets d'agriculture urbaine professionnels, qu'elle soit intra ou périurbaine. Comme l'expliquent Christian Deverre et Claire Lamine, chercheurs à l'Institut national de la recherche agronomique (Inra, France), la dimension de « justice sociale » et de lutte contre les inégalités est beaucoup plus développée dans les projets nord-américains[1].

Lieux de vente et de distribution des produits locaux et biologiques à Bourg-lès-Valence

Dans le cas des projets récents d'agriculture intra-urbaine, les objectifs affichés varient considérablement d'un projet à un autre. Ainsi, la ferme Lufa met en avant-plan l'aspect qualitatif de ses produits et la proximité géographique et relationnelle : en fournissant des paniers de légumes frais et variés (contenant notamment des variétés « rares »), ils s'appuient sur un modèle économique de marché de niche commercialisant des produits à forte valeur ajoutée.

L'entreprise parisienne Topager met également au premier plan la qualité de ses produits, destinés notamment à des restaurateurs, et le caractère innovant sur le plan écologique du système de production utilisé. Pour le projet La Marmite urbaine (Lyon, France), qui s'inscrit dans une démarche d'économie sociale et solidaire, les objectifs affichés touchent autant à l'agriculture qu'au tissu social et économique de la ville : apporter des produits frais aux urbains, renforcer les contacts intergénérationnels et interculturels, combattre l'isolement social et tisser de nouveaux liens sociaux.

En ce qui concerne les productions distribuées en circuits courts, leur contribution à la réduction des inégalités d'accès à l'alimentation est

1. Christian Deverre et Claire Lamine, *Les systèmes agroalimentaires alternatifs. Une revue de travaux anglophones en sciences sociales*, Économie rurale, 2010.

mal documentée, et la diversification récente de ces circuits de commercialisation ne permet pas de tirer des conclusions quant au public qu'ils touchent et aux prix pratiqués. Seules les associations entre producteurs et consommateurs ont été étudiées de ce point de vue. En France, même si les consommateurs adhérents aux Amap ne font pas partie des populations les plus aisées, ce sont généralement des personnes issues des classes moyennes et disposant d'un haut niveau de formation, ce qui soulève certaines critiques quant à leur ouverture vers d'autres publics[1,2]. Toutefois, une étude menée dans la région Rhône-Alpes a montré que les prix des Amap étaient généralement peu élevés, et ne constituait donc pas un frein à leur développement auprès de populations disposant d'un faible revenu. Aux États-Unis, des études montraient même que les producteurs en CSA (Community Supported Agriculture) avaient tendance à sous-évaluer la valeur de leurs produits au regard des prix de marché « classiques ».

D'autres cas viennent sporadiquement alimenter les discussions sur la contribution des formes d'agriculture urbaine professionnelles et des circuits de proximité à la réduction des inégalités d'accès à l'alimentation. Récemment en Grèce, la création d'un circuit d'approvisionnement direct pour la vente de pommes de terre a permis de diminuer les prix de 60 % par rapport aux prix des filières conventionnelles, dans un contexte de crise économique nationale[3].

En Amérique du Nord, des retours d'expériences montrent que, lorsque la localisation des points de distribution est réfléchie spécifiquement pour venir combler un manque, cela peut entraîner une amélioration de la situation. Ainsi, des chercheurs en géographie à Toronto ont montré comment la mise en place de marchés fermiers dans des quartiers « désertifiés » permet de recréer une offre alimentaire cohérente avec les attentes de la population : alimentation plus saine et amélioration du prix des produits[4].

1.Patrick Mundler, *Les Associations pour le maintien de l'agriculture paysanne (Amap) en Rhône-Alpes, entre marché et solidarité*, Ruralia. Sciences sociales et mondes ruraux contemporains, 2007 (disponible ici : http://ruralia.revues.org/1702).

2. Claire Lamine et Nathalie Perrot, *Les Amap : un nouveau pacte entre producteurs et consommateurs ?*, Éditions Yves Michel, 2008.

3. Dacian Ciolos, *Local farming and short supply chains, op.cit.*

4. Henk de Zeeuw, *The development of Urban Agriculture; some lessons learnt*, RUAF Foundation, 2004.

Formes non professionnelles

Parmi les formes d''agriculture urbaine non entrepreneuriales, les jardins associatifs constituent un phénomène particulièrement important dans les villes de pays industrialisés. Dans de nombreuses villes européennes et nord-américaines, des initiatives spontanées d'habitants et des projets portés par les collectivités ont entraîné une augmentation considérable du nombre et de la diversité de ces jardins depuis une vingtaine d'années. Les jardins associatifs remplissent de nombreuses fonctions, et sont très souvent considérés comme un outil de développement ; dans la littérature scientifique, ils sont associés à huit « sphères d'intervention » : l'aménagement urbain, l'environnement, l'économie, la santé, le loisir, l'éducation, les interactions sociales et la sécurité alimentaire[1].

Toutefois, la contribution réelle de ces jardins à la sécurité alimentaire des villes, des communautés ou même des ménages reste assez peu connue. En effet, la littérature a surtout étudié les jardins sous l'angle de leur contribution environnementale à la ville durable, des bénéfices sociaux et civiques pour les individus et les communautés et de leurs impacts positifs sur la santé et le bien-être.

Le rôle des jardins dans l'approvisionnement alimentaire des urbains peut être envisagé de deux façons différentes.

Tout d'abord, des formes d'autoproduction alimentaire sont souvent apparues dans les villes en situation de crises (politiques ou économiques), aussi bien dans les pays « du Sud » que dans les pays « du Nord ». Dans les villes occidentales, l'Histoire fournit de nombreux exemples qui montrent qu'en temps de crise, les jardins urbains ont fait partie des stratégies d'adaptation mises en œuvre soit par des collectifs de citoyens, soit par une intervention étatique[2]. À l'échelle mondiale, le cas de villes « du Sud » (Afrique, Asie), montrent l'importance de l'agriculture urbaine pour remédier à des situations de précarité extrême[3,4], rappelant ainsi que

1. Éric Duchemin, Fabien Wegmuller et Anne-Marie Legault, «Agriculture urbaine : un outil multidimensionnel pour le développement des quartiers », VertigO – *La revue électronique en Science de l'Environnement*, 2010.

2. Nathan McClintock, *Why farm the city ? Theorizing urban agriculture through a lens of metabolic rift*, Cambridge Journal of Regions, Economy and Society, 2010.

3. David Drakakis-Smith, Tanya Bowyer-Bower et Dan Tevera, *Urban poverty and urban agriculture : An overview of the linkages in Harare*, Habitat International, 1995.

4. Daniel G. Maxwell, Carol E. Levin, Margaret Armar-Klemesu *et al.*, *Urban livelihoods and food and nutrition security in Greater Accra, Ghana*, International Food

« la production alimentaire à l'intérieur de la ville est dans de nombreux cas la réponse des urbains pauvres à un accès à l'alimentation inadéquat, peu fiable et irrégulier, et au manque de pouvoir d'achat »[1].

Potagers urbains à Menton (Alpes-Maritimes)

Cependant, en dehors d'un apport quantitatif ponctuel dans une situation de crise, le jardinage urbain est également étudié pour sa capacité à réduire à plus long terme les inégalités d'accès à l'alimentation, à apporter des bénéfices en termes de santé, de nutrition et de bien-être, voire même à remettre en question l'organisation de la ville.

Ainsi, l'intérêt croissant pour les potagers urbains dans les villes de pays industrialisés semble lié aux revendications nouvelles qui ont émergé avec les systèmes alimentaires alternatifs. Comme les Amap, les CSA ou les autres formes de vente directe, les jardins urbains articulent « les questions de production et de consommation alimentaire à un certain désir de "retour à la terre" »[2]. Même si l'activité de jardinage peut paraître à première vue très différente du travail dans une exploitation maraîchère, le fait de permettre aux urbains de se retrouver en situation de producteurs peut être considéré comme « l'extrême » du mouvement de

Policy Research Institute, 2000.

1. Henk de Zeeuw, *The development of Urban Agriculture, op. cit.*

2. Michel Streith, « Désir de nature, alimentation et qualité urbaine à Paris : Quand les citadins veulent refaire "Campagne" », projet de recherche présenté à l'appel à projets Paris 2030, 2011.

renouvellement des liens entre producteurs et consommateurs propres aux systèmes alimentaires alternatifs. Ce « renouvellement des liens » se traduit par un glissement du statut d'usager (de la nature, de l'alimentation) à celui d'acteur. Il « préfigure la montée en puissance d'un phénomène plus global, matérialisé par une tentative des urbains de réarticuler différentes aspirations (qualité alimentaire, désir de nature, connaissance du monde agricole) »[1].

Ces différents aspects (émergence en temps de crise et contribution à long terme à l'approvisionnement alimentaire urbain) ne sont pas forcément incompatibles. Ainsi, dans les pays européens touchés par la crise économique, notamment au Portugal et en Grèce, les jardins potagers collectifs, municipaux ou privés, ayant surgi spontanément pendant la crise, sont progressivement intégrés dans la planification foncière de certaines villes dans le but d'apaiser les ménages en difficulté et les groupes sociaux fragiles[2].

Les bénéfices attendus des productions des jardins urbains sont variés : contribution quantitative à l'approvisionnement des ménages, apport qualitatif de produits frais et parfois peu présents, chers, ou de mauvaise qualité dans les commerces standards, éducation aux aspects nutritionnels et amélioration du régime alimentaire des personnes participant à une activité de jardinage…

En termes quantitatifs, les productions des jardins associatifs[3,4] commencent à être connues. Des études menées en France[5] et aux États-Unis[6,7] montrent

1. *Ibid.*
2. Theodosia Anthopoulou, *Agriculture urbaine : inclusion sociale et ville durable. Étude de deux jardins potagers municpaux dans la Grèce du Nord*, Panteion University of Social and Political Sciences, 2012.
3. Mara Gittleman, Kelli Jordan et Eric Brelsford, *Using Citizen Science to Quantify Community Garden Crop Yields*, Cities and the Environment, 2012.
4. Jeanne Pourias, Anne-Cécile Daniel et Christine Aubry, *Terroirs urbains ? La fonction alimentaire des jardins associatifs urbains en question*, revue *Pour* (215/216 « Alimentation et Territoires »), 2012.
5. Jeanne Pourias, Éric Duchemin et Christine Aubry, « Products from urban collective gardens: food for thought or for consumption ? Insights from Paris and Montreal », *Journal of Agriculture, Food Systems, and Community Development*, n° 5, 2015.
6. S.J. Algert, A. Baameur, M.J. Renvall, « Vegetable Output and Cost Savings of Community Gardens in San Jose, California », *J. Acad. Nutr. Diet*, 2014.
7. Vincent Smith et John A. Harrington, « Community Food Production as Food Security: Resource and Economic Valuation in Madison, Wisconsin (USA) », *Journal of Agriculture, Food Systems, and Community Development*, 2014.

que les rendements peuvent être extrêmement variables d'un jardinier à un autre et suivant le contexte de production. La contribution des produits des jardins à l'alimentation des jardiniers est par conséquent également très variable : dans une étude menée auprès de 98 jardiniers parisiens et montréalais, nous avons montré que plus de la moitié des jardiniers (51 sur 98), tous types de jardins confondus et indépendamment de la taille des parcelles, considéraient que les productions de leur jardin leur permettaient de couvrir 50 à 100 % de leurs besoins pour quelques produits pendant la pleine saison (exemple : tomates, laitues...), soit une production « moyenne », très éloignée d'une situation d'autosuffisance, mais qui permet ponctuellement un apport conséquent en produits frais.

D'un point de vue nutritionnel, en Amérique du Nord, des études récentes montrent l'intérêt de la participation à une activité de jardinage associatif pour améliorer le régime nutritionnel des jardiniers et en particulier leur consommation de fruits et légumes[1,2]. Les personnes impliquées dans les jardins communautaires consomment des fruits et légumes 5,7 fois par jour en moyenne, contre 4,9 fois par jour pour les personnes jardinant dans un jardin privé et 3,9 fois par jour pour les non-jardiniers.

De plus, les légumes produits dans les jardins sont parfois des légumes rares ou exotiques, difficiles à trouver dans le commerce. Cette diversité des cultures liée au multiculturalisme des jardiniers a été soulignée par Duchemin *et al*[3], qui interrogent le potentiel des jardins communautaires pour fournir aux communautés culturelles des fruits et légumes adaptés à leur régime alimentaire.

Les préférences alimentaires et le droit au choix de ses aliments sont des aspects de la sécurité alimentaire[4]. En 1994, une étude sur les jardins

1. Katherine Alaimo, Elizabeth Packnett, Richard Miles et Daniel J Kruger, « Fruit and vegetable intake among urban community gardeners », *Journal of Nutrition Education and Behavior*, 2008.
2. Jill S. Litt, Mah-J. Soobader, Mark S. Turbin, James W. Hale, Michael Buchenau et Julie A. Marshall, « The Influence of Social Involvement, Neighborhood Aesthetics, and Community Garden Participation on Fruit and Vegetable Consumption », *American Journal of Public Health*, 2011.
3. Éric Duchemin, Fabien Wegmuller et Anne-Marie Legault, « Agriculture urbaine », *art. cit.*
4. La sécurité alimentaire est définie de la façon suivante : « La sécurité alimentaire est assurée quand toutes les personnes, en tout temps, ont économiquement, socialement et physiquement accès à une alimentation suffisante, sûre et nutritive qui satisfait leurs besoins nutritionnels et leurs préférences alimentaires pour leur permettre de mener

maraîchers à La Nouvelle-Orléans montrait l'importance de la production de légumes exotiques dans le quartier de Versailles, la plus grande « enclave » vietnamienne des États-Unis. Une grande variété de légumes et d'herbes aromatiques y était cultivée, ce qui permettait aux résidents de maintenir des habitudes alimentaires traditionnelles, réduisant les effets de l'acculturation, en particulier chez les personnes les plus âgées, et réduisant de façon substantielle la part des dépenses alimentaires dans le budget des foyers[1].

Une distribution de paniers en Amap à Paris

Pour Evers et Hodgson[2], les jardins associatifs urbains présentent un double intérêt au regard de la sécurité alimentaire : ils apportent à la fois une réponse directe et une réponse indirecte au problème de l'insécurité alimentaire, associant des ressources privées et publiques. La réponse « directe » à l'insécurité alimentaire, qui consiste à produire soi-même des aliments, est d'ordre privé, et peut contribuer à résoudre l'insécurité alimentaire à l'échelle d'un ménage ou d'une communauté.

---

une vie active et saine » (définition du Sommet mondial de l'alimentation de 1996, FAO, 1996).

1. Christopher A. Airriess et David L. Clawson, « Vietnamese Market Gardens in New Orleans », *Geographical Review*, 1994.

2. Anna Evers et Nicole Louise Hodgson, *Food choices and local food access among Perth's community gardeners*, Local Environment, 2011.

Toutefois, pour parvenir à assurer la sécurité alimentaire d'une ville, des réseaux sociaux et culturels doivent aussi être créés. Ces réseaux peuvent être des sources d'information et de formation pour la communauté étendue, et peuvent à terme être dotés d'un pouvoir suffisant pour influencer les politiques publiques. Ces réseaux de connaissances et de savoir-faire développés autour des jardins associatifs contribuent à la résilience à long terme des villes en maintenant ce que Barthel *et al.* nomment « la mémoire socioécologique »[1].

1. Stephan Barthel, Carl Folke et Johan Colding, « Social-ecological memory in urban gardens. Retaining the capacity for management of ecosystem services », *Global Environmental Change*, vol. 20, 2010.

À Bourg-lès-Valence, le lycée agricole au cœur du système alimentaire local biologique

Gilles Lecuir, Natureparif

Le lycée agricole de Bourg-lès-Valence (Drôme) comprend un établissement d'enseignement, une exploitation biologique enclavée au cœur de la commune et un lieu de vente de produits locaux et biologiques.

Arbres fruitiers dans la cour du lycée agricole de Bourg-lès-Valence

Un groupement d'intérêt économique (GIE) regroupe l'exploitation du lycée avec 15 agriculteurs de la Drôme et de l'Ardèche ainsi que 10 producteurs et transformateurs, distribuant dans le point de vente situé dans l'exploitation, la Musette de Valentine.

Le terrain du lycée agricole est mis à disposition par le conseil général de la Drôme, les bâtiments par le conseil régional Rhône-Alpes.

Les échanges entre la ville et le lycée agricole comprennent le compostage sur site des déchets verts issus de l'entretien des espaces verts communaux, l'aide à la plantation d'une haie bocagère, et la promotion du site de vente directe. La ville est aussi cliente de la Musette de Valentine, notamment pour des fruits distribués dans les écoles.

Par ailleurs, la chambre d'agriculture de la Drôme a son siège sur la commune et organise tous les deux ans le salon désormais international Tech&Bio (sur les techniques de l'agriculture biologique) sur le site du lycée agricole.

À noter : La Ville a adopté en 2010 un dispositif d'exonération fiscale pour favoriser la reconversion en agriculture biologique : la taxe foncière est exonérée jusqu'à 5 ans et jusqu'à hauteur de 100 % de son montant. Pour le moment une seule exploitation en bénéficie.

Retour d'expérience

Lille Métropole, territoire agri-urbain

Lille Métropole (Nord)

Lille Métropole est une des métropoles les plus agricoles de France : 46 % du territoire est en zone cultivée. L'agriculture est assez diversifiée et traditionnelle puisque l'élevage est pratiqué par près de la moitié des exploitants (polyculture-élevage).

La collectivité a passé en 2010 une convention cadre avec la chambre d'agriculture du Nord-Pas-de-Calais pour faire un diagnostic des activités agricoles sur le territoire afin de structurer les actions futures qui se tournent vers le développement des circuits courts.

Lille Métropole a ainsi aidé financièrement à la création de points de vente collectifs tout en apportant un appui technique pour le montage de projet. Le dernier exemple en date a été la création à Wambrechies d'un point de vente collectif pour 17 agriculteurs à l'été 2014. Cinq personnes ont été embauchées initialement puis trois autres très rapidement devant le succès commercial rencontré.

Une zone maraîchère est en cours d'installation à Wavrin, grâce à une acquisition par opportunité de Lille Métropole (la zone était préfinancée par la société d'aménagement foncier et d'établissement rural : Safer).

Ainsi, sur un espace de 47 hectares, la collectivité va installer 6 agriculteurs porteurs de projet dont un pépiniériste qui fournit des plans de légumes biologiques. Un autre espace test de 7 hectares sera réservé à l'accueil de 10 agriculteurs qui souhaitent éprouver leur activité.

Le projet, auquel a été consacré 2,8 millions d'investissement, est animé par Lille Métropole, la chambre d'agriculture, le groupement des agriculteurs biologiques du Nord-Pas-de-Calais et la Fédération régionale des coopératives d'utilisation de matériel agricole.

Lille Métropole a aussi passé une convention avec la Safer sur la veille des terrains. Elle mène également des partenariats avec les associations Terres de liens et Terres en ville.

Lille Métropole est une des métropoles les plus agricoles de France

Retour d'expérience

À Strasbourg, la monoculture de maïs laisse place à une prairie humide entretenue par pâturage

Strasbourg (Bas-Rhin)

Dans le cadre de la création d'une réserve naturelle régionale sur le massif forestier de la Robertsau, situé au nord-est de Strasbourg, la ville de Strasbourg a racheté environ 20 hectares de terrain situés en lisière de forêt et exploités alors en monoculture de maïs. Trois projets se partagent cette surface : 2,5 hectares (situés en dehors du périmètre de la future réserve) ont été réorientés vers du maraîchage biologique, 3 autres ont été restaurés en prairie humide et 15 hectares sont convertis en pâturage.

La restauration d'une prairie humide à forte biodiversité grâce à l'hétérogénéité apportée par le pâturage adossé à la réalisation d'un suivi floristique constitue le cœur du projet débuté en 2012. Celui-ci a aussi permis également l'installation d'un jeune agriculteur, le développement d'un élevage biologique et la construction de liens entre agriculture et citadins venant se promener dans la forêt et le parc riverain.

Une vingtaine de bovins Highland Cattle ont ainsi été introduits dans une logique de production et de vente en circuit court et pas seulement d'entretien du paysage en partenariat avec le parc naturel régional des Vosges du Nord. Tous les travaux sont interdits, notamment : dessouchage, défrichement, drainage, mise en place de culture, traitement phytosanitaire sur prairies, amendements, travail du sol.

Une vingtaine de bovins Highland Cattle pâturent sur la prairie humide

Le suivi floristique de la végétation soumise au pâturage est assuré annuellement. Il consiste à réaliser une cartographie des groupements végétaux de la pâture à l'aide d'un GPS et d'y réaliser un relevé phytosociologique permettant de caractériser la végétation. Pour chaque relevé réalisé, une photo est prise afin de pouvoir réaliser un suivi de la physionomie végétale. Pour chaque groupement identifié, la hauteur moyenne est mesurée. Les refus de pâture sont également recensés. Les premiers résultats montrent que la richesse floristique a augmenté et que des groupements de végétation commencent à s'individualiser.

Parole d'acteur

V'île Fertile, micro-ferme participative inspirée des techniques des maraîchers franciliens du XIXe siècle

Raphaël Luce, V'île Fertile

« V'île Fertile est une micro-ferme participative valorisant les déchets organiques urbains. Le projet a été retenu en juillet 2013 par l'appel à projet Végétalisations innovantes de la Ville de Paris. Il s'est installé en avril 2014 au cœur du jardin d'agronomie tropicale René Dumont, sur un terrain de 1000 m^2 dont 600 m^2 environ sont mis en culture sur le territoire parisien, mais à 100 m de la limite avec Nogent-sur-Marne (Val-de-Marne).

Le site de V'île Fertile entre Paris et Nogent-sur-Marne

Les techniques utilisées s'inspirent de celles des maraîchers franciliens du XIXe siècle, et font aussi référence aux méthodes défendues par Eliot Coleman (un des pionniers de l'agriculture biologique aux États-Unis) ou Jean-Martin Fortier (agriculteur et écrivain québécois).

La parcelle compte une vingtaine de planches de culture de 20 mètres sur lesquelles est pratiquée une rotation sur quatre ans. Le plan de culture tente d'exploiter au mieux la surface disponible tout au long de l'année. La production maraîchère diversifiée est vendue sur place, au détail, les week-ends et jours fériés.

La fertilisation est assurée par un compost alimenté par la collecte des invendus des marchés grâce à un chariot à bras et par une petite partie des fumiers produits par la garde républicaine, mais aussi par les chevaux de la Cartoucherie et d'autres centres équestres du bois de Vincennes. Le compost incorpore aussi des déchets verts de jardinage. Il représente une masse de 10 tonnes par an et est produit en andains sur une surface de 40 m^2 et remué entièrement à la main environ une fois par mois. En raison du classement du site aux Monuments historiques, il n'a pas été possible d'installer un tunnel maraîcher. Mais l'endroit comporte une ancienne serre du Cirad (Centre de coopération internationale en recherche agronomique pour le développement), qui a été restaurée par les bénévoles avec un coût de 20 000 euros environ durant l'hiver 2014-2015, principalement grâce aux subventions de la région Île-de-France, des fondations Daniel et Nina Carasso et Terra Symbiosis, et à des dons de particuliers. Elle a commencé à être utilisée et a permis de préparer les semis à la fin de l'hiver. Une culture de tomates sur substrat issu de déchets organiques y a aussi débuté. La serre devrait permettre de produire pendant tout l'hiver suivant.

V'île Fertile a également restauré un pavillon de 120 m² qui sert de lieu de travail, d'accueil et de convivialité. Elle travaille par ailleurs à un projet de champignonnière, produisant notamment des pleurotes sur marc de café. Le substrat épuisé, dans une dynamique d'économie circulaire, servirait ensuite de substrat de culture dans la serre hors sol.

V'île Fertile travaille uniquement avec des bénévoles

L'association compte quelque 140 adhérents en avril 2015, dont une vingtaine de membres actifs. Le travail considérable lié à l'aménagement et à l'exploitation est uniquement accompli par des bénévoles. Les profils sont divers – actifs, retraités, personnes éloignées de l'emploi – et la présence sur la ferme est ainsi quasiment quotidienne. L'investissement en argent et en temps de travail est très important pour une surface très réduite. Même si l'association tente de valoriser au mieux ses produits, l'équilibre économique est très incertain. L'extension de la surface de culture, la diversification, ou la vente de repas sur place seraient à étudier pour atteindre l'autonomie financière. »

Chapitre 13

Restauration collective : la place de l'agriculture urbaine

Par Christine Aubry[1] et Ségolène Darly[2]

Depuis le milieu du XXe siècle, les mutations de l'économie de l'alimentation ont joué un rôle structurant dans la dynamique des espaces ruraux et agricoles des pays industrialisés[3].

L'un des changements les plus marquants est l'intégration des réseaux en amont (industries des intrants) et en aval (transformation, commercialisation) de l'exploitation agricole, au sein d'un complexe agro-industriel composé d'un grand nombre d'intermédiaires entre producteurs et consommateurs et dominé par un nombre réduit de firmes nationales et internationales[4].

1. Ingénieure de recherche, Inra/AgroParisTech.
2. Enseignante-chercheuse.
3. Christine Margetic (dir.), *Dynamiques agro-industrielles et dynamiques rurales*, Artois Presses Université, 2004.
4. David Inglis et Debra Gimlin, *Food globalizations : ironies and ambivalences of food, cuisine and globality*, dans *The Globalization of Food*, Berg, 2009.

Cette concentration des firmes, organisées en filières longues, leur fournit un pouvoir de négociation qui permet une convergence des plus-values agricoles à leur profit et au détriment d'une grande partie des entreprises agricoles[1], contraintes d'adopter des pratiques qui maximisent la rentabilité du travail, mais tendent à générer des externalités négatives d'un point de vue environnemental, sanitaire et humain[2].

Ce processus se traduit par une augmentation de la vulnérabilité des communautés rurales, qui ne peuvent s'appuyer, pour faire face aux aléas environnementaux et économiques, sur une valorisation suffisante de leurs ressources naturelles et humaines[3]. Ainsi, si la force de ces impacts suscite le débat, la croissance de nombreuses pathologies liées à l'alimentation et la dégradation significative des milieux écologiques dans les grandes zones de production sont aujourd'hui étroitement associées à la mondialisation du complexe agro-industriel.

Dans ce contexte, la critique des effets de la mondialisation engendre une revalorisation de son contraire : la (re)localisation de la production et de l'approvisionnement alimentaire.

Des potagers urbains à Lille

1. Aldo Bertazzoli, Rino Ghelfi, Sergio Rivaroli et Antonella Samoggia, « Value Sharing and Food System Dynamics for Milk, Tomato, and Cereals food Chains », *International Journal on Food System Dynamics*, 2011 (disponible ici : www.centmapress.ilb.uni-bonn.de/ojs/index.php/fsd/article/view/103).
2. Kevin Morgan, Terry Marsden et Jonathan Murdoch, *Worlds of food. Place, Power, and Provenance in the food chain*, Oxford University Press, 2006. Tim Lang, « Crisis ? What crisis ? The normality of the current food crisis », *Journal of agrarian change*, 2010.
3. Kevin Morgan, Terry Marsden et Jonathan Murdoch, *Worlds of food. op. cit.*

En effet, une réaction très fréquente a été de placer les revendications de relocalisation des systèmes alimentaires au cœur des stratégies de reconquête d'une alimentation plus saine et plus respectueuse de l'environnement et des humains qui la produisent.

Par exemple, l'émergence d'une volonté de diffusion des pratiques alternatives de l'agriculture biologique a été largement soutenue, à ses débuts, par des réseaux locaux de consommateurs et de producteurs du type Amap (Association pour le maintien de l'agriculture paysanne), parfois relayés par un soutien politique local fort[1]. À une échelle plus large, les expériences de Rome et de Londres démontrent que la recherche d'une meilleure alimentation des enfants a abouti à la reconfiguration des approvisionnements de la restauration des cantines scolaires, en faveur de petits producteurs et de terroirs protégés[2].

Gouvernance, cuisines relocalisées et pratiques agricoles

Afin d'illustrer cette problématique, nous interrogeons ici des exemples concrets, observés au cours des cinq dernières années, dans l'aire urbaine de Paris, laquelle est située au cœur d'une vaste région agricole spécialisée en grandes cultures destinées à l'agro-industrie. Ces exemples démontrent la diversité des liens qui existent entre les formes de gouvernance des cuisines « relocalisées » et la dimension alternative des pratiques agricoles.

Comme dans la majorité des régions française, la plupart des cantines en Île-de-France s'approvisionnent auprès de grossistes, sans critère particulier sur les types de pratiques agricoles à l'origine des produits achetés. De ce fait, les achats des cuisines collectives « participent » essentiellement au développement de pratiques agricoles conventionnelles, en France ou dans les autres pays de production.

En réaction à ce premier modèle hégémonique et fortement associé aux filières « longues » de l'industrie agroalimentaire, des initiatives de relocalisation des circuits d'approvisionnement des cantines se développent depuis le milieu des années 2000. Parmi ces initiatives, le modèle « pionnier » de l'approvisionnement alternatif des cantines en produits

---

1. Voir pour le cas de l'Île-de-France : Julien Blanc, « Construire l'alternative agro-alimentaire : ressorts sociaux et politiques du déploiement des Amap en Île-de-France », *Norois* n°224, 2012.
2. Kevin Morgan et Roberta Sonnino, « Sustainable development and the public realm : The power of the public plate » dans *The School Food Revolution, Public Food and the Challenge of Sustainable Development*, Routledge, 2010.

locaux est ancré sur des formes de gouvernance et des objectifs résolument opposés au modèle dominant.

Les toutes premières expériences de relocalisation de cette nature s'appuient sur les relations directes entre une cantine de taille limitée (moins de 1 000 repas/jour) et quelques producteurs agricoles, dans un rayon géographique limité (de 20 kilomètres maximum). Ce modèle inclut une diversité de produits et des approvisionnements « réguliers », avec une fréquence somme toute réduite, mensuelle ou, au mieux, hebdomadaire pour certains produits. Il suppose une forte volonté politique, une motivation profonde de la part tant du personnel des cantines (produits bruts à élaborer au sein de la cuisine) que des producteurs (pour lesquels ce débouché ne représente, le plus souvent, qu'une infime part de leurs ventes).

Culture de maïs à Montreuil (Seine-Saint-Denis) selon le principe de la Milpa, système pratiqué au Mexique d'association de trois cultures : maïs, haricots et courges

Il repose sur l'idée quasi « militante » d'un rapprochement entre l'agriculture locale et les urbains, et ce, essentiellement à travers les enfants, car c'est dans l'enseignement public que se concentrent ces initiatives. Ce modèle est donc étroitement associé à l'adoption de formes de gouvernance qui impulsent un changement dans le fonctionnement de la cantine vers des pratiques alternatives d'approvisionnement (contacts directs avec les fournisseurs), de préparation (travail des produits frais) et de gestion des ressources humaines (personnel plus polyvalent, formé à la manipulation des produits frais, etc.).

Dans ces initiatives « pionnières », la dimension alternative des pratiques agricoles fait l'objet de négociations individuelles entre gestionnaire ou élu local et producteur. La garantie du respect des pratiques est alors assurée par une relation de confiance entre acteurs. C'est le cas de l'accord passé entre le maire de Nozay et un agriculteur de la commune qu'il a convaincu de se convertir à l'agriculture biologique pour conserver une part du marché d'approvisionnement de la cantine[1]. La dimension alternative du produit local peut aussi être garantie avec la certification par un organisme intermédiaire localisé. C'est, à l'heure actuelle, la démarche adoptée par les parcs naturels régionaux, à travers certains cahiers des charges de la « Marque Parc », laquelle peut contenir des critères de bonnes pratiques environnementales. Ces situations de négociations peuvent aussi aboutir à l'abandon de critères relatifs aux pratiques alternatives pour ne conserver que celui de la provenance du produit. On observe à cette occasion l'émergence d'un modèle alternatif « hybride », caractérisé par une dynamique d'évolution partielle des formes de gouvernance de cuisines vers un approvisionnement limité en produits locaux, sans exigence particulière sur la dimension alternative des systèmes productifs agricoles[2].

Ce cas de figure est étroitement associé à l'intérêt porté par les réseaux professionnels traditionnels du développement agricole pour les avantages de circuits courts, en termes d'opportunité de captation des plus-values agricoles. Ainsi, l'analyse du processus de relocalisation des approvisionnements de la cuisine scolaire de la ville de Nemours a révélé le rôle des élus et agents de la chambre d'agriculture départementale (représentant plutôt la frange « conventionnelle » du milieu agricole dans la région) dans l'adoption de nouvelles formes d'organisation de la cuisine, permettant l'introduction de produits issus de son réseau d'adhérents, sans référence particulière aux démarches de fonctionnement alternatif (en agriculture biologique par exemple) de certaines des exploitations en question[3].

---

1. Nicolas Boivin et Ségolène Darly, « Gouvernance territoriale de l'agriculture francilienne pour la restructuration collective : du bio à l'effet de lieu, priorité à l'alternatif ou au local », communication au congrès de l'ACFAS du 11 et 12 mai 2010 à l'Université de Montréal, 2010.
2. Ségolène Darly, « Urban food procurement governance : a new playground for farm development networks in the peri-urban area of greater Paris region ? », dans André Viljoen et Johannes S.C. Wiskerke (dir.), *Sustainable food planning: evolving theory and practice*, Wageningen academic publishers, 2012.
3. *Ibid.*

Lorsque le contexte politique local est moins favorable à la mutation des formes de gouvernance de la cuisine, d'autres modèles de relocalisation des approvisionnements voient le jour. Ils sont alors essentiellement fondés sur une dynamique d'adaptation à l'amont de la filière, et visent une augmentation plus significative des volumes de produits locaux introduits au sein de cuisines en s'adaptant à leurs contraintes de fonctionnement.

Le facteur contraignant se trouve en effet alors essentiellement au sein des « ressources productives » de la cuisine (ressources humaines, financières, d'équipement) qui imposent que l'introduction significative des produits locaux se fasse par leur inscription dans les catalogues de produits des intermédiaires-grossistes.

Le modèle de compromis de Flins-les Mureaux

D'après les résultats d'une étude menée en Île-de-France auprès de ces opérateurs, la plupart suivent cette piste, en prévision de l'augmentation de la demande. Le nombre d'intermédiaires reste alors identique à la situation actuelle ; seul le périmètre du bassin de collecte du grossiste diminue à la limite régionale. L'impact de ce modèle sur une meilleure redistribution des plus-values agricoles et l'utilisation de formes agricoles alternatives est le plus incertain. Dans ce cas-là, les attributs du produit local seraient amenés à évoluer pour ne se réduire qu'à des critères géographiques et des valeurs conservatives (la préservation des systèmes actuels) ; on retrouve ici des éléments du « piège du local » décrit par Born et Purcell dans le cas des systèmes alimentaires.

Mais si le lien à l'alternative agricole semble ici plus ténu, il n'est pas pour autant absent des expériences actuelles. Il existe en effet une solution de compromis, laquelle cherche à augmenter les quantités préparées, tout en garantissant un contrôle des plus-values agricoles par les producteurs, et ce, même en l'absence de relations directes entre producteurs et cuisiniers.

Ce modèle de compromis a pris place à Flins-les Mureaux dans les Yvelines, grâce à un groupement de producteurs locaux en agriculture biologique. Ces producteurs approvisionnent un atelier de transformation dont ils sont également propriétaires, s'adaptant ainsi à l'absence ou l'obsolescence des légumeries dans les cuisines.

Les légumes, préparés dans cet atelier de transformation, sont distribués aux cantines, qu'elles soient en gestion directe ou concédée. C'est d'ailleurs avec une société de restauration collective, Elior, qui se charge des livraisons, que ce modèle a vu le jour. Les cantines concernées ne sont pas nécessairement à proximité immédiate des producteurs, à l'image de la ville de Bagneux. Celle-ci, située à une quarantaine de kilomètres de l'atelier de transformation, a une restauration collective en gestion concédée et a amorcé ce fonctionnement avec l'ensemble de ses cantines scolaires.

Pommes de terre produites à Paris intra-muros

La majorité des experts de la restauration collective, mais aussi des chambres d'agriculture, considère que ce dernier modèle est celui qui permettra un réel approvisionnement local, régulier et significatif en volume, des cantines scolaires. Ce modèle s'ajuste aussi avec la préoccupation des producteurs et responsables agricoles franciliens, qui voient dans la prochaine réforme de la PAC (politique agricole commune) un risque de perte de revenu. Une transition entre production céréalière et production de légumes de plein champ, en agriculture biologique ou non, peut être une option à encourager. Cette façon de produire a l'avantage de ne pas impliquer de bouleversement organisationnel quant à l'équipement et à la main-d'œuvre, de même qu'elle n'exige pas l'acquisition des compétences pointues propres au maraîchage diversifié. Dans ce modèle, on peut dire que des filières alternatives « industrielles » se créent.

Ces dernières observations confirment l'hypothèse théorique émise par Sonnino[1], selon laquelle la relocalisation peut produire des effets de

1. Roberta Sonnino, « Escaping the local : Insights on Re-localization from School Food Reform », *Journal of environmental Policy and Planning*, vol. 12, 2010.

développement durable via des pratiques agricoles alternatives, même lorsqu'elle s'appuie sur des dispositifs qui restent ancrés dans des valeurs très conventionnelles.

Elles révèlent aussi que plusieurs configurations peuvent coexister sur un même territoire. C'est dans la complémentarité, mais aussi la mise en concurrence de ces différentes voies de relocalisation des approvisionnements qu'il faudra, certainement, chercher les facteurs explicatifs du rôle de la restauration collective sur le développement de pratiques agricoles alternatives en Île-de-France.

À Mouans-Sartoux, une régie municipale agricole pour alimenter la restauration scolaire de la commune

Louise Seguin, Plante et Cité

La restauration scolaire de la ville de Mouans-Sartoux propose une alimentation 100 % biologique à coût constant, à base de 100 % de produits bruts, avec une grande qualité gustative, produite localement. De plus, la Ville veut réduire le gaspillage alimentaire, limiter les déchets, les trier et les recycler, utiliser des produits d'entretien éco-labellisés et mettre en place des actions éducatives.

La régie agricole de Mouans-Sartoux est installée sur un terrain de quatre hectares

La mise en place de la régie municipale agricole permet ainsi d'atteindre plus facilement l'objectif de servir quotidiennement des légumes bio, locaux et à coût maîtrisé dans un département où l'offre est déficitaire.

De plus, celle-ci participe activement au développement de la surface agricole utile en bio et crée une dynamique de relocalisation et de conversion pour tendre vers l'autosuffisance de production locale.

Concrètement, la régie agricole a été installée sur un terrain de quatre hectares, préempté par la commune en 2009 pour empêcher un projet immobilier au bénéfice d'une préservation de terres agricoles.

Après une étude de faisabilité en 2010, un agriculteur est embauché par la Ville en mars 2011. Progressivement le terrain est remis en culture par l'agriculteur avec le soutien des agents des espaces verts. Un budget d'investissement a permis de s'équiper en tracteur avec ses équipements, matériel, irrigations, serres et chambre froide.

La production a été de 10 tonnes en 2011, 12 tonnes en 2012 et 15 tonnes en 2013 soit 70 % des besoins de la cantine. L'objectif est de dépasser les 80 % en 2014.

À ce jour 75 % de la surface est cultivée et un aide agriculteur a été embauché en contrat d'insertion. Une plantation d'arbres fruitiers a été réalisée à l'automne 2014.

La mise en culture extensive, certifiée AB par Ecocert, veut respecter la haute valeur naturelle du territoire selon les principes de l'agroécologie : engrais vert, rotation des cultures, jachères… Une attention particulière est aussi portée sur la variété des espèces, une partie des plants est achetée au Jardin de Cocagne de la commune. et les graines proviennent aussi de Kokopelli, une association qui se consacre depuis 1999 à la protection de la biodiversité alimentaire et à la production de semences issues de l'agroécologie.

Afin de s'adapter au rythme scolaire, la culture est réalisée en partie sous tunnel pour privilégier les primeurs et le post saison. L'été, le plein champ alimente le centre de loisirs et un projet de transformation est à l'étude.

Régulièrement, le domaine de Haute Combe accueille les enfants des écoles pour des plantations, des récoltes et des observations. Ils y découvrent les légumes de « la fourche à l'assiette », le mode de production bio, la biodiversité mais aussi le lien avec leur santé. Ces visites facilitent l'acceptation des légumes par les élèves. Seule régie agricole de France à alimenter les restaurants scolaires, l'expérience est observée et les élus et techniciens expliquent volontiers le projet aux collectivités.

Retour d'expérience

À Arles, la remunicipalisation de la restauration collective pour privilégier les circuits courts

Arles (Bouches-du-Rhône)

Après 18 ans de délégation de service public, la ville d'Arles (Provence-Alpes-Côte d'Azur) a choisi de reprendre la gestion de la restauration collective en régie au 1er septembre 2012.

Cette décision permet de revenir à une cuisine traditionnelle à partir de produits bruts, d'améliorer la qualité gustative et nutritionnelle des repas, d'introduire des produits labellisés et des produits issus de l'agriculture biologique et de privilégier, dans la mesure du possible, des produits issus de circuits de proximité.

Aujourd'hui, l'établissement public administratif pour la restauration collective d'Arles (Eparca) fabrique et distribue environ 3 100 repas par jour à destination des enfants scolarisés en primaire, des crèches, des foyers de personnes âgées, du portage à domicile et du restaurant administratif et universitaire de la ville d'Arles.

Dès sa création, des mesures en faveur du développement durable et de la préservation du terroir local ont été prises.

En matière d'achats de denrées alimentaires d'abord, avec l'intégration de critères environnementaux dans les marchés publics et de produits bénéficiant de labels intégrant des conditions de production ou de fabrication traditionnelles (par exemple : poulet label rouge ; dinde critère Qualité Certifié ; fromages d'appellation d'origine protégée ; viandes bovine issues de race à viande...).

L'Eparca réalise aussi des achats de produits labellisés bio, (notamment les céréales, certains produits laitiers et certains fruits) et des achats préférentiels de poissons disposant de labels attestant d'une pêche durable (par exemple MSC).

Pour les menus, l'équipe veille à introduire régulièrement des produits issus du territoire (riz de Camargue bio, viande de taureau de Camargue appellation d'origine protégée, fruits du Pays d'Arles, lait frais) et en saison, des aliments moins connus des enfants (blettes, salsifis, courges, pois chiches).

Enfin, les agents réalisent des animations dans les restaurants scolaires pour mettre en avant des produits issus du territoire à l'image de cette animation autour du riz de Camargue organisée au restaurant scolaire de l'école de Mas Thibert en octobre 2012. En se basant sur un menu notamment composé de variétés de riz présentes sur le territoire (riz blanc, riz complet, riz rouge), les enfants ont pu suivre une intervention du conservateur du musée du Riz sur l'histoire et les conditions de production du riz de Camargue et terminer par la dégustation d'une recette provençale.

Animation à Arles autour du riz de Camargue

Chapitre 14

Nourrir les citadins, une problématique urbaine, rurale et sociale

Par Jacques Caplat[1]

À l'issue de nombreuses années passées à stimuler et accompagner le changement agricole vers les pratiques de l'agriculture biologique, une évidence s'est imposée à l'agronome-ethnologue que je suis : les crises écologiques urbaines et l'impasse de l'agriculture conventionnelle actuelle découlent d'un même drame, celui de la déconnexion entre les sociétés contemporaines et leur territoire.

Sur un plan anthropologique et historique, l'agriculture est l'axe structurant les relations entre une société et son territoire. Les sociétés de cueilleurs-pêcheurs-chasseurs choisissent (depuis que le choix agricole est connu et refusé par elles) de s'inscrire dans un territoire qui les dépasse et qu'elles *ménagent* ; leur respect de l'environnement est une nécessité vitale sans laquelle elles ne pourraient perdurer. Les sociétés agricoles, au

1. Agronome et ethnologue, auteur de *Changeons d'agriculture : réussir la transition*, Actes Sud, 2014.

contraire, ont choisi d'*aménager* leur territoire, d'en prendre le contrôle. Au-delà, l'agriculture a permis à nos ancêtres de réorganiser de fond en comble leur rapport au monde, en acquérant la faculté de maîtriser la vie et la mort des plantes et des animaux, c'est-à-dire de dépasser et résoudre la tension entre la conscience d'être mortel et l'envie de vivre.

Rétablir une connexion consciente, fertile et responsable entre les humains et leurs territoires

Croire que nos sociétés pourraient être « post-agricoles » et s'émanciper des structures anthropologiques profondes qui les fondent est une illusion dangereuse. Nous dépendons tous de l'agriculture pour manger. Nous dépendons tous de l'eau pour boire ; or l'eau ne peut rester potable à un coût soutenable pour la collectivité qu'à la condition que l'agriculture cesse de la polluer massivement. Nous dépendons tous de l'air pour respirer ; or une grande partie des pollutions aux particules fines provient des épandages d'azote minéral (engrais de synthèse et lisier) et de pesticides. Nous dépendons tous de territoires ruraux pour voyager (serait-ce d'une ville à une autre), pour prendre des vacances ou des week-end, pour exporter nos déchets, pour faire du sport, pour disposer d'oxygène renouvelé par les plantes, etc.

Vue de Paris depuis les terrains maraîchers des Apprentis d'Auteuil à Meudon (Hauts-de-Seine)

Aucune société ne vit hors sol, celles qui l'ont essayé ont rapidement disparu. L'un des enjeux du XXIe siècle est par conséquent de rétablir une connexion consciente, fertile et responsable entre les humains de plus en plus majoritairement urbains et leurs territoires.

Son impasse actuelle conduit à deux crises apparemment distinctes mais qui ne sont que deux facettes d'un même problème. D'une part est apparue une caste d'agriculteurs-entrepreneurs vivant en vase clos, décidant entre eux des choix agricoles, se partageant entre eux des aides publiques opaques et considérant l'agriculture et les territoires ruraux comme leur seule propriété. D'autre part, les urbains perdent toute conscience de leur relation (de dépendance et de créativité) vis-à-vis des territoires et de la nature, ce qui conduit aussi bien à la crise climatique qu'à la disparition massive des espèces ou à la pollution généralisée de l'air urbain.

Ces deux crises n'en font qu'une, dont la résolution passe par la réappropriation sociale de l'agriculture, c'est-à-dire la reconnexion des villes avec les espaces ruraux. Vaste programme, qu'il faut bien commencer modestement par des gestes et des démarches à portée de tous. L'agriculture urbaine est l'un de ceux-là, et sans doute l'un des plus importants.

C'est pourquoi nous ne pouvons pas nous contenter de l'aborder sous le seul angle de la production de denrées alimentaires. Nourrir les villes, bien sûr. Augmenter la résilience urbaine en réduisant la dépendance des populations vis-à-vis d'aliments actuellement importés de territoires lointains, c'est une évidence. Mais ces deux objectifs s'inscrivent dans une démarche bien plus large qu'ils ne font qu'ébaucher. L'agriculture urbaine peut, et doit, être une pratique active et personnelle.

L'agriculture paysanne source d'inspiration pour l'agriculture urbaine ?

Il ne s'agit pas ici de constituer une nouvelle catégorie sociale segmentée, celle des « agriculteurs urbains », qui constitueraient 1 % de la population des villes et qui apporteraient, dans leur magnanimité, nourriture et résilience partielle à des concitoyens dépendants. Une telle solution ne ferait que déplacer le double problème évoqué plus haut.

L'agriculture urbaine doit au contraire chercher à impliquer l'ensemble des habitants de la ville, c'est-à-dire des populations dont l'activité agricole n'est ni le métier ni la vocation. L'agriculture urbaine doit impérativement refuser de reproduire les erreurs qui ont conduit aux crises écologiques actuelles, et elle doit relever d'une forme d'éducation populaire. Une fois conscients de la réalité agricole, des contraintes géoclimatiques et saisonnières, mais aussi des possibilités inouïes des techniques s'appuyant sur le vivant au lieu de le combattre, les citadins auront toute légitimité pour reprendre leur place dans les délibérations et décisions au sujet des territoires agricoles et de leur gestion.

C'est la raison pour laquelle l'approche de l'agriculture biologique et paysanne (c'est-à-dire l'approche globale et sociale souhaitée par les fondateurs de la bio) est ici à la fois incontournable et particulièrement féconde. En revalorisant les savoirs humains, en cessant la pollution des sols, des eaux et de l'air, en imposant la remise en lien des plantes, des sols, des animaux, des humains et des saisons, l'agriculture biologique incarne exactement ce projet anthropologique, puisque le lien société-territoire est précisément sa grammaire fondatrice.

Réalisation de lasagnes (méthode de re-création de substrat) lors de la fête de quartier L'Appel de La Chapelle en 2011 dans le quartier de La Chapelle à Paris (XVIIIe) enrichi grâce à du compost du jardin partagé Ecobox

La mise en proximité de l'agriculture (péri)urbaine par les collectivités : une (re)construction en trois temps, trois mouvements. Le cas de l'Île-de-France

Xavier Guiomar, enseignant-chercheur géographe à AgroParisTech

En analysant les initiatives portées par les collectivités en faveur d'une (re)mise en proximité de l'agriculture francilienne, on peut distinguer trois mouvements distincts qui peuvent se succéder ou se superposer, sans qu'ils soient obligatoirement observables sur un territoire et une période donnés : rapprocher, relier, s'approprier.

Rapprocher les espaces, les productions et les producteurs des habitants-consommateurs

Il s'agit globalement de « rapprocher l'agriculture » pour une meilleure accessibilité physique, culturelle et sociale. La mise en place de sentiers permettant de pénétrer l'espace agricole sur des itinéraires va dans ce sens, a fortiori lorsqu'ils sont accompagnés de panneaux, de livrets ou d'un site internet. Le travail sur l'accessibilité de l'agriculture passe aussi par les cinq sens. L'investissement de collectivités dans la Semaine du goût est un exemple d'action pédagogique parmi d'autres.

Enfin des lieux peuvent être bâtis pour concrétiser ce rapprochement et abriter d'autres actions pédagogiques et de sensibilisation, telle la Maison de la terre et de l'eau à Flins-sur-Seine en bordure de terres maraîchères et d'une légumerie.

À Marne-et-Gondoire (Seine-et-Marne), des sentiers d'interprétation agricole permettent aux promeneurs de mieux connaître les enjeux du territoire

Rapprocher les productions constitue une autre étape, souvent après évaluation de la faible souveraineté alimentaire du territoire. L'objectif n'est pas alors d'imaginer une quelconque autarcie mais d'explorer les pistes foncières, professionnelles et commerciales pour diminuer la dépendance alimentaire et les risques liés. C'est ainsi que les installations de maraîchers sont privilégiées par les collectivités travaillant à ce rapprochement.

La relocalisation de la production est une étape nécessaire mais non suffisante pour rapprocher producteurs et consommateurs. Pour développer ou encourager la mise en place de circuits courts, les collectivités agissent sur l'attractivité des marchés et la place réservée aux producteurs. Plusieurs Territoires agri-urbains (TAU, réseau rural 2015) ont par ailleurs subventionné la mise en place d'une signalétique spécifique pour identifier les producteurs du territoire, notamment le long de « route des fermes ».

Relier les personnes dans les échanges et avec le territoire

Avec une agriculture aussi spécialisée dans les grandes cultures, qui couvrent 93 % de la surface agricole utile régionale (Direction régionale et interdépartementale de l'alimentation, de l'agriculture et de la forêt, 2013), et aussi peu reliée à l'aval de ses propres filières – 99,6 % des produits de la grande culture régionale sont vendus aux négociants et coopératives –, tout projet de diversification d'exploitations ouvrant à des relations directes avec les habitants ou d'autres acteurs économiques locaux est une opportunité de développer des liens sociaux-économiques sur le territoire, qui intéressent et mobilisent en général les collectivités.

Repas à base de produits locaux dans un jardin partagé, Ecobox Paris XVIIIe arrondissement

L'agriculture et l'alimentation peuvent aussi être les lieux où se renforcent des liens de responsabilités entre les habitants-consommateurs et le territoire : protéger et développer l'agriculture oui, mais une agriculture durable en phase avec les attentes des citoyens. La responsabilité environnementale est recherchée à travers des labels, en particulier l'Agriculture biologique.

Ce lien de responsabilité se renforce également à travers les marques territoriales qui identifient les « produits d'ici ». Dans une région dont l'espace agricole couvre 48 % du territoire régional mais n'offre que 0,18 % des emplois, le soutien au développement d'emplois agricoles locaux est aussi une militance.

Des collectivités agissent également sur le développement de nouveaux liens de solidarités entre producteurs et consommateurs, en particulier par le soutien au développement des Amap. De nouvelles solidarités financières s'instaurent également sans les collectivités : la création en 2005 de la SCI Terres fertiles, foncière citoyenne, a permis de récolter 170 000 euros grâce à 1 100 actionnaires pour acheter une parcelle et contribuer à la stabilité d'une exploitation en cours de diversification (pain bio et cultures maraîchères) avec l'Amap à l'origine de la SCI.

S'approprier l'agriculture, des sols aux labels

La forme « d'appropriation foncière » la plus pratiquée par les collectivités est l'utilisation des différents documents d'urbanisme pour garantir l'usage agricole des sols. Le Paen[1] marque à cet égard une évolution significative par l'obligation d'un programme de développement agricole, qui implique les collectivités. Mais l'acquisition publique, en général par la Région à travers l'Agence des espaces verts (AEV), apparaît comme la forme d'appropriation la plus poussée. L'AEV possède ainsi aujourd'hui environ 2 000 hectares agricoles, principalement dans la ceinture verte. C'est la marque d'une appropriation régionale, et une garantie de stabilité par-delà les alternances politiques locales, mais cette sorte de délégation des communes à la région pose toutefois une question de subsidiarité.

Enfin l'investissement dans l'espace agricole, direct ou par subventions, est aussi une façon de se l'approprier en y faisant apparaître la marque d'un projet de paysage et/ou de territoire.

La qualité de vie est par ailleurs une notion largement utilisée par les élus pour revendiquer les atouts de leur territoire et inviter à l'appropriation d'une qualité spécifique source de fierté. Mais quel lien est fait entre qualité urbaine et paysagère, qualité environnementale et qualité alimentaire ? Le défi de la démarche agri-urbaine tient justement à lier ces différents pans d'une qualité globale dans une approche intégrée avec la participation des différents acteurs à cette reconnaissance transversale.

1. Périmètre de protection des espaces agricoles et naturels périurbains.

Éduquer à consommer son territoire par l'entrée de produits agricoles locaux dans la restauration collective, et en particulier scolaire, est une étape décisive dans la mise en proximité de l'agriculture locale ou voisine. De l'adaptation des procédures d'appels d'offres à la transformation locale des produits, les adaptations se multiplient pour mettre en adéquation une offre et une demande qui se sont longtemps ignorées.

L'agriculture réinvitée ou réinventée dans les projets locaux : une reconstruction de projets en trois temps superposables

Articulée aux trois mouvements précédemment décrits, l'observation de la genèse et de l'évolution des TAU (et d'autres territoires emblématiques) fait apparaître trois temps dans cette mise en proximité, eux aussi superposables et différemment pondérés selon les territoires.

Le temps de la mobilisation, l'agriculture à la croisée des projets de vie

En amont de la construction et de la reconnaissance des TAU, on observe le plus souvent des initiatives citoyennes et/ou professionnelles agricoles de rapprochement qui devancent l'action des collectivités locales. Ces réalisations souvent considérées au départ comme des « niches » se révèlent des « brèches » quand elles ouvrent le territoire à des mobilisations publiques et professionnelles partagées, pour la sauvegarde de terres ou de bâtiments, voire d'une filière. Elles sont souvent initiées par une ou quelques personnes (parfois un maire) pour qui ce combat s'inscrit dans un choix de vie qui relie cohérence personnelle et besoin d'agir sur une cohérence territoriale.

Organisation de dîners locavores dans le XVIIIe arrondissement avec des fruits et légumes produits en Île-de-France

La mobilisation passe souvent en même temps par la (re)construction de réseaux économiques agricoles alternatifs : de l'économie sociale et solidaire aux

Amap en passant par les foncières citoyennes, il s'agit de réinventer des liens économiques et sociaux porteurs de sens et non délocalisables, au nom du bien commun, avec ou sans les collectivités.

La force de cette « mobilisation appropriative » apparaît fortement dépendante des types et des échelles d'espaces, de paysages et de filières qui façonnent le territoire, ainsi que des catégories socioprofessionnelles présentes.

Le temps de la territorialisation, l'agriculture à la croisée des territoires de projets

Lorsque cette mobilisation de personnes se structure en relation avec un territoire politique, stratégique ou culturel, une dynamique horizontale de rapprochement peut s'enclencher, articulant et combinant des problématiques agricoles et de développement qui deviennent les matériaux d'un projet de territoire. Une territorialité qui peut être plus ou moins décalée dans l'espace de celle des politiques et des dynamiques associatives ou agricoles.

L'étape majeure de la structuration d'un TAU est en général la création d'une association territoriale à trois collèges (élus, associations et agriculteurs), mais le degré réel de territorialisation de l'agriculture se mesure surtout à la multiplicité des liens économiques, sociaux, culturels, environnementaux qui l'ancre quotidiennement dans le cadre de vie des habitants, depuis les associations de parents d'élèves à celles d'éducation à l'environnement en passant par le comité des fêtes, les commerçants, les artistes. Liens établis ou informels dont l'intensité tient en partie aux animateurs-trices (salariés) de ces territoires, (ré)animateurs permanents de liens de proximités et de compréhension entre initiatives associatives, politiques et agricoles. La mise en réseau des TAU impulsée par le conseil régional qui se traduit notamment par des formations régulières des animateurs de ces territoires (Réseau rural, 2015), élargit leur dynamique horizontale en créant une sorte de coresponsabilité partagée dans la résistance ou la (re)construction d'une ceinture verte régionale, fédérative et fédératrice.

Le temps de la pérennisation : une nouvelle gouvernance locale au secours de l'agriculture… L'agriculture convoquée au secours du projet de société

Au départ et tout au long de la mobilisation dans les TAU se lit la volonté de figer ou d'ancrer la proximité des espaces agricoles par-delà les alternances politiques (Poulot, 2014). Les nouveaux outils de protection foncière que sont les zones agricoles protégées (ZAP) et les périmètres de protection et de mise en valeur des espaces agricoles et naturels (Paen) vont dans ce sens. Le Schéma directeur régional d'Île-de-France (Sdrif) représente également un classement « pérennisant » à l'horizon 2030 notamment par ses « fronts urbains d'intérêt régional » et ses classements en espaces agricoles sans secteur d'urbanisation identifié. L'acquisition publique fait parfois figure de classement suprême :

l'éloignement du pouvoir local est ainsi perçu comme un gage de longévité pour l'agriculture (péri)urbaine, de la propriété régionale au contrôle de l'État (contrôle du préfet pour les ZAP et du Conseil d'État pour les Paen).

Au-delà des classements, le meilleur gage de pérennisation de l'agriculture face à une densité urbaine expansionniste est de se densifier elle-même, autrement dit de cultiver sa multifonctionnalité, en multipliant les liens avec le territoire et les services rendus (Guiomar, 2012) : emplois, productions alimentaires et non alimentaires, biodiversité, régulation thermique, recyclage, esthétique urbaine, lieu de liens entre personnes et avec le vivant, pédagogie écologique et alimentaire...

À Montreuil, le jardin école de 4 700 m² continue de perpétuer la tradition horticole de la commune

La densité de l'espace agricole se mesure ainsi en termes d'investissements réalisés, publics ou privés, et par les différents liens que tisse la population avec cet espace et qui peuvent s'exprimer dans les urnes.

L'appropriation urbaine de l'agriculture peut ainsi conduire à passer du projet agricole de territoire au projet de territoire agricole : l'espace et/ou l'activité agricole deviennent le point fédérateur d'un projet de société en (re)construction, malgré la modestie de son poids économique dans le territoire.

Si les trois mouvements de mise en proximité de l'agriculture que nous avons identifiés semblent particulièrement dépendants de motivations personnelles ou collectives dont nul ne peut garantir ni la stabilité, ni la reproductibilité, il semble que certains résultats de ces mobilisations, de ces mises en liens et de ces appropriations soient des acquis sur le long terme : les habitants passent, des paysages demeurent, grâce à l'investissement de certaines générations à des moments clés.

Ces proximités sauvegardées ou (ré)inventées entre la ville et l'agriculture ont cependant besoin d'un éternel renouvellement d'admirateurs et d'animateurs. L'agriculture et la ville font face à des défis communs sans précédent de développement durable. Plus que jamais, la durabilité de la ville passe par son agriculture mise en proximité, la durabilité de l'agriculture (péri)urbaine passe par la ville mobilisée.

Bibliograhie :

Driaaf Île de France, *Plan régional d'agriculture durable*, 2013.
Xavier Guiomar, *Les politiques et les lois visant à développer l'agriculture (péri)urbaine française*, Le Demeter, 2013.
Monique Poulot, *L'invention de l'agri-urbain en Île-de-France : quand la ville s'invente aussi autour de l'agriculture*, Géocarrefour, 2014.
Réseau rural : www.reseaurural.fr/region/ile-de-france/Agriurbain.

PAROLE D'ACTEUR

Projet urbain et végétalisation

Yann Fradin, directeur général de l'association Espaces

« Espaces intervient en faveur de l'agriculture urbaine à travers plusieurs de ses actions. Tout d'abord, notre association compte parmi ses 500 adhérents un nombre croissant de personnes investies dans des jardins partagés et a peu à peu structuré son action en ce domaine. Les premières demandes ont été exprimées dès 2011, et notre association fédère à présent une dizaine de ces jardins situés à Sceaux, Suresnes, Courbevoie, Les Clayes-sous-Bois, Limay... mais aussi sur le toit végétal du centre commercial Beaugrenelle (Paris XVe arrondissement). Près d'une dizaine de nouveaux jardins sont actuellement en projet, et la demande restera forte, car les citadins veulent désormais investir la moindre parcelle en ville.

Ces jardins ne répondent que pour une part infime aux besoins alimentaires de leurs jardiniers, mais ils mettent en œuvre des modèles très hybrides que promeut Espaces, et qui mettent en relation les bénévoles des associations, les acteurs locaux et les collectivités. La formule peut être avantageuse pour ces dernières, car le coût des jardins partagés est moindre que celui de la gestion des espaces verts. Le recyclage des déchets organiques y est systématique. Les bénévoles et les intervenants d'Espace peuvent y être sollicités à des titres multiples. Les salariés en insertion sont bien entendu présents pour créer les jardins durant la phase initiale, mais selon les cas, ils peuvent intervenir durant la vie du jardin partagé, notamment s'il est installé dans un espace vert que nous entretenons, ce qui est fréquent. Il arrive aussi qu'Espaces soit sollicitée par les municipalités ou par les membres des jardins pour assurer des animations thématiques sur les sites, à destination de publics variés : voisins, enfants de centres de loisirs, personnes âgées, etc.

Par ailleurs, Espaces est très investie dans la promotion des pigeonniers urbains, et gère actuellement huit d'entre eux dans les Hauts-de-Seine (Clamart, Courbevoie, Meudon, Montrouge, Saint-Cloud), car il apparaît indispensable de gérer le biset, oiseau domestique ensauvagé qui n'est présent que dans les agglomérations. Nous travaillons dans le cadre d'un programme de recherches sur les éventuels risques sanitaires liés à l'usage des fientes – la colombine – qui constituent un excellent engrais. Ce type d'action participe à la création de réelles fermes urbaines à partir des éléments du vivant présents dans les villes, à l'inverse des équipements pédagogiques que sont les fermes urbaines actuelles, le plus souvent déconnectées des véritables écosystèmes de la ville.

Notre association s'intéresse de façon plus large aux animaux en ville et recourt à des chevaux de trait pour entretenir les espaces naturels boisés dont elle assure la gestion au domaine national de Saint-Cloud.

Nous nous félicitons du retour des poules (voire des brebis) en ville, mais nous sommes attentifs au bien-être animal : il peut sous certaines conditions être bien meilleur en ville qu'en élevage intensif, mais nous pensons aussi aux habitudes d'hygiène animale élémentaire que les citadins devront réapprendre si les populations animales se développent : ce sont des points à anticiper, car nous compterons peut-être demain plusieurs centaines de milliers de poules « de balcon » à Paris. Non seulement il faudrait se mettre en mesure de prévenir et de traiter les éventuelles épizooties, mais il faut aussi s'intéresser dès à présent au destin des animaux en fin de vie. Car si nos grands-parents savaient fort bien cuire les vieilles poules au pot, la plupart des citadins, bien que consommateurs de viande, ne sont guère disposés à tuer leurs animaux. Ceci d'autant plus que la réglementation actuelle l'interdit. Il y a donc toute une culture du lien à l'animal à réinventer. Cela n'est pas impossible : Paris vivait au début du XXe siècle avec ses dizaines de milliers de chevaux de traction (dont 11 000 pour la seule Compagnie générale des omnibus) avant la généralisation du moteur thermique.

Un autre projet d'Espaces a démarré en 2015. Notre association entretient depuis des années les espaces verts du centre sportif Henry de Montherlant et du stade de La Muette (Paris XVIe arrondissement), mais s'est investie récemment dans le démonstrateur Folies d'humus, proposé et retenu dans le cadre de l'appel à projets Végétalisations innovantes que la Ville de Paris a lancé en 2013. L'action participe à la fois des logiques de l'agriculture urbaine et de l'économique circulaire, car elle consiste à valoriser les déchets biologiques des habitants des quartiers environnants pour revitaliser les sols de ces deux espaces verts. Des dizaines de bio-seaux fournis par la Ville de Paris ont ainsi été distribués en février 2015 à la mairie du XVIe arrondissement et la collecte a commencé. Des fruitiers (cerisiers bigareaux Burlat et Hedelfingen, poiriers Doyenne du comice, pommiers Reinette de Bayeul et Belle de Pontoise) ont été plantés autour de la piscine et du stade et le compost sera déposé dans les espaces verts selon le principe des lasagnes alternant couches de bois rameal fragmenté et compost issu des apports des habitants. La croissance des arbres plantés dans les terres assez pauvres en place, et dans les terres enrichies en compost urbain, sera comparée. La production de plantes comestibles pourra aussi être envisagée au fil de l'évolution du projet, en collaboration entre les associations locales et Espaces.

Des vers issus d'un composteur urbain

Ce projet se veut expérimental et a vocation à être imité. Il vise à contribuer au développement d'un cycle de production à plus vaste échelle, car les promoteurs d'espaces verts importent encore le plus souvent des terres végétales en provenance de zones agricoles. Ceci alors que la ressource organique est abondante en ville, et qu'elle finit le plus souvent dans la fumée des incinérateurs d'ordures. Cette logique de rétablissement du cycle naturel pourrait en particulier se généraliser afin d'améliorer les terres des parcelles en attente d'aménagement très souvent durant de longues années, puisque la plupart des projets urbains comprennent désormais des volets de végétalisation et/ou de jardins au sol ou sur toits. »

Sauge, dispositif du Grand Besançon pour préserver ses terres agricoles

Céline Boucheron, chef du service environnement, Grand Besançon

Le territoire du Grand Besançon (Doubs) s'articule autour d'une ville centre de 120 000 habitants et de 58 communes périphériques de moins de 3 000 habitants. Les espaces boisés et agricoles couvrent respectivement 37 % (15 900 hectares) et 30 % (12 700 hectares) de la surface du territoire et s'immiscent très largement jusque dans la ville centre. L'agriculture, activité économique qui génère l'équivalent de 600 emplois à temps plein, marque le paysage et le cadre de vie des villages encore pour la plupart ruraux.

Mais le territoire évolue, l'urbanisation empiète sur la surface de production et détériore sa fonctionnalité, gênant notamment les déplacements. En 20 ans, ce sont 16 % des surfaces agricoles qui ont disparu, principalement au profit de l'habitat et des infrastructures collectives telles que voiries ou zones d'activités.

Serres sur le territoire du Grand-Besançon

Face à ce phénomène, un dispositif a été initié par plusieurs partenaires en 2004 qui est piloté par le Grand Besançon : le projet Sauge (Solidarités Agricoles et Urbaines pour des Gains Économiques environnementaux et en termes d'emplois). Depuis 2010, une charte de l'agriculture de l'agglomération bisontine a été rédigée et comprend des engagements personnalisés pour chaque acteur du territoire qui sont : le Grand Besançon, la chambre d'agriculture du Doubs, la Ville de Besançon, le conseil général du Doubs, la région Franche-Comté, l'établissement public local d'enseignement agricole de Besançon (Eplea) et l'Afip Bourgogne Franche-Comté (Association de formation et d'information pour le développement d'initiatives rurales).

Le Grand Besançon s'engage notamment à :

- associer la profession agricole à l'élaboration du Schéma de cohérence territoriale (Scot) ;
- constituer un stock de foncier agricole pour la création d'activités agricoles diversifiées et la compensation d'emprises lors des projets d'aménagements ;
- mettre en place une pépinière maraîchère ;
- mener des actions de promotion des circuits courts ;
- initier des animations permettant l'échange et le contact entre différents publics autour de l'agriculture ;
- inciter à la conversion en agriculture biologique.

Cette charte structure les actions du Grand Besançon pour la promotion de l'agriculture sur son territoire.

Consultez la charte de l'agriculture de l'agglomération bisontine : www.grandbesancon.fr/gallery_files/site_1/1071/41093/charteagriculture2010.pdf

PAROLE D'ACTEUR

Nous développons un projet de démonstrateur agricole en ville

Alexis Lefebvre, grappe d'entreprises Le Vivant et la Ville

« La grappe d'entreprises Le Vivant et la Ville développe à Saint-Cyr-l'École (Yvelines) un projet de démonstrateur agricole en ville. Celui-ci est situé sur le territoire de Versailles-Grand parc au cœur d'une ancienne décharge de terre partiellement polluée de 8,5 hectares.

Quatre entreprises du Vivant et la Ville sont impliquées dans ce projet dit « Casdar » (Compte d'affectation spécial pour le développement agricole et rural, un fond du ministère de l'Agriculture consacré au développement agricole de 112 millions d'euros par an) : les Jardins de Gally, Hydrasol, Sol-Paysage et Véolia. L'objectif consiste à développer une ingénierie de projet pour pouvoir faire essaimer ce modèle ou certains de ses éléments.

Le site se trouve à proximité des Jardins de Gally qui comportent une ferme pédagogique, un espace de cueillette en libre-service et un magasin de produits du terroir. Il est entouré par une station d'épuration et par un campement de gens du voyage.

Dans les années 1990, l'ancien dépôt de terre est devenu de façon classique un terrain de moto-cross, et a été fermé en 1996. Il s'est ensuite partiellement boisé et s'est mué en décharge. Nous avons nettoyé le terrain et défriché les 3,5 hectares du plateau, sur lequel en moyenne un mètre de terre argileuse de sous-sol provenant de travaux de terrassement de la station d'épuration voisine a été étalé. L'objectif était d'obtenir une surface en toit inversé, ce qui permet de réaliser des économies d'eau et d'éviter que l'eau traverse l'ancienne décharge et pollue l'environnement.

L'infrastructure agricole a commencé à être installée en janvier 2014. Le projet de l'agriculteur est fondé sur la multifonctionnalité alliant production agricole, location de jardins et zone de démonstration de l'agriculture hors sol, qui reste mal connue.

Afin d'atteindre l'équilibre économique, la production agricole retenue est à forte valeur ajoutée : fraise, framboise, tomate-cerise, aromatiques. Elle est assurée sous filet, ce qui permet d'augmenter la température et de protéger les cultures des insectes, de la grêle et du vent. Les cultures sont effectuées hors-sol sur gouttières (5000 m^2 de fraises), sur bacs (tomates-cerises) et sur sacs (framboises) en utilisant notamment un compost de déchets verts produits par une entreprise d'insertion de Versailles. Un rucher a aussi été installé et est utilisé à des fins pédagogiques.

Par ailleurs, depuis septembre 2014, un parcours de visite permet aux visiteurs de découvrir les techniques hors sol : ballots de paille compostée, hydroponie, bacs souples et en bois, gouttières, tours, colonnes en laine de roche… Une vingtaine de techniques différentes sont présentées dans des carrés de 8 mètres de côté afin de comparer les rendements, les substrats, les engrais (minéraux ou biologiques), les coûts, les traitements, etc., et pour mener des expériences scientifiques. »

Vers le « zéro pesticide »

Jonathan Flandin et Antoine Lagneau, Natureparif

À l'occasion de la 10e Semaine pour les alternatives aux pesticides, Natureparif a publié un état des pratiques des communes franciliennes en matière d'utilisation des produits phytosanitaires. Au 20 mars 2015, 156 villes d'Île-de-France étaient désormais à « zéro pesticide ».

Depuis 2011, l'Agence régionale pour la nature et de la biodiversité en Île-de-France fait l'état de l'usage des pesticides des collectivités franciliennes sur les espaces dont elles ont la gestion directe ou indirecte (voirie, espaces verts, terrains de sports et cimetières). L'objectif est de valoriser les communes qui se sont engagées dans une démarche d'arrêt total ou partiel de l'usage des pesticides. L'outil cartographique « zéro pesticide » dénombre ainsi que sur les 1 281 communes que compte l'Île-de-France, seules 156 d'entre elles, soit 12 %, n'utilisent plus de pesticides sur les espaces qu'elles entretiennent.

La réglementation actuelle contraint en effet déjà fortement l'utilisation des pesticides en zones non agricoles (arrêté du 12 septembre 2006 et arrêté du 27 juin 2011) en interdisant l'usage de la plupart de ces produits dangereux à proximité des établissements scolaires ou de santé et en obligeant à des mesures drastiques d'information et d'éviction du public des zones traitées.

La semaine pour les alternatives aux pesticides est coordonnée chaque année par Générations futures. Cette association a été créée en 1996 par Georges Toutain, agronome, et François Veillerette, enseignant et auteur notamment de l'ouvrage de référence *Pesticides, révélations sur un scandale français*, créent Générations futures qui mène des actions pour informer sur les risques de diverses pollutions notamment :

les conséquences négatives de l'agriculture ou de toute autre activité humaine utilisant les produits phytosanitaires et les engrais de synthèse ;

les conséquences négatives de l'agriculture ayant recours à l'utilisation d'organismes génétiquement modifiés ;

les risques de certaines formes de conservation des aliments par irradiation…

Générations futures promeut des alternatives en vue d'en réduire les impacts négatifs pour la santé et l'environnement et fait la promotion de modes de production durables tels que l'agriculture biologique, la production intégrée… L'association conseille également les jardiniers, les responsables des espaces verts… à tendre vers la réduction, voire la suppression, de l'utilisation des pesticides et engrais chimiques.

Lien vers la page « objectif zéro pesticide en Île-de-France : www.natureparif.fr/agir/plateforme-thematique/espaces-verts/l-operation-zero-pesticide/664-objectif-zero-pesticide-en-ile-de-france

Parole d'acteur

Semences et origines des citadins

Cyrielle Den Hartigh[1]

« La fonction de production alimentaire est souvent mise en avant par les porteurs de projets. Mais, pour le contexte français, elle n'est pas déterminante. Le rôle d'approvisionnement alimentaire complémentaire n'est pas négligeable pour les jardins familiaux, mais c'est beaucoup moins le cas pour les jardins partagés. Une étude d'Agrocampus Ouest a montré que 0,35 hectare sont nécessaires pour nourrir une personne au régime correspondant à la moyenne nationale actuelle[2]. L'exploitation systématique des parcs et jardins, et des surfaces favorables des toits ne permettrait de fournir qu'une très petite partie de la production alimentaire nécessaire pour nourrir les habitants de Rennes Métropole. Il faudrait, pour y parvenir, exploiter une couronne maraîchère de 14,7 kilomètres autour de l'agglomération.1990.

Les jardins collectifs se révèlent aussi être un prétexte pour faire circuler la parole entre des voisins qui ne disposent que peu de moyens concrets pour entrer en contact. Ils sont propices à des échanges de gestes et de savoir-faire jardiniers qui tissent des liens entre habitants de générations et d'origines géographiques et sociales différentes.

L'Association des femmes maliennes de Montreuil plante ainsi du mil, du maïs et du coton pour faire découvrir ces plantes à leurs descendants, qui ne connaissent que la ville. Il est très courant que des citadins originaires de régions ou de pays différents entrent en contact en apportant des graines de culture typiques de leurs lieux d'origine, ce qui éveille la curiosité et l'ouverture. Le jardin est alors en pratique un terrain de jeu commun et pacifié, où les représentations stéréotypées des autres – vieux, jeunes, étrangers... – s'effacent un temps pour laisser place à des rencontres concrètes autour du jardin. Les moments de socialisation institués sont d'ailleurs nombreux (apéritifs, barbecue, etc.) et sont l'occasion du partage de tomates ou d'autres produits.

1. Auteure de *Jardins collectifs urbains, parcours des innovations potagères et sociales*, Educagri, 2013.

2. Catherine Darrot, Philippe Boudes (dir.), *Rennes Métropole, Ville vivrière ?*, Agrocampus Ouest, Laboratoire de développement rural, 2011.

Le jardin collectif ouvre aussi à des problématiques écologiques, par le concret. Bien souvent, les groupes qui créent ces jardins sont déjà sensibilisés à ces questions. Mais même si ce n'est pas le cas, la pratique montre que les pesticides et herbicides sont souvent écartés, car on trouve toujours au moins un utilisateur qui recherche et favorise l'expérimentation de méthodes alternatives. Les conversations vont d'ailleurs bon train sur les meilleures associations de plantes, sur le rôle des auxiliaires de culture ou encore du couvert végétal. »

Fête et repas indien au jardin Baudélire à Paris dans le XVIIIe arrondissement

Circuits courts et produits locaux à Strasbourg

Gilles Lecuir, Natureparif

La Ville a d'abord initié une charte avec les commerçants des 30 marchés que compte Strasbourg, afin d'y promouvoir les produits locaux, avec la création d'une marque de reconnaissance. Puis elle a initié avec la communauté urbaine et la chambre d'agriculture la création d'un lieu de vente de produits agricoles locaux, avec une recherche de gammes les plus larges possible. Elle met à disposition un bâtiment emblématique, la Nouvelle Douane, située à l'arrivée des touristes dans la vieille ville.

La Ville y a réalisé 1 million d'euros de travaux, le collectif de producteurs, choisi sur appel à candidature, investit 600 000 euros. Le magasin a ouvert fin octobre 2014. Environ un tiers des producteurs font du bio.

Le logo local « Produits de ma ferme » et l'installation du point de vente collectifs de produits agricoles locaux de la Nouvelle Douane

POSTFACE

L'AGRICULTURE À LA RECONQUÊTE DE LA VILLE

Éric Duchemin[1]

Bien qu'elle semble être pour beaucoup une nouvelle forme d'usage de l'espace urbain, l'agriculture en ville n'est pas une nouveauté. De toute l'histoire de l'humanité, depuis la sédentarisation des sociétés, la ville et l'agriculture ont toujours été liées. On peut facilement voir cette synergie dans les croquis des villes du Moyen Âge ou des villes nord-américaines du XVIIIe siècle.

Pourtant, aujourd'hui encore dès le plus jeune âge, on nous apprend que l'agriculture se fait dans le monde rural avec une machinerie imposante et que le monde urbain, lui, symbolise l'innovation, le dynamisme social et la culture.

Or, l'histoire regorge d'exemples montrant que l'agriculture peut s'insérer dans la ville.

1. Directeur du Laboratoire sur l'agriculture urbaine (AU/LAB), professeur associé, Institut des sciences de l'environnement, Université du Québec à Montréal.

Page de gauche :
Fleur de pommier à Meudon

Pensons aux deux guerres mondiales qui ont illustré, autant en Europe qu'en Amérique, l'importance que pouvait avoir l'agriculture urbaine pour l'alimentation. Les crises économiques (1973, 2012) ou politiques (effondrement de l'URSS) sont aussi des exemples qui révèlent que ce que nous croyons peut être différent. Les mouvements de justice sociale, d'écologisation de la ville, de saine alimentation ou autres fissurent ce mur que nous avons érigé entre l'urbanisme et l'alimentation.

Avec plus de 50 % de la population mondiale qui vit en ville, il est temps de prendre conscience des relations entre les deux. En Afrique et en Amérique du Sud, l'agriculture urbaine a perduré pendant tout ce temps. Elle est une agriculture de subsistance et de nécessité, mais sa présence et les contraintes qu'elle affronte peuvent nous apprendre énormément. Au lieu de plonger vers une nouvelle révolution verte, telle que menée en Europe et en Amérique après la seconde guerre mondiale, avec les effets désastreux sur la santé publique et l'environnement que nous connaissons, ne devrions-nous pas réfléchir ?

Si, dans les années 2000, l'agriculture urbaine était encore considérée comme une activité à la mode qui serait, comme toute mode, éphémère, on doit constater que celle-ci est maintenant devenue un mouvement social bouleversant notre vision de la ville. L'agriculture est manifestement partie à la reconquête de la trame verte urbaine en s'insérant dans les interstices. Et ce, à la fois pour des raisons de sécurité alimentaire, de verdissement, de création de lieux de socialisation et d'éducation.

Depuis quelques années, les fermes urbaines prennent aussi d'assaut la ville et amènent avec elles le développement de nouvelles approches urbanistiques et la création de politiques alimentaires urbaines. Des grandes villes telles que Paris, New York, Londres, Toronto, Montréal mettent à leur agenda, chacune à leur manière, le développement de l'agriculture urbaine.

Cette reconquête se fait par une diversité d'initiatives d'agriculture urbaine. La typologie des formes d'intervention se diversifie et s'inscrit clairement dans la culture locale de ceux qui en sont les acteurs. Ce foisonnement est fécond pour le mouvement et l'écologisation des villes. Toutefois, le lien entre les porteurs de projets et les cités est essentiel afin d'atteindre le plein potentiel de cet outil multifonctionnel pour une réappropriation sociale du développement urbain et de l'alimentation.

Cultiver la ville n'est pas sans défis, ni enjeux.

L'un des enjeux principal est certainement la financiarisation potentielle de l'alimentation qui provoquerait l'assujettissement de la production agricole à des décisions économiques ou boursières. Toutefois, celui-ci n'est pas propre à ce mouvement et s'exprime aussi par l'accaparement des terres liée à l'agriculture conventionnelle.

Un autre des défis porte sur les impacts potentiels que pourraient avoir ces nouveaux systèmes alimentaires locaux, sur des pratiques alternatives telles que l'agriculture biologique. Y a t-il, par exemple, un risque de concurrence ? Où bien au contraire, ces deux formes d'agriculture ne poursuivent-elles pas le même objectif, celui de vouloir changer profondément le système agro-industriel actuel ?

L'agriculture urbaine part donc à la reconquête de la ville, mais saura-t-elle conserver son âme, notamment en préservant l'une de ses particularités, de contribution à plus de justice alimentaire ?

Certes, elle n'alimentera sans doute jamais la majorité de la population urbaine, mais on peut d'ores et déjà affirmer sans trop se tromper qu'elle constitue l'un des leviers majeurs pour revoir notre conception de la ville, de l'alimentation... ou tout simplement du monde.

Bibliographie

- Éric Duchemin, *Agriculture urbaine : Aménager et nourrir la ville*, VertigO, 2013.
- Sous la direction de Jean-Jacques Terrin, *Jardins en ville, villes en jardin*, Parenthèses, 2013.
- Laurence Baudelet, Frédérique Basset et Alice Le Roy, *Jardins partagés : utopie, écologie, conseils pratiques*, Terre Vivante, 2008.
- Pascale Desmazières, Jean-Pierre Gras et Anne Kraft, *Jardiniers du bitume*, Les Xérographes, 2011.
- Éric Predine, *Des jardins en partage : échanges avec Jean-Paul Collaert*, Rue de l'échiquier, 2009.
- Cyrielle Den Hartigh, *Jardins collectifs urbains – Parcours des innovations potagères et sociales*, Educagri, 2012.
- Jean-Martin Fortier, *Le jardinier-maraîcher – Manuel de l'agriculture biologique sur petite surface*, Ecosociété, 2012.
- Jacques Caplat, *Changeons d'agriculture*, Actes Sud, « Domaine du Possible », 2014.
- Jacques Caplat, *Cultivons les alternatives aux pesticides*, Le passager clandestin, 2011.
- Anny Poursinoff, *Agriculture biologique et alimentation : un mariage fertile*, Le passager clandestin, 2013.
- Sylvie Cachin et Sylvie Ligny, *Je jardine ma ville*, Rue de l'échiquier, 2011.
- Richard Reynolds, *La Guerilla jardinière*, Yves Michel, 2010.
- Sous la direction de Christophe Schwartz, *Jardins potagers : terres inconnues*, EDP Sciences/Ademe, 2013.
- Sous la direction de Vincent Bradel, *Urbanité et biodiversité. Entre villes fertiles et campagnes urbaines, quelle place pour la biodiversité ?*, Réseau Urbanités et biodiversité, Université de Saint-Étienne/ Collection École nationale supérieure d'architecture de Saint-Étienne, 2014.

Bibliographie

- Collectif, *Agricultures urbaines*, revue *Pour* n°224, mars 2015.
- Marc Barra, Laurent Hutinet et Gilles Lecuir, *Économie et biodiversité*, Victoire Éditions, 2014.
- Natureparif, *Bâtir en favorisant la biodiversité*, Victoire Éditions, 2012.
- Pam Warhurst et Joanna Dobson, *Les Incroyables comestibles*, Actes Sud, 2015.
- Jean-Marie Pelt, *Légumes d'ailleurs et d'autrefois*, Fayard, 2015.
- Pablo Servigne et Raphaël Stevens, *Comment tout peut s'effondrer*, Seuil/Anthropocènes, 2015.
- Perrine et Charles Hervé-Gruyer, *Permaculture, guérir la terre, nourrir les hommes*, Actes Sud, 2014.
- Rob Hopkins, *Ils changent le monde !*, Seuil/Anthropocènes, 2014.

Crédits photos

Marc Barra
p. 111, 162, 204

Julien Birard
p. 176

Patrick Bogner
p. 147

Myriam Boulouard
p. 100

Damien Cazeil
p. 294

Anne-Cécile Daniel
p. 40 bas, 41, 42 ,43

Killian Debacq
p. 14, 21, 22, 36, 48, 53, 58, 59, 73, 85, 87, 113, 123, 142, 145, 148, 164, 165, 173, 182; 216, 217, 239, 242, 248

Gilles Debarle
p. 203

Éric Duchemin
p. 235, 237, 238

Louise Gabriel
p. 244

Laurent Geslin
p. 197

Sébastien Goelzer
p. 16, 17, 19, 37, 68, 78, 111, 135, 228, 233

Steve Hopkin
p. 155

Yohan Hubert
p. 253

Antoine Lagneau
p. 6, 10, 82, 91, 97, 98, 99, 104, 133, 138, 144, 146, 150, 154, 162, 172 haut, 174, 177, 178, 179, 188, 192, 212, 219, 223, 225, 244, 268, 288, 290, 292, 299, 305, 308

Gilles Lecuir
p. 56, 105, 113, 166, 205, 206, 230, 262, 269

Corinne Legenne
p. 170, 255

Raphaël Luce
p. 273, 274

Noëlie Maurel
p. 158

Audrey Muratet
p. 195, 196

Lionel Pagès
p. 70, 106, 118, 130, 186

Raúl Puente Asuero
p. 28, 29, 30

Louise Seguin
p. 143, 185, 194, 209, 210, 247, 261, 265, 276, 278, 296

Claude Suriray
p. 172 bas

Roxana Maria Triboi
p. 24, 26

Crédits photos

Collectif Babylone
p. 221

Communauté de communes de Marne-et-Gondoire
p. 121

Communauté d'agglomération de Plaine Commune
p. 83

Communauté d'agglomération de Rouen-Elbeuf-Austreberthe
p. 167

Grand Besançon
p. 300

Guerilla Gardening
p. 92

Lille Métropole
p. 271

Natureparif
p. 200, 258, 281, 291

V'île Fertile
p. 40 haut

Ville d'Arles
p. 287

Ville de Besançon
p. 232

Ville de Lille
p. 61, 129

Ville de Menton
p. 63

Ville de Montreuil
p. 127

Ville de Mouans-Sartoux
p. 282

Ville d'Orléans
p. 124s

Ville de Pau
p. 76, 207

Ville de Strasbourg
p. 126, 272, 306

Les ouvrages des éditions le passager clandestin

• Essais

Autonomie ou barbarie
Manuel Cervera-Marzal et Éric Fabri
Utopie du logiciel libre
Sébastien Broca
Le plébéien enragé
Alain Brossat
L'homme superflu
Patrick Vassort
Do It Yourself!
Fabien Hein
La fabrique du féminisme
Geneviève Fraisse
Le cœur d'une ville... hélas !
Jean-Marc Sérékian
De l'engagement dans une époque obscure
Miguel Benasayag et Angélique Del Rey
L'impératif de désobéissance
Jean-Marie Muller
Traversée interdite !
Virginie Lydie
Rêveurs, marchands et pirates
Joël Faucilhon
¿Dónde Están?
Daniel Dupuis
Des arbres pas corrects
Muriel Allaert Degunst
La butte verte
Sylvain Garel
De la rencontre au désir
Claude Coulbault

• Rééditions

Feu le comintern
Boris Souvarine/Charles Jacquier
Le discours des deux méthodes
Jean Jaurès, Jules Guesde/ Jean-Numa Ducange
La civilisation et le travail
William Morris/Anselm Jappe
Doutes sur la religion
Anonyme/Alain Mothu
Confession
Bakounine/Jean-Christophe Angaut
La santé de l'État, c'est la guerre
Randolph Bourne/Jean Bricmont
Interpellations
Octave Mirbeau/Serge Quadruppani
La guerre sociale
André Léo/Michelle Perrot
Opinion d'une femme sur les femmes
Fanny Raoul/Geneviève Fraisse
De la servitude volontaire
La Boétie/Miguel Benasayag
Comment nous pourrions vivre
William Morris/Serge Latouche
Le Royaume des cieux est en vous
Léon Tolstoï/Alain Refalo
Vous n'êtes que des poires !
Zo d'Axa/Bernard Langlois
Modeste proposition
Jonathan Swift/Raoul Vaneigem
Le droit à la paresse
Paul Lafargue/Gérard Filoche
De l'action directe
Voltairine de Cleyre/ Normand Baillargeon
De l'esclavage moderne
Félicité Robert de Lamennais/Michael Löwy
Évolution et révolution
Élisée Reclus/Olivier Besancenot
Le Communisme, avenir de la société
Auguste Blanqui/Roger Martelli
La désobéissance civile
Henry David Thoreau/Noël Mamère

• Les précurseurs de la décroissance

Theodore Roszak vers une écopsychologie libératrice
Mohammed Taleb
Lewis Mumford pour une juste plénitude
Thierry Paquot
Diogène et les cyniques ou la liberté dans la vie simple
Étienne Helmer
Lao-tseu et les taoïstes ou la recherche d'une vie harmonieuse
Claude Llena
André Gorz pour une pensée de l'écosocialisme
Françoise Gollain
Cornelius Castoriadis ou l'autonomie radicale
Serge Latouche
Jean Giono pour une révolution à hauteur d'homme
Édouard Schaelchli
Léon Tolstoï contre le fantasme de toute-puissance
Renaud Garcia
Charles Fourier ou la pensée à contremarche
Chantal Guillaume

Les ouvrages des éditions le passager clandestin

Lanza del Vasto ou l'expérimentation communautaire
Frédéric Rognon
Jacques Ellul contre le totalitarisme technicien
Serge Latouche
Épicure ou l'économie du bonheur
Étienne Helmer

• Les Transparents

Un baptême iroquois
Baron de Lahontan/ Maxime Gohier
Le rapport Brazza
Mission Pierre Savorgnan de Brazza, Commission Lanessan/Catherine Coquery-Vidrovitch
La ligne noire des bisons
John Tanner/Daniel Royot
Chroniques de la guerre de Floride
Laudonnière, Le Challeux et De Gourgues/Frank Lestringant
« Votre paix sera la mort de ma nation »
Hendrik Witbooi/J.M. Coetzee
Quinze jours au désert
Alexis de Tocqueville/ Claude Corbo

• Dyschroniques

Les retombées
Jean-Pierre Andrevon
Les gaspilleurs
Mack Reynolds
Nous mourons nus
James Blish
Frank Merriwell à la Maison Blanche
Ward Moore
Le pense-bête
Fritz Leiber
Vent d'est, vent d'ouest
Frank M. Robinson
La main tendue
Poul Anderson
Le royaume de Dieu
Damon Knight
La vague montante
Marion Zimmer Bradley
Continent perdu
Norman Spinrad
Où cours-tu mon adversaire ?
Ben Bova
37° centigrade
Lino Aldani
La tour des damnés
Brian Aldiss
Le testament d'un enfant mort
Philippe Curval
Le mercenaire
Mack Reynolds
Un logique nommé Joe
Murray Leinster

• Désobéir *(par les Désobéissants)*

Désobéir pour l'eau
Désobéir pour les animaux
Désobéir au colonialisme
Désobéir à la guerre
Désobéir à la voiture
Désobéir pour l'école
Désobéir à Big Brother
Désobéir au sexisme
Désobéir à l'argent
Désobéir à la précarité
Désobéir dans l'entreprise
Désobéir pour le logement
Désobéir pour le service public
Désobéir par le rire
Désobéir au nucléaire
Désobéir avec les sans-papiers
Désobéir à la pub
Désobéir : Le petit manuel
par Xavier Renou

• Existences / Résistances

En coédition avec Envie de Lire
Sahraouis
Photographies : Rogério Ferrari
Palestine
Photographies : Rogério Ferrari

• Hors collection

Ce qu'on dit des Rroms
Jean-Pierre Dacheux
Lettres rebelles
Patrick Farbiaz
Prise de Terre
Textes : Stéphen Kerckhove. Dessins : Red!
Le petit livre noir des grands projets inutiles
Camille
Dans les mâchoires du chacal
Gael Baryin
L'écologie en 600 dates
Collectif, coédition avec la revue S!lence
Fragile. 52 dessins pour l'écologie
Textes : Stéphen Kerckhove. Dessins : Red!
Ne sauvons pas le système qui nous broie !
SCCDGBEA

FSC
www.fsc.org
MIXTE
Papier issu
de sources
responsables
FSC® C101560

Cet ouvrage a été achevé d'imprimer
par l'imprimerie La Source d'Or
à Clermont-Ferrand (63) en juin 2015

N° d'impression : 17926
Dépôt légal : 2e trimestre 2015

ISBN : 978-2-36935-030-9

Éditions le passager clandestin
1, rue de l'Église – 72240 Neuvy-en-Champagne
www.lepassagerclandestin.fr